D1664766

Schriftenreihe „Praktische Psychologie"

begründet 1977 von Harald Petri
herausgegeben von Dieter Korczak

Band XXIII

Gehirn – Geist – Gefühl

herausgegeben von Dieter Korczak
und Joachim Hecker

ISL-Verlag
Hagen 2000

Die Deutsche Bibliothek – CIP-Einheitsaufnahme

Gehirn – Geist – Gefühl
herausgegeben von Dieter Korczak und Joachim Hecker –
Hagen/Westf. : ISL-Verl., 2000
    (Schriftenreihe praktische Psychologie : Bd. 23)
    ISBN 3-933842-42-5

ISBN 3-933842-42-5
Alle Rechte vorbehalten
© 2000 by ISL-Verlag
Altenhagener Str. 99, 58097 Hagen
Gesamtherstellung: Druck Thiebes GmbH
Altenhagener Str. 99, 58097 Hagen, Tel. (0 23 31) 80 81 76
Gedruckt auf chlorfrei gebleichtem Papier

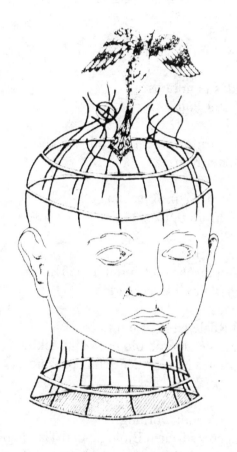

*Plakatmotiv der 56. Jahrestagung der ISG e. V. in
Grevenbroich/ Kreis Neuss vom 01. – 03.10.1999*

Inhaltsverzeichnis

* * *

Vorwort

von Joachim Hecker

Die Gehirnforschung ist eines der spannendsten Themen zur Jahrtausendwende. Wie in keinem anderen Bereich offenbart sich hier mehr und mehr, wie wir Menschen innerlich, unbewusst und unterbewusst „funktionieren". Das wirft eine breite Palette von Fragen auf: Inwiefern bestimmen biologische, also hirnorganische Vorgänge unser Verhalten, Denken und Fühlen? Welche Freiheiten billigt uns die Natur zu, inwieweit sind wir also tatsächlich selbstbestimmt? Welche Einsichten, aber auch welche Möglichkeiten der Manipulation stecken in den Ergebnissen der Gehirnforschung?

Diese Fragen können keiner Disziplin allein überlassen werden. Deshalb wurde auch bei der 56. Jahrestagung der *Interdisziplinären Studiengesellschaft für Praktische Psychologie e. V. (ISG)* interdisziplinär vorgegangen und Chemiker, Künstler, Mediziner, Musikwissenschaftler, Pädagogen, Philosophen, Psychologen, Soziologen und Theologen zusammengerufen, um unter dem Motto „Gehirn – Geist – Gefühl" gemeinsam den Stand der Erkenntnisse auszuwerten und zu diskutieren.

Dabei wird die gesamte Bandbreite deutlich: Wie entstehen unsere „geistigen Landkarten" im Kopf und was prägt sie? Wie äußern sich hirnorganische Fehlfunktionen nach außen und wie werden sie von außen beeinflusst? Gibt es einen freien Willen? Sind wir zur Verantwortung fähig oder unseren Genen verpflichtet? Wie werden wir von unseren Sinnen unbewusst gesteuert – und dabei mitunter regelrecht an der Nase herumgeführt? Und wie beeinflussen uns komplizierte Folgen von Schallwellen, die wir gemeinhin als „Musik" bezeichnen? Schließlich wird im Rahmen einer Podiumsdiskussion mit fünf Fachleuten der Frage nachgegangen, wie die bisherigen Ergebnisse der Hirnforschung sinnvoll angewendet werden können.

Ort der Tagung vom 01. – 03. Oktober 1999 war der dafür hervorragend ausgestattete Ratssaal des Kreises Neuss in Grevenbroich am Niederrhein. Die rege Beteiligung, die auch in den Diskussionsbeiträgen deutlich wird, zeigt, dass die Gesellschaft bei der Wahl des Tagungsthemas richtig gelegen hat.

Der vorliegende Band XXIII der Schriftenreihe „Praktische Psychologie" vereint die Vorträge der 56. Jahrestagung der ISG 1999. Photos[*] von den Referenten und Abbildungen[**] zu den Vorträgen runden diese Ausgabe ab. Erstmals finden sich in diesem Band auch die auf die jeweiligen Vorträge folgenden Diskussionen. Oftmals werden hier einige Gesichtspunkte noch einmal vertieft oder zusätzliche Aspekte aufgeworfen, so dass darauf auch in Zukunft nicht verzichtet werden soll. Bei der Rechtschreibung sind die verbindlich eingeführten Neuen Rechtschreibregeln befolgt worden, auch wenn Andere dies inzwischen wieder anders halten.

Allen Leserinnen und Lesern eine interessante, spannende Lektüre mit dem ein oder anderen „Aha"-Erlebnis.

Joachim Hecker
Hagen, im September 2000

* * *

---

[*] © Joachim Hecker, ISG.
[**] © beim Autor des jeweiligen Beitrages.

Grußwort des Landrates[*]

von Dieter Patt

Meine sehr geehrten Damen und Herren!

Im Namen des Kreises Neuss heiße ich Sie alle sehr herzlich heute Nachmittag hier im Kreissitzungssaal in Grevenbroich willkommen. Wir freuen uns sehr darüber, dass Sie für Ihre bundesweit beachtete wissenschaftliche Jahrestagung diesmal den Kreis Neuss als Veranstaltungsort gewählt haben.

Der Kreis Neuss ist der elftgrößte in der Bundesrepublik und setzt sich aus acht Städten und Gemeinden mit 440.000 Einwohnern zusammen. Größe und Struktur der einzelnen Gemeinden sind höchst unterschiedlich und reichen von der Gemeinde Rommerskirchen mit rund 12.000 Einwohnern bis hin zur Großstadt Neuss mit beinahe 150.000 Einwohnern.

Nicht ohne Stolz verweisen wir auf den Lebensqualitätatlas, den Dr. Dieter Korczak im Jahre 1995 herausgegeben hat. 118 Kreisstädte und 425 Kreise waren bundesweit nach den Kriterien Umwelt, Wohlstand, Kultur, Sicherheit, Versorgung und Gesundheit untersucht worden. Hier stehen wir auf dem beachtlichen zehnten Platz.

Es ist ein überaus geschichtsträchtiger Landstrich, in dem Sie sich an diesem Wochenende befinden. Vor 2.000 Jahren haben

---

[*] Am 01. Oktober 1999 bei der Eröffnung der 56. Jahrestagung der *Interdisziplinären Studiengesellschaft e. V. (ISG)* vom 01. – 03.10.1999 in Grevenbroich/ Kreis Neuss zum Thema „Gehirn – Geist – Gefühl".

sich die Römer hier am Rhein niedergelassen, denen wir unter anderem die Anfänge zwei unserer größten Städte – Neuss und Dormagen – verdanken. Die zentrale Lage am Rhein ließ später andere Völker wie die Franken folgen. Heute zeugen mehr als 50 Burgen und Schlösser, zahlreiche Kirchen und Klöster von der abwechslungsreichen Geschichte dieses Gebietes.

Wir profitieren von der guten Lage inmitten Europas mit besten Verkehrsanbindungen. Zahlreiche Firmen mit Weltruf haben dies erkannt und sich bei uns niedergelassen: *Bayer, 3 M, Nissan, Toshiba* und *Kyocera*, um nur einige Namen zu nennen. Der Kreis ist darüber hinaus ein bedeutender aluminiumverarbeitender Standort. Die *Vereinigten Aluminium Werke (VAW)* betreiben hier die größte Aluminium-Bandwalzstraße der Welt. Vertreten sind hier ebenso traditionsreiche wie zukunftsorientierte Unternehmen der Lebensmittelveredelung und des Maschinenbaus.

Um ihre „Energie" brauchen sich die Unternehmen im Kreis Neuss nicht zu sorgen. Hier in Grevenbroich produzieren die zwei größten Braunkohlekraftwerke der Welt mit einer Gesamtleistungskapazität von 4.650 Megawatt Strom. Die erforderliche Kohle wird direkt nebenan im Süden des Kreises im Tagebau „Garzweiler" von mächtigen, bis zu 220 Meter langen Schaufelradbaggern gefördert. Wir nennen uns daher auch: „Kreis Neuss – der Energie-Kreis".

Ein Grund für die überdurchschnittliche Wirtschaftskraft des Kreises Neuss liegt in dem Branchen-Mix, in dem Großindustrie, klein- und mittelständische Unternehmen, Landwirtschaft, Kraftwerk, Handel und Dienstleistungen sich sinnvoll ergänzen. Handel und Dienstleistungen haben im Kreis Neuss mit dem Neusser Hafen ohnehin eine Jahrhunderte alte Tradition.

Trotz der Ansiedlung zahlreicher zukunftsorientierter Unternehmen werden fast zwei Drittel der Kreisfläche landwirtschaftlich genutzt. Idyllische Ortschaften und die vielseitige Landschaft laden zu ausgedehnten Spaziergängen und Radwanderungen ein. Es lässt sich in unserem Kreis Neuss nicht nur gut arbeiten, sondern ebenso gut leben. Dazu trägt auch die abwechslungsreiche Kulturlandschaft bei, die sich mit dem Angebot vieler Großstädte durchaus messen kann.

Als Stichworte nenne ich nur das auch überregional und international bekannte Museum *Insel Hombroich*, das *Clemens-Sels-Museum* in Neuss, die beiden Kulturzentren des Kreises Neuss in Dormagen-Zons und Rommerskirchen-Sinsteden mit den Skulpturenhallen des Bildhauers Ulrich Rückriem, die „Festlichen Tage Alter Musik" in Dormagen und die „Internationalen Orgelwochen" in Korschenbroich: Im Kreis Neuss lässt sich nach der Arbeit viel Kraft tanken für weitere Aufgaben.

„Gehirn – Geist – Gefühl" ist das Thema dieser 56. Jahrestagung der Interdisziplinären Studiengesellschaft für Praktische Psychologie.

Auch in diesem Jahr ist es den Organisatoren gelungen, hervorragend qualifizierte Referenten aus vielen Bereichen einzuladen, die aus ihren Blickrichtungen das Thema der Tagung beleuchten werden. Im weiten Feld zwischen Gehirnforschung und Biologie, Theologie, Musik und Kunst werden Sie sich an diesem Wochenende interdisziplinär austauschen und diskutieren. Besonders freue ich mich darüber, dass Sie morgen Abend im Kreismuseum in Zons die Ausstellung der Kolumbianischen Künstlerin Olga de Amaral sehen und danach im Gewölbekeller des Museums einen Geselligen Abend erleben werden. Das mittelalterliche Stadtbild von Zons und unser Kreismuseum werden Ihnen sicherlich einen interessanten Eindruck von der kulturellen Vielfalt unseres Kreises Neuss vermitteln.

Ich wünsche Ihnen eine interessante, ergebnisreiche Tagung hier in Grevenbroich und würde mich freuen, wenn wir Sie zu einem späteren Zeitpunkt noch einmal bei uns begrüßen könnten.

* * *

Zu den Annahmen der Gehirnforschung

von Dieter Korczak

„Wenn es nur eine einzige Wahrheit gäbe,
könnte man nicht hundert Bilder
über dasselbe Thema malen."
Pablo Picasso

I. Bedeutung

Führende Naturwissenschaftler wie der amerikanische Biologe Edmund O. Wilson[1] erwarten, dass die Forschung im kommenden Jahrhundert den genetischen Code vollständig entschlüsseln und die physiologische Basis menschlicher Geistestätigkeit in den Funktionsabläufen des Gehirns offen legen wird. So werde es möglich, nicht nur die Gesetzmäßigkeiten der Natur, sondern auch der menschlichen Kulturentwicklung im ganzen zu erklären. Es würde demnach nur noch eine einzige Wissenschaft existieren, die Natur-, Sozial- und Geisteswissenschaften umfasst. Thomas Metzinger geht sogar so weit zu sagen, dass die ‚neue Theorie des Geistes' „die erste Theorie dieser Art in der Geschichte der Menschheit sein wird, die ein solides empirisches Fundament besitzt."[2]

---

[1]   „Die Einheit des Wissens", Berlin 1998.
[2]   zitiert aus *Neue Zürcher Zeitung* vom 18.03.1998.

Die Gehirnforschung scheint im Begriff, mit der Vorstellung von einer immateriellen ethischen Substanz im menschlichen Geist endgültig aufzuräumen. Alles Denken löst sich in einen Prozess physiologischer Reaktionen, in ein biochemisches Zusammenspiel von Milliarden von Nervenzellen auf. Ethik und Moral, der Geist des Menschen, werden als Produkte des organisierten Chaos im Gehirn gesehen.

Auf die Fragen:

- Was ist die Seele?
- Wie entsteht Bewusstsein? Gibt es ein Ich?
- Wie entsteht Kultur?

werden neue Antworten gegeben, welche die Paradigmen anderer Disziplinen wie Theologie, Philosophie und Sozialwissenschaften scheinbar dematerialisieren.

Die Neuro-Wissenschaften und die Neuro-Technologie betreten einen Grenzbereich mit offenen gesellschaftlichen, anthropologischen und evolutionstheoretischen Fragen. Dessen Brisanz veranlasste 1995 den Entwurf einer Neuro-Ethik (siehe Anhang).

II. Einsichten

Gehirnforschung wird heute mit einer Mischung aus Interesse und Besorgnis beobachtet. Das ist nicht verwunderlich, denn das Gehirn mit seinen durchschnittlich 1,4 Kilogramm Gewicht und etwa 1/1 – 1 Billion Nervenzellen wird häufig als der Sitz und die Quelle der Einzigartigkeit des Menschen betrachtet.

Doch bereits an dieser Annahme meldet die Gehirnforschung Zweifel an. Das menschliche Gehirn entspricht in seinem

Grundaufbau dem Gehirn der anderen Wirbeltiere. Es hat lediglich ein etwas größeres absolutes und relatives Gewicht. Dennoch: Das Gehirngewicht von Pottwalen (8,5 kg) und Elefanten (5 kg) ist größer. Außerdem: Das Gehirn des Menschen wiegt etwa zwei Prozent seines Körpergewichtes, bei der Spitzmaus sind es vier Prozent.

Das Besondere am menschlichen Gehirn resultiert aus einer Kombination einzelner spezieller Eigenschaften: dem aufrechten Gang, „durch den die Hände freigesetzt werden, ein sehr hohes absolutes und relatives Hirngewicht, eine hohe morphologische und funktionale Differenzierung des Gehirns, ein relativ großer Neocortex, hochentwickelte neuronale Steuerungsmechanismen der Hände und der Mundwerkzeuge und eine Vergrößerung und Weiterentwicklung von Zentren für innerartliche Kommunikation."[3]

Das Paradigma der Gehirnforschung lautet letztlich: *Das Gehirn lebt, deshalb ist der Mensch!* Gerhard Roth, einer der bekanntesten Gehirnforscher in Deutschland, hat diese Grundposition mit den Worten ausgedrückt: „Das Gehirn oder besser: der ganze Mensch, ist also das autonome System, nicht das empfindende Ich"[4] Das menschliche Gehirn habe von daher das primäre Interesse, sein *eigenes* Überleben zu sichern.

Diese Überlebenssicherung werde durch die morphologische und funktionale Differenzierung des Gehirns unterstützt. Das Gehirn des Menschen wie der Wirbeltiere besteht aus Nervenzellen (Neuronen) und ist von Anfang an aus fünf Teilen aufgebaut. Eine größere Anzahl von Nervenzellen kann im Gehirn zu

---

[3] Gerhard Roth, „Das Gehirn und seine Wirklichkeit", Frankfurt 1998, Seite77.

[4] a. a. O., Seite 310.

räumlichen und funktionalen Einheiten zusammengeschlossen sein, die man Kerne nennt. Die Leistungen des Gehirns resultieren aus der *Integrationsleistung* einzelner Nervenzellen.

Das Gehirn kann nur über Sinnesrezeptoren in Kontakt mit der Umwelt treten, die physikalische und chemische Umweltreize in Nervenimpulse umwandeln. Die Interpretation dieser Nervenimpulse nimmt das Gehirn nach dem „Ortsprinzip" vor. Als „Sehen" werden dann beispielsweise alle Erregungen interpretiert, die in einem bestimmten Areal des Gehirns auftreten.

Die Konstruktion der Wahrnehmungswelt, d. h. komplexer Gestalten und Szenen, von Ort, Farbe oder Kontrast erfolgt durch den Vergleich und die Kombination sowie die parallele Verarbeitung von Elementarereignissen in verschiedenen Hirnzentren. „Dies bedeutet die Schaffung neuer Information im Sinne von Bedeutung."[5]

Die bedeutungskonstituierenden Regeln der Wahrnehmung ergeben sich nach Auffassung der Hirnforscher aus den stammesgeschichtlichen Vorerfahrungen und neu erworbenen erfahrungsbedingten Regeln. Die neuen Informationen werden im Gedächtnis abgelegt und beim Auftreten neuer, noch nicht bekannter Reize, zur Interpretation und Einordnung wieder herangezogen. Das Gehirn ist aufgrund dieses Funktionsablaufes generell „lernwillig". In der Entwicklungspsychologie würde man diese Lernbereitschaft als „intrinsische Motivation" bezeichnen.

Auch wenn die Gehirnforscher davon ausgehen, dass das Gehirn neue Informationen, neues Wissen selbst erzeugen kann, so erfolgt dies immer unter Berücksichtigung des Vorwissens bzw. des Gedächtnisses. Auch das *limbische System*, ein sehr ausgedehntes, das ganze Gehirn durchziehende System von Neuronen,

---

[5]   a. a. O., Seite 251.

stützt sich auf das Gedächtnis. Die allgemeine Funktion des limbischen Systems besteht in der Bewertung dessen, was das Gehirn tut. Dies geschieht nach dem Grundprinzip „Lust" und „Unlust". Für Gerhard Roth ist deshalb das *Gedächtnis* das wichtigste Sinnesorgan.[6] Luc Ciompi[7] betont dagegen, dass die grundlegende Affektstimmung für die Aufnahme kognitiver Botschaften und von Kommunikation von erstrangiger, der Inhalt der Mitteilung dagegen nur von zweitrangiger Bedeutung ist (eine Einsicht, nach der übrigens die Werbepsychologie seit Jahrzehnten arbeitet).

Lust- und Unlustempfindungen sind auch (nach diffusen Erregungszuständen) die ersten wahrnehmbaren Lebensäußerungen von Neugeborenen, die sich kontinuierlich zu einer breiten Skala von Gefühlserlebnissen erweitern. Unlust kann auch als Angst bezeichnet werden, als Angst des Babys vor Nahrungsentzug oder Kälte. Wendet man die Erklärungsmuster der Gehirnforscher auf die Sozialisation von Neugeborenen an, so bedeutet dies, dass das stammesgeschichtlich und genetisch geprägte Gehirn der Säuglinge zuerst automatisierte Vorgänge initiiert, die das Überleben sichern. Auf diese folgt dann die schrittweise Entwicklung des Gehirns durch Versuch und Irrtum bzw. Reize und Trainingsprogramme der Außenwelt (Eltern). Die kognitive Entwicklung wird durch die begleitende Emotionalität gefördert. Das Kind spiegelt sich in den Augen der Mutter (Kohut).

Der Göttinger Neurobiologe Gerald Hüther[8] hat jüngst darauf hingewiesen, dass die Kraft der Liebe als Evolutionsprinzip

---

[6] vgl. a. a. O., Seite 263.
[7] in *Spektrum der Wissenschaft*, Februar 1993.
[8] Gerald Hüther, „Die Evolution der Liebe", 1999.

noch zu wenig erforscht ist. Er verweist auf die (in der Entwicklungspsychologie bekannte) Erkenntnis, dass Kinder für die Entwicklung eines hochdifferenzierten Gehirns ein reichhaltiges Spektrum unterschiedlichster sozialer Stimuli mit einem sicheren Gefühl von Geborgenheit benötigen.

Von den Vertretern der Entwicklungspsychologie weiß man, dass sich der Lebensraum von Kleinkindern nach Bedeutungsgehalten gliedert. Die altersabhängige Zunahme dieser Bedeutungsgehalte bezieht sich nun nicht nur auf die Gegenwart und auf den Grad an Realität, sondern auch auf Vergangenheit und Zukunft sowie auf Wunschwelten und Alpträume. Differenzierung und Zentralisierung, d. h. zentral gelenkte Bewegungsabläufe, sind sehr stark von den jeweiligen Umwelteinflüssen abhängig (Kulturen, Gesellschaften, Elternhaus). Die Entwicklung des Kindes wird als „sachimmanente Entfaltungslogik" verstanden, d. h. das spätere Verhalten ist ohne das frühere nicht möglich. Die Entwicklungspsychologen gehen daher auch von einer kontinuierlichen seelischen Entwicklung aus.

Die Gehirnforschung sagt, dass bei diesem Entwicklungsprozess das Gedächtnis und das limbische System mit dem präfrontalen Cortex als Zentrum bewusster Handlungsplanung verhaltenssteuernd zusammenarbeiten. „Alle drei Systeme wirken auf die subcorticalen Zentren (Basalkerne, Thalamische Kerne, Kleinhirn) ein, die dann die eigentliche Entscheidung treffen und das aktuelle Verhalten auslösen. Da dies seit unserer Geburt passiert (z. T. schon vorher), sammelt sich im Gedächtnis ein ungeheurer Vorrat an Erfahrungen an"[9]

Ernst Pöppel hat das Zusammenwirken dieser drei Systeme unter dem Aspekt des Wissens als drei Wissensformen bezeich-

---

[9]   Gerhard Roth, a. a. O., Seite 310.

net: das begriffliche Wissen (1), das Handlungswissen (2) und das bildliche Wissen (3). Jede dieser drei Wissensformen ist für ihn gleich wesentlich. „Wenn Wissen 1 fehlt, dann fehlt die Klarheit; wenn Wissen 2 fehlt, dann fehlt die Tat; wenn Wissen 3 fehlt, dann fehlt die Menschlichkeit."[10]

III. Wille und Bewusstsein

Der *menschliche Wille* ist somit für die Gehirnforscher *nicht frei*. In Experimenten konnte gezeigt werden, dass vor einer willentlichen Handlung bereits neuronal ein Bereitschaftspotential in den zugehörigen Hirnarealen zu messen war. Das Gehirn kann nach Auffassung der Hirnforscher aus eigenem inneren Antrieb Handlungen bewusst in Gang setzten. Der subjektiv empfundene Wille geht somit den neuronalen Prozessen nicht voraus, sondern ist ihre Folge. Auch der Wille, der Berge versetzen kann, erweist sich in der Gehirnforschung als Resultat von spezifischen Belohnungsmustern im limbischen System. Diese Muster lassen das Erreichen bestimmter Ziele als besonders lustvoll erscheinen, da sie in der Vergangenheit belohnt und positiv verstärkt worden sind. Diese Beschreibung entspricht der Auffassung zur Entwicklung des moralischen Bewusstseins in der Psychologie, die ebenfalls von Übung und Verstärkung ausgeht.

---

[10] Ernst Pöppel, „Der Mensch: Technik in seine Natur einbinden", in: Martin Roth u. a. für die EXPO 2000 GmbH (Hg.), „Der Themenpark der EXPO 2000, die Entdeckung einer neuen Welt", Band 2, Wien/New York 2000.

Bewusstsein ist nach den Erkenntnissen der Gehirnforschung nur insofern etwas eigenes, als es ein *Eigensignal des Gehirns* ist. Dieses Eigensignal tritt vor allem auf, wenn die Neuverknüpfung von Neuronennetzen abläuft und die Stoffwechselaktivität des Gehirns besonders hoch ist aufgrund der Bewältigung von Aufgaben, für die es noch kein fertiges neuronales Netz gibt. Das Bewusstsein ist besonders hoch bei schwierigen Problemlösungen. Was geschieht jedoch, wenn wir über ein Problem nachdenken und uns dann Gedanken über Lösungen machen, bevor wir uns entscheiden, eine davon aufzugreifen?

Die Gehirnforschung würde dies anhand der bereits beschriebenen Mechanismen erklären. Die vorhandenen Informationen im Gedächtnis werden abgerufen, die jeweiligen Lösungswege vom limbischen System gefühlsmäßig bewertet, die demnach beste Lösung wird ausgewählt. Mit diesem Deutungsschema könnte das Problem der *kognitiven Dissonanzen* geklärt sein. Der Sozialpsychologe Leon Festinger hat 1962 die „Theorie der kognitiven Dissonanz"[11] veröffentlicht. Diese Theorie beschreibt, dass Menschen, wenn sie Informationen erhalten die ihren gespeicherten Informationen widersprechen, die neuen Informationen selektiv wahrnehmen bzw. verdrängen oder verweigern, um ihr altes Interpretationsschema bewahren zu können. Dieser Mechanismus würde vor dem Hintergrund der Einsichten der Gehirnforschung bedeuten, dass das limbische System die alten, gespeicherten Informationen höher bewertet als die neuen und letztere deshalb ablehnt.

---

[11] Leon Festinger, „A theory of cognitive dissonance", London 1962.

IV. Konstruktivismus[12]

Nach diesen kurzen Ausführungen zu zentralen Erkenntnissen der Gehirnforschung wird die Position des Konstruktivismus in der Gehirnforschung deutlich: die *Wirklichkeit ist eine Konstruktion des Gehirns* und das Gehirn erzeugt ein Konstrukt von sich selbst. Wenn das Gehirn ein Konstrukt ist, dann ist auch das „Ich" ein Konstrukt. Dieser Gedanke ist in jüngster Zeit anschaulich in dem amerikanischen Spielfilm „Matrix" aufgegriffen worden.

„Die Parodoxie, dass mein Gehirn ein Teil der Welt ist und sie gleichzeitig hervorbringt, wird durch die Unterscheidung zwischen realem und wirklichem Gehirn gelöst"[13] Die realen Gehirne sind die Gehirne, welche die phänomenale, die wirkliche Welt konstruieren. Die wirklichen Gehirne sind dann ein Teil dieser wirklichen Welt. Die realen Gehirne, die diese Welt konstruieren, sind jedoch selbst den Gehirnforschern unzugänglich. Über die realen Gehirne kann es nur Annahmen geben, die dazu dienen, die Realität besser erklären zu können.

Diese Auffassung hat weitreichende Konsequenzen, zum Beispiel für die Beurteilung von „Schuld". Bestraft man das „Ich" als Konstrukt oder das Gehirn und seinen Organismus als autonomes System? Antonio Damasio hat erst jüngst wieder darauf hingewiesen, dass Menschen, bei denen bestimmte Regionen des Vorderhirns verletzt wurden, Moralbegriffe und soziales Verhalten nicht mehr erlernen können. Je früher das Trau-

---

[12] Ich danke Walter Simm für seine wertvollen Anregungen zur Behandlung des Konstruktivimus.
[13] a. a. O., Seite 363.

ma eintrete, desto gestörter seien ihr Benehmen und die persönliche Entwicklung.

Da wir den Begriff „Gehirn" aber aus dem Wissen über seine wirklichen Eigenschaften und nur daraus definieren können, muss der Ausdruck „reales Gehirn" ein rein sprachlicher Ausdruck ohne Inhalt bleiben und er kann deshalb nichts dazu beitragen, die aufgedeckte Paradoxie aufzulösen. Vertretbar dürfte es sein, Realität als transzendentale Basis für das Phänomen Gehirn, das erforscht und begrifflich definiert werden kann, zu verstehen. Die radikalen Konstruktivisten gehen davon aus, dass wir die Welt so erkennen, wie sie uns erscheint (Immanuel Kant), die zugängliche Welt ist die kognitive Welt, der Akt des Wahrnehmens ist der Akt der Interpretation[14], Wirklichkeit ist gemacht! Die Grundthese Kant's lautet, dass unsere Erkenntnis sich nicht auf Dinge an sich, sondern auf Erscheinungen bezieht.

Auch Reiner Hedrich betont, dass das Gehirn ein biologischer Organismus ist und daher prinzipiell auf seine biologischen Funktionen beschränkt ist. Die Frage nach dem „Warum?" kann durch die mechanistisch-konstruktivistische Sicht der Gehirnforschung nicht beantwortet werden. Warum konnte sich das Christentum mit der Auffassung von Nächstenliebe gegen die römische Lebensweise der Todeslust und dem sozialen Darwinismus durchsetzen? Warum war so etwas wie Hitler-Deutschland möglich? Wie kommt es, dass alle Machtpolitiker in der Phase ihres Aufstiegs höchst intelligent mit Informationen und sozialen Netzwerken umgehen können und sich dann in aller Regel zusehends isolieren, mit einer Camarilla von Ja-Sagern umgeben und einen fortschreitenden Realitätsverlust

---

[14] vgl. dazu den Band „Der Diskurs des radikalen Konstruktivismus", Siegfried J. Schmidt, Frankfurt 1996.

erleiden? Letzteres könnte man noch mit dem limbischen System erklären, und zwar insofern, dass das Gefühl eine starke Befriedigung im limbischen System hervorruft, die stärker ist als rationale Erwägungen.

Die radikalen Konstruktivisten empfehlen deshalb, sich auf die „Wie"-Fragen zu konzentrieren. Es gibt nicht das unmittelbare Erkennen der Dinge, wie sie sind, es gibt nur eine mittelbare Wahrnehmung über Signale (z. B. elektromagnetische Wellen, akustische Wellen, Spannungsimpulse), die den Beobachter mit der Realität verbinden und die letztlich im Gehirn als Sinneswahrnehmung ausgewertet werden. Der Konstruktivismus kann jedoch auch nicht die Paradoxien auflösen. Man kann zwar mit Recht von der ‚Beobachtung' ausgehen und feststellen, dass die Wirklichkeit im Wesentlichen das Beobachtbare darstellt und dass der Beobachter die Wirklichkeit mitbestimmt. Man kann aber nicht in einer verständlichen Weise von einer Beobachtung der Beobachtung sprechen, denn das Wort „beobachten" verliert ohne die Voraussetzung, dass es einen Beobachter gibt und einen Gegenstand, der beobachtet wird, seine Bedeutung. Der Gebrauch des Wortes „Beobachtung" in der isolierten Weise, wie sie im radikalen Konstruktivismus vorkommt, ist also völlig unklar. Der Mangel besteht darin, dass nicht zur Kenntnis genommen wird, dass das Beobachten einen lebendigen Akt darstellt, der in der Wechselbeziehung zwischen einem Bewusstseinszentrum und einem Gegenstand besteht, der ohne die Möglichkeit dieser Wechselbeziehung als wirkliches Objekt gar nicht vorhanden wäre.

Bertolt Brecht hat in seinem radikalen Reduktionismus diesen Zusammenhang auf folgende Formel gebracht: „So bildet sich der Mensch, indem er sich ändert: indem er ja sagt, indem er nein sagt, indem er schlägt, indem er geschlagen wird, indem er sich hier gesellt, indem er sich dort gesellt, so bildet sich der Mensch, indem er sich ändert, und so entsteht sein Bild in uns, indem er uns gleicht und indem er uns nicht gleicht."[15]

Diese Aussage steht ganz im Sinne von Ludwig Wittgenstein: Was sich überhaupt sagen lässt, lässt sich klar sagen. Zu diesen Klarheiten von Wittgenstein gehört die Erkenntnis, dass es eine Grenze für unser Denken gibt und dass jenseits dieser Grenzen nicht das Nichts ist, sondern das *Undenkbare*. Er hat das Subjekt als Grenze und nicht als Teil der Welt dargestellt.

„Die Welt könnte sich unter Umständen ganz und gar nicht in dem erschöpfen, was wir aufgrund unserer Konstitution von ihr zu erfassen in der Lage sind."[16]

Nach Wittgenstein ist es ist undenkbar, dass in einem geschlossenen System ein Bewusstsein seiner selbst möglich ist. In einem geschlossenen System gäbe es keine lebendigen Empfindungen, es gäbe bestenfalls Reaktionen oder Wirkungen als Folge systeminterner Veränderungen, die aber kein Bewusstsein hervorbringen könnten. Mit der Auffassung, das Subjekt stelle eine Grenze dar, die nur Grenze ist, weil sich in ihr zwei Existenzbereiche berühren, wird zum Ausdruck gebracht, dass das System über das Subjekt offen ist, aber nicht in dem Sinne offen, dass es in ein anderes, denkbares System übergeht, sondern offen im Sinne einer Transzendenz ins Unfassbare, ins Undenkbare. Die Existenz der Seele kann in diesem Sinne nur geglaubt, aber nicht bewiesen werden, denn sie entzieht sich dem naturwissenschaftlich-materiellen Ansatz der Gehirnforschung, und ist der nicht-kognitiven Welt, dem Undenkbaren zuzurechnen.

---

[15] Auf einer Säule vor dem *Berliner Ensemble*, Schiffbauerdamm.
[16] „Erkenntnis und Gehirn", Paderborn 1998, Seite 185.

V. Anwendungsformen

Die Anwendungsformen der Gehirnforschung können, wie jede wissenschaftliche Leistung, in zwei Richtungen gehen:
- in die Befreiung von alten Therapiestandards und Glaubenssätzen;
- in die Manipulation und Unterdrückung der Menschheit.

Ganz pragmatische Umsetzungsmöglichkeiten liefert die Gehirnforschung bei medizinischen Indikationen (z. B. Acetylcholinmangel bei Alzheimer, Aphasie nach Schlaganfällen, Dopamin-Überangebot bei Schizophrenie). Auch die Suchtforschung könnte von der Gehirnforschung profitieren. Durch Rauschgifte (Kokain) werden spezielle Areale des limbischen Systems gereizt, den Belohnungsbotenstoff Glutamat auszuschütten. Mit Hilfe spezieller Anti-Glutamat-Medikamente wäre es möglich, das bei Drogenabhängigen durch den beschriebenen Mechanismus immer stärker werdende Verlangen zu unterbinden. Ein zweites Beispiel: Forscher der Universität Düsseldorf und der Technischen Universität in Helsinki fanden bei flüssig sprechenden Personen nach dem Lesen eines Wortes zuerst Aktivitäten im *Broca-Areal*, wo das Konzept dessen entsteht, was gesagt werden soll. Erst danach werden die motorischen Gebiete der Hirnrinde aktiv, die das Sprechen selbst organisieren. Bei Stotterern ist diese Reihenfolge nach den Erkenntnissen der beiden Universitäten genau umgekehrt. Was zu tun sei, um diese Reihenfolge effektiv zu verändern, ist jedoch noch offen. Auch hier gilt: einige Antworten, aber noch mehr Fragen.

Leichter lassen sich die Erkenntnisse der Gehirnforschung in der Welt der Pheromone nachvollziehen. Pheromone sind Lockstoffe, die über die Riechorgane an den Hypothalamus weitergeleitet werden. Dieser älteste Teil des Zwischenhirns regelt u. a. Atmung, Blutdruck, Schlaf und Geschlechtstrieb. Inzwischen fanden zahlreiche Studien Wirkungen von Pheromonen auf Menschen. Da wurden zum Beispiel Stühle in Wartezimmer von Arztpraxen eingesprüht und weibliche Patientinnen setzten sich vornehmlich auf Stühle mit männlichen Duftstoffen. Heute werden Pheromone als „Psychoparfums" gezielt zur Förderung des Umsatzes in Warenhäusern und der Arbeitsmoral in Betrieben eingesetzt. Beispielsweise parfümierte die japanische Kosmetikfirma *Sisheido* die Computer-Tastaturen ihrer Angestellten mit Zitronen- oder Zedernaroma, worauf diese ihr Arbeitstempo erhöhten und einen Fünftel weniger Tippfehler machten als in Normalluft.[17] Die Pariser Stadtverwaltung beabsichtigt, die Metro entsprechend zu beduften, um die Sicherheit zu erhöhen. Es dürfte nur noch eine Frage der Zeit sein, bis sich Juristen mit ersten Klagen von Konsumenten beschäftigen, die einen Kauf rückgängig machen wollen, der im unfreiwilligen Duftrausch erfolgt ist.

Thomas Metzinger hat in dem o. g. Artikel darauf hingewiesen, dass der Fortschritt in der Hirnforschung seinen emotionalen und soziokulturellen Preis hat. Der soziokulturelle Preis kann in den Auswirkungen der *Bewusstseinstechnologien* bestehen. Wir müssen uns überlegen, welche Bewusstseinszustände für uns in Zukunft wünschenswert sind. Was ist überhaupt ein guter Bewusstseinszustand? Letztlich geht es somit wieder einmal um die Frage, was ist ein gutes Leben[18] und wie stark wol-

---

[17] Meldung in *Sonntags-Zeitung* vom 11. April 1993.

[18] Siehe auch „Das schöne, neue Leben – Entwürfe für eine bessere Welt", 57. Jahresagung der *Interdisziplinären Studiengesellschaft für Praktische Psychologie e. V. (ISG)* vom 29.09. – 01.10.2000 in Konstanz am Boden-

len wir uns manipulieren bzw. manipulieren lassen, um diesen Status zu erreichen.

Diese Überlegung ist von weitreichender Tragweite. Es kann nach dem gegenwärtigen Stand der Entwicklung davon ausgegangen werden, dass im kommenden Jahrhundert versucht wird, die *Informationsmacht* über den Menschen zu gewinnen. Wir kehren damit zu den eingangs erwähnten Erwartungen von Edmund O. Wilson zurück. Die Überwachung des menschlichen Verhaltens ist bereits kein Problem mehr ist – dank zahlreicher Satelliten im Orbit, dank Richtmikrophonen, dank zahlreicher Datenbanken in der Wirtschaft (Kreditkarte, Adressverlage, *Schufa*) und in der Administration (z. B. Krankenkassen).

Das parlamentarische Votum für den sogenannten „Großen Lauschangriff" lässt es faktisch zu, dass jeder in die Mühlen der Sicherheitsorgane und Nachrichtendienste kommen kann. Auch hier liefert Hollywood eindrucksvoll die filmische Vorlage in dem Film „Der Staatsfeind Nr. 1". Als letztes Terrain der Privatsphäre scheinen somit nur noch die eigenen Gedanken zu bleiben. Ihr Entstehen und ihre Beeinflussung sind (auch) Gegenstand der Gehirnforschung. Gehirnforschung könnte dazu missbraucht werden, Techniken der totalen Bewusstseinsmanipulation zur Verfügung zu stellen. Das Gespenst der schönen, neuen Welt (Aldous Huxley) und das Menetekel des Großen Bruders (George Orwell) könnte somit die Begleitmusik von Edmund O. Wilson's Traum einer *einzigen* Wissenschaft sein.

---

see. Die Vorträge und Diskussionen dieser Tagung erscheinen in Band XXIV der Schriftenreihe „Praktische Psychologie", ISL-Verlag, Hagen 2001.

Anhang

Ethik der Neurowissenschaften

Es ergeht folgende Aufforderung an alle Beteiligten und Verantwortlichen:

1. In ihrem Verantwortungsbereich daran mitzuwirken, dass die für eine vernünftige Willensbildung unverzichtbare Transparenz der Forschung und die Offenheit der Diskussion gewährleistet ist.

2. Dabei ist besonders die *Interdisziplinarität* der Diskussion zu fördern, wie sie mit dieser Tagung aufgenommen wurde und wie sie für eine vernünftige Diskussion des Themas unverzichtbar ist.

3. An der Institutionalisierung der unter (1) und (2) angesprochenen Punkte mitzuwirken und dafür Sorge zu tragen,

3 a) dass der Öffentlichkeit und den Entscheidungsträgern in Politik und Wissenschaft immer wieder in aller Deutlichkeit neben den Chancen auch die Risiken der Neurotechnologie dargelegt werden;

3 b) dass der Dialog auch dann nicht abgebrochen wird, wenn sich aus der Natur der Sache heraus scharfe Konflikte und Interessengegensätze ergeben.

4. Es muss sichergestellt sein, dass in einer solchen Institution die verschiedenen gesellschaftlichen Bereiche ange-
messen vertreten sind und dass die Institution selbst mit
genügenden Einfluss ausgestattet ist, um den Gesetzgeber
nachhaltig zum Schutz der Person aufzufordern und zu
verhindern, dass alles, was gemacht werden kann, auch
gemacht wird.
Insbesondere muss sichergestellt werden:

4 a) dass für Versuche an Menschen, gleich ob sie aus
Gründen der Behandlung oder der wissenschaftlichen
Forschung geschehen, zumindest die in der Helsinki-
Tokio-Deklaration zur biomedizinischen Forschung
formulierten Grundsätze gelten;

4 b) dass neurotechnologische Eingriffe in das menschliche Gehirn erst dann erfolgen, wenn die Grundlagenforschung gesicherte Erkenntnisse über die genauen
Funktionen der Hirnareale und ihr Zusammenwirken
verfügt;

4 c) dass die neurotechnologische Forschung sich verpflichtet, intensiv mit Psychologen, Psychotherapeuten und Psychiatern zusammenzuarbeiten, damit sichergestellt ist, dass Patienten mit neurotechnologi-
schen Implantaten die notwendige psychologische
Betreuung erhalten;

4 d) dass Neurotechnologie stets als ultima ratio eingesetzt
wird und grundsätzlich andere Behandlungsmethoden
vorzuziehen sind, deren Wirkungen mit Sicherheit re-
versibel bleiben.

5. Die Grundlagenforschung im Bereich Neurowissenschaften muss bei allen berechtigten Bedenken weiterhin in größtmöglicher Freiheit geschehen. Doch es muss auch die notwendige Rechtssicherheit geschaffen werden, um die Möglichkeiten des Missbrauchs einzuschränken. Nur so ist eine Wissenschaftskultur aufrechtzuerhalten, die diesen Namen verdient.

Teilnehmer des Kongresses „Mind revolution – Schnittstelle Gehirn/Computer", München 1995.

Dieter Korczak
München, im August 2000

* * *

Warum die Hirnforschung uns alle angeht[*]

von Manfred Spitzer

In einer Dreiviertelstunde über die Ergebnisse der Hirnforschung zu erzählen ist gar nicht so einfach – es gibt so viele! Ich möchte versuchen, Ihnen einige, wenige Prinzipien nahe zu bringen und diese Prinzipien dann ein bisschen fortzuführen um zu sehen, wie weit wir mit ihnen im Verständnis von solchen Dingen wie „Höhere geistige Leistungen", „Emotion", „Motivation" usw. kommen. Ich werde dabei nicht die letzten Fragen beantworten wie: „Was ist Bewusstsein?", oder, noch schwieriger, „Was ist Selbstbewusstsein?". Ich bin Psychiater von Beruf, und als Psychiater frage ich nicht, was Bewusstsein ist. Ich behandele jeden Tag Patienten, es geht also immer wieder um höhere geistige Leistungen und deren Pathologie. Nach meiner Erfahrung löst das, was die Hirnforschung heute weiß, vielleicht nicht die letzten philosophischen Probleme – ich glaube, Hirnforschung löst überhaupt keine philosophischen Probleme! – ich glaube eher, dass die Hirnforschung uns heute ganz praktische Dinge an die Hand gibt und sagt, was wir tun und lassen sollen; und das nicht nur mit unseren Patienten, sondern auch mit unseren Kindern, unseren Nachbarn und vor allem auch uns selbst.

Wie Sie alle wissen, haben wir etwa 20 Milliarden Nervenzellen im Kopf und die Frage, die sich oft stellt, ist: Kann man

---

[*] Der Vortrag wurde in freier Rede gehalten. Die Druckfassung basiert auf dem Transkript des Vortrages und gibt so auch den Redestil wieder. Die Zeichnungen wurden vom Autor für diesen Band angefertigt.

überhaupt irgend etwas sinnvolles darüber aussagen, wie sie funktionieren? Kann man irgend etwas sagen, wie neuronale Funktionen höhere geistige Leistungen hervorbringen? Oder ist diese Frage nicht völlig falsch gestellt, weil eine Antwort von vornherein aussichtslos ist? Es ist nicht aussichtslos! Wichtig ist folgender Sachverhalt: dass die Wissenschaft nur dann, wenn sie Modelle bildet, d. h. wenn sie Sachverhalte maßlos vereinfacht, überhaupt weiter kommt. Was wir versuchen müssen ist, die Dinge zu vereinfachen und zu Prinzipien zu gelangen, um dann mit diesen Prinzipien weiterzukommen.

Abb. 1

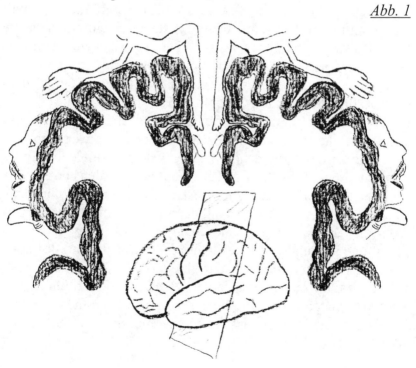

In *Abbildung 1* ist unten ein Gehirn von links gezeichnet und darüber – etwa in der Mitte – ein Gehirnschnitt ausgeführt, wie unten durch die Ebene angedeutet. Was Sie über der Gehirnrinde gezeichnet sehen sind die Körperteile, von denen die Tastempfindungen stammen, die im jeweils darunter liegenden Stück Gehirnrinde verarbeitet werden. Ganz offensichtlich haben wir in unserem Kopf eine „Landkarte" unserer Körperoberfläche. Das Problem, dessen Lösung zu dieser Zeichnung geführt hat, sieht ganz einfach so aus: Sie sind Neurochirurg und wollen irgendwo einen Gehirntumor herausoperieren. Sie wissen alle, wenn man in der Medizin Geschwülste entfernt, dann will man möglichst das gesamte Geschwulstgewebe entfernen, da die Geschwulst sonst weiter wächst. Wenn man aber im Gehirn etwas wegschneidet, dann möchte man dies auch wiederum nicht übertreiben, denn sonst geht irgendwas Wichtiges kaputt, d. h. eine bestimmte Funktion verloren.

Der Kanadier Wilder Penfield hat, zunächst zusammen mit dem deutschen Wissenschaftler Otto Förster, dieses Problem wie folgt zu lösen versucht: Er hat an wachen Patienten, bei denen ein Eingriff am Gehirn vorgenommen werden musste, die Kopfhaut, den Knochen und die Hirnhäute entfernt und hatte dann das Hirn vor sich. Er ging dann mit einem kleinen Drähtchen an das Gehirn, schickte einen kleinen Strom durch den Draht und stimulierte so die Gehirnrinde. Der Patient, der wach war, sagte dann vielleicht „Ich fühle jetzt die Zunge kribbeln", oder „Ich fühle ein Kribbeln an der Hand", oder „Ich fühle es an der Stirn" oder „am Fuß" oder sonst irgendwo anders. Herrn Penfield ist aufgefallen, dass er an einem bestimmten Stück Gehirn Körpergefühle erzeugen konnte und dass der Körper der

Menschen, die er operiert hatte, in einer ganz bestimmten Weise im Gehirn vorkommt.

Man weiß heute, dass die Gehirnrinde unsere Körperoberfläche landkartenförmig repräsentiert. Was heißt das? Die Körperoberfläche ist von Nervenzellen repräsentiert. Repräsentiert heißt, wenn ich mein linkes Ohr berühre, dann beginnt auf der rechten Seite in meinem Kopf irgendwo eine Nervenzelle elektrisch aktiv zu sein. Die Nervenzellen, die für den Körper verantwortlich sind, sind nun nicht irgendwo im Kopf verteilt, sondern sie sind sehr klar geordnet. In dem Teil des Gehirns, der für das Tastempfinden zuständig ist, ist die Körperoberfläche sozusagen hübsch der Reihe nach angeordnet: die Zunge neben den Lippen, dann die Nase, dann die Stirn. Dann kommen Hand, Unterarm, Oberarm, Rücken und Beine. Jeder von uns hat eine geordnete Karte der Körperoberfläche in seinem Gehirn. Penfield kam auf die didaktisch geniale Idee, einen Menschen so auf das Gehirn zu malen, dass man schön sehen kann, welcher Teil des Gehirns für welchen Teil der Körperoberfläche zuständig ist.

Bei genauer Betrachtung fällt noch etwas auf: Man spricht vom „Penfield'schen Homunkulus", vom „Zwerglein", aber nicht vom „Penfield'schen Homo" – warum? Weil die Körperoberfläche, wie wir sie in unserem Kopf haben, eigenartig deformiert ist. Es gibt viel Platz für Lippen, Zunge und Hände, aber wenig Platz z. B. für den riesengroßen Rücken. Dazu passen gut Befunde zum räumlichen Unterscheidungsvermögen des Tastsinns: Wenn ich zwei Kulis nehme und Sie damit am Rücken berühre, dann kann ich sieben Zentimeter mit den Kulis auseinander gehen, und Sie sagen mir dennoch, dass ich Sie *einem* Kuli berühre. Wenn ich das gleiche auf der Zunge mache, dann gehe ich drei Millimeter auseinander und Sie sagen mir, es sind *zwei* Kulis. Der Neurologe spricht von der sogenannten „Zwei-Punkte-Diskriminationsschwelle". Diese ist je nach Körperteil unterschiedlich, passt jedoch genau zur Landkarte. Es gibt nämlich – so die Erklärung – Körperteile, für die sehr viel „kortikale Rechenfläche" – man kann auch sagen: „kortikale Informationsverarbeitungsfläche" – verantwortlich ist. Und dann gibt es Körperteile wie den riesengroßen Rücken, für die nur vergleichsweise wenige Nervenzellen in unserem Kopf zuständig sind. Das ist praktisch, denn wir tasten viel mit den Händen und mit den Lippen, und für die Verarbeitung der entsprechenden Informationen haben wir viel Platz im Kopf.

Wir wissen heute, dass die Feinstruktur der Landkarten nicht vererbt ist. Sie ist nicht natur- oder gottgegeben, sondern das Produkt der Tatsache, dass Sie alle selten mit ihrem Rücken essen! Sie essen mit Mund, Zunge und mit den Händen, d. h. Sie haben ständig sehr viele Tastempfindungen, die Sie mit den Händen oder über die Hände, über die Lippen, über die Zunge verarbeiten. Und deswegen hat Ihr Gehirn dafür gesorgt – und den Mechanismus dafür kennen wir heute – dass viele Nervenzellen für die Lippen, die Zunge und die Hände zuständig sind. Das passiert automatisch dadurch, dass Sie viel mit Lippen, Zunge und Händen machen.

Wenn Sie beispielsweise als Erwachsener Blindenschrift lernen, dann machen Sie ganz viel mit der Kuppe Ihres Zeigefingers, einem kleinen Stück Körperoberfläche. Wenn Sie einen Roman in Blindenschrift lesen, tasten Sie mehrere Millionen kleinster Erhebungen ab. Wir wissen seit etwa fünf Jahren, dass, wenn Sie als Erwachsener Blindenschrift gelernt haben, das Stück Gehirn, das für dieses Stück Finger zuständig ist, messbar größer geworden ist! Vor wenigen Jahren erschien eine Arbeit, in der deutsche Wissenschaftler gezeigt haben, dass Gitarren- und Geigenspieler, die ganz viel mit dem Finger der linken Hand machen und das sehr genau machen, 1,5 bis 3,5 Zentimeter mehr Platz für die Finger der linken Hand als Nicht-Gitarren- und Nicht-Geigenspieler im auf der Körperoberflächenlandkarte im Gehirn zur Verfügung haben. Nebenbei sei hierzu bemerkt: Wer wirklich gut werden will, muss bis zum 13. Lebensjahr etwa 15.000 Stunden geübt haben. Musiker haben etwa 25 Prozent mehr Gehirn für Töne als Nicht-Musiker. Wir wissen also heute, dass unser Gehirn sich ständig anpasst.

Wir alle haben gelernt, dass nach der Geburt im Gehirn praktisch keine Neuronen mehr gebildet werden. Die Zellen im Gehirn sind da und alles, was sie machen, ist langsames Sterben – sehr zu unserem Leidwesen. Das ist aber nur die eine Seite der Medaille. Die andere Seite ist, dass die *Verbindungen* zwischen den Zellen – und jede Zelle ist mit bis zu 10.000 anderen verbunden, und diese wieder mit bis zu 10.000 anderen – veränderbar sind und sich tatsächlich auch dauernd ändern. Ich hoffe sehr, jetzt gerade bei Ihnen! Immer dann, wenn wir lernen, ändern sich Verbindungen zwischen Nervenzellen. Die Prinzipien des Lernens sind relativ einfach: wenn nämlich viel Information irgendwelcher Art verarbeitet wird, dann wird auch viel gelernt. Und wenn Sie Gitarre oder Geige spielen lernen – Sie müssen aber viel üben, jeden Tag ein oder zwei Stunden – dann wird auch in Ihrem Gehirn mehr Platz den Fingern der linken Hand zugeordnet. Sie werden entsprechend besser!

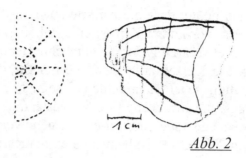

Abb. 2

Wir wissen heute um die Existenz von sehr vielen Landkarten. *Abbildung 2* zeigt die zweitbekannteste aus einer Publikation, die bereits vor etwa zwanzig Jahren erschienen ist. Was hat man gemacht? Man hat einem Affen den Stimulus, links im Bild, eine Art Zielscheibe, die noch dazu geflackert hat, gezeigt, und er musste immer in die Mitte schauen (abgebildet ist nur der halbe Stimulus und daneben entsprechend nur eine Seite des Gehirns). Dem Affen wurde dann, als er in die Mitte schaute und diese flackernde Zielscheibe gesehen hat, radioaktiv markierter Zucker gespritzt. Dieser wird im Gehirn vom Blut genau dorthin gebracht, wo er besonders gebraucht wird. Und wo wird Zucker gebraucht? Da, wo die Nervenzellen mehr arbeiten! Dann hat man den Affen getötet und die Gehirnrinde auf eine Fotoplatte gelegt. Die Radioaktivität schwärzt dann eine Fotoplatte, und es entsteht so ein Bild der Aktivität des Gehirns. Als man sich nun den Hinterhauptslappen anschaute, also das Areal, von dem man bereits wusste, das es für das Sehen zuständig ist, sah man ein Abbild des Stimulus – im Gehirn!

Damit war zweifelsfrei nachgewiesen, dass die primäre visuelle Gehirnrinde, die erste Station des Sehens in der Gehirnrinde, wirklich eine Landkarte des Augenhintergrunds darstellt.

Und wir wissen heute, dass diese Karte auch erfahrungsabhängig entsteht. Erst vor kurzer Zeit ist eine Arbeit erschienen, die eine bereits vor etwa dreißig Jahren gemachte Beobachtung bestätigte: Wenn Sie Katzen aufziehen, die nur Streifen einer bestimmten Richtung sehen, dann bilden diese mehr Zellen in ihrer Gehirnrinde aus, die für solche Streifen zuständig sind, als Zellen für irgendwelche anderen Streifen in irgendwelchen anderen Orientierungen. Der Effekt ist heute eindeutig messbar!

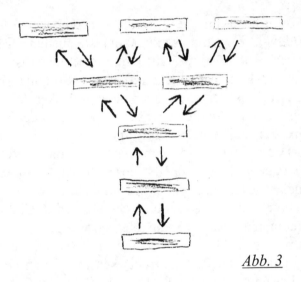

Abb. 3

Das visuelle System ist viel komplizierter als nur eine Landkarte. *Abbildung 3* zeigt die Prinzipien der Verbindung von Landkarten in unserem unser visuellen System.

Das Sehsystem in unserem Gehirn ist ganz offensichtlich aus einzelnen Komponenten (Module) aufgebaut. Die Information geht zum Auge hinein und verzweigt sich dann. In einem Areal wird z. B. Farbe verarbeitet, in einem anderen Areal Bewegung, in wieder einem anderen Areal bestimmte Muster. Die Pfeile zwischen den Arealen zeigen Nervenfaserzüge an. Es sind jeweils zwei Pfeile, denn die Information fließt in beiden Richtungen. Sie geht also nicht (in der Abbildung) von unten nach oben bis irgendwann klar ist, was ich sehe. Die Information geht vielmehr in beide Richtungen. Es wird also auch von oben bestimmt, was denn den Informationen, die von unten kommen, entsprechen könnte. Dann werden die Bildpunkte mit Hypothesen dessen, was vorhanden ist, überformt. Schon Herrmann von Helmholtz hat gesagt und damit recht gehabt, dass Wahrnehmung ein komplexes Wechselspiel ist zwischen dem, was wir intern schon wissen und dem, was von außen an uns heran kommt. Man kann sehr schön zeigen, welche Effekte dies hat.

Abb. 4

Betrachten wir hierzu ein Beispiel dafür, wie höherstufige ge-
speicherte Informationen unsere Wahrnehmung beeinflussen.
Was sehen Sie in *Abbildung 4*? Sehen Sie eine Kuh? *Abbildung 5* hilft Ihnen, eine Kuh zu sehen. Wenn Sie die Kuh sehen,
versuchen Sie jetzt mal, die Kuh *nicht* zu sehen. Wie Sie bemerken, geht das jetzt nicht mehr!

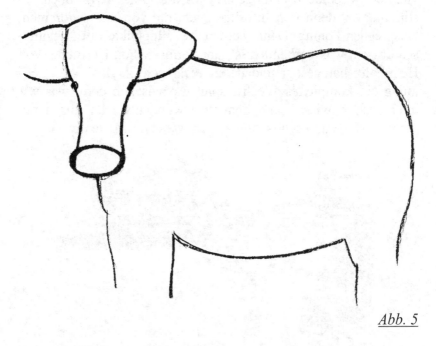

Abb. 5

Ich zeige Ihnen dieses Beispiel, um es gleich wieder mit Neurowissenschaft in Verbindung zu bringen. Genau das gleiche
Experiment hat man mit insgesamt sechzig entsprechenden Bil-
dern bei Leuten gemacht, die in einem Scanner liegen, mit dem
man nachschauen kann, wo im Gehirn Aktivität ist, wenn die

Versuchsperson das Bild betrachtet. Am Anfang ging es den Leuten so wie Ihnen: sie sahen schwarze und weiße Flecken. So lange dies der Fall war, also nur schwarze und weiße Flecken gesehen wurden, fand man den primären visuellen Kortex aktiviert. Bekanntermaßen ist dieser Teil des visuellen Systems u. a. für weiße und schwarze Flecken, für Linien und Kanten zuständig. Wurden dann aber den gleichen Versuchspersonen die gleichen Bilder gezeigt, wobei die Probanden wussten, worum es sich jeweils handelt, dann wurden auch objektspezifische bzw. gesichterspezifische Areale im Gehirn aktiv. D. h. jetzt wurden bei genau dem gleichen Wahrnehmungsstimulus höhere Areale zugeschaltet. Und diese sorgen dafür, dass nicht mehr schwarze und weiße Flecken gesehen werden, sondern Gegenstände oder Gesichter, also eben beispielsweise eine Kuh.

Wie blickt man eigentlich ins Gehirn? Vor hundert Jahren hat man es schon versucht. Der italienische Arzt Angelo Mosso hatte einen Patienten, dem ein Stück Schädelknochen fehlte. Deswegen konnte man am Kopf des Patienten den Puls eines hirnversorgenden Blutgefässes fühlen. Mosso hat nun den Puls abgeleitet und mit einem eigens hierfür entwickelten Apparat aufgezeichnet. Er fand damit folgendes: Wenn die Kirchenglocken losgingen, wurde der Puls im Kopf deutlicher. Dann hat Mosso eine – wie man heute vielleicht sagen würde – etwas eigenartige kognitive Provokationsmethode durchgeführt: Er ließ den Patienten beten. Und als der dann gebetet hat, ging es auch im Kopf mit dem Puls richtig los. Und dann musste der Patient Kopfrechnen, und auch beim Kopfrechnen schlug der Puls höher aus. Das waren die ersten Versuche, Gehirnfunktion und höhere geistige Leistung zusammenzubringen. Das hat damals auch schon einigermaßen funktioniert.

Heute macht man was Ähnliches, ausgehend von einer eigenartigen Entdeckung des Doppelnobelpreisträgers Linus Pauling. Ihm fiel bereits vor einigen Jahrzehnten auf, dass sauerstoffreiches Blut und sauerstoffarmes Blut geringgradig andere magnetische Eigenschaften haben. Damals war diese Tatsache nichts weiter als ein Kuriosum; sie verschwand in der großen Schublade eigenartiger Entdeckungen. Ende der Achtziger Jahre gab es aber an vielen Krankenhäusern Kernspintomographen, auch Magnetresonanztomographen genannt. Mit diesen Maschinen kann man ohne Röntgenstrahlen und ohne jegliche Belastung für den Patienten oder Probanden Bilder des Gehirns erzeugen. Magnetresonanztomographen reagieren auf magnetische Unterschiede des Gewebes, weswegen Anfang der Neunziger Jahre Physiker in den USA auf die Idee kamen, zu versuchen, mittels dieser Magnetresonanztomographie die Unterschiede der magnetischen Eigenschaften des Blutes – sauerstoffreich versus sauerstoffarm – abzubilden. Das war eine sehr kluge Idee und sie funktionierte.

Der Grundgedanke ist ganz einfach: Da, wo Nervenzellen aktiv sind, fließt mehr sauerstoffreiches Blut hin als dort, wo die Nervenzellen inaktiv sind. Und von diesem Unterschied kann man im Magnetresonanztomographen ein Bild machen. Das wurde 1992 erstmals publiziert. Man verwendet also körpereigenes Blutes gleichsam als Kontrastmittel, um ein Bild der Aktivität des Gehirns zu erstellen. Das ist unglaublich, aber es geht. Und es geht heute in 50 Millisekunden, also $^1/_{20}$ Sekunde, und damit fast so schnell wie beim Fotografieren.

Ich habe 1993 mit der funktionellen Magnetresonanztomographie (der Zungenbrecher wird heute allgemein mit fMRT abgekürzt) in Heidelberg und Mannheim begonnen. Im Herbst

1994 hat sie mich an das Zentrum, wo sie im Wesentlichen entwickelt wurde, geführt. Dort haben wir dann z. B. Folgendes gemacht: Jemand liegt im Scanner, kann aber über einen Spiegel noch herausschauen, so dass man ihm beispielsweise über eine Rückprojektionsleinwand computergesteuert Bilder zeigen kann. Der Proband oder Patient muss vielleicht auch auf die Bilder z. B. per Knopfdruck reagieren, so dass man Reaktionszeiten messen kann. Kurz, man kann psychologische Experimente im Scanner durchführen und zugleich dem Gehirn bei der Arbeit gleichsam zuschauen und sehen, wo es gerade aktiv ist.

Durch derartige Experimente haben wir herausgefunden, dass es im Gehirn ein kleines Areal gibt, das immer dann aktiviert wird, wenn es um Werkzeuge geht. Es ist nicht aktiv, wenn die Person Obst oder Gemüse oder Möbel benennt. Beim Benennen von Werkzeugen aber leuchtet es auf. Wer noch nie mit Werkzeugen zu tun hatte, so kann man annehmen, der wird auch über die entsprechenden, für Werkzeuge zuständigen Neuronen auf den Landkarten seiner Gehirnrinde nicht verfügen. Es ist dabei nicht so, dass diese Neuronen nicht da sind. Nein, sie stehen eben nur nicht für Werkzeuge, sondern vielleicht für Bäume, Wolken, Blumen, oder irgend etwas anderes, womit sich die Person besonders beschäftigt hat. Noch einmal: Die Landkarten in unseren Köpfen sind plastisch. Sie verändern sich erfahrungsabhängig.

Betrachten wir hierzu das folgende Beispiel. Sie alle kennen die „Müller-Lyer-Täuschung", vielleicht die bekannteste der optischen Täuschungen: Von zwei gleich langen Linien mit unterschiedlichen Pfeilspitzen sieht die eine länger aus als die andere (vgl. die fett gezeichnete Linien in *Abbildung 6*). Das liegt daran, dass wir meistens in Räumen leben, die Ecken haben. Die

von diesen Ecken wegstrebenden Linien (im Bereich von Fuß-
boden und Decke) zeigen an, wo vorne und wo hinten im Raum
ist: Von hinten gelegenen Ecken gehen die Linien so weg wie
links, von vorne gelegenen Ecken hingegen gehen die Linien so
weg wie rechts gezeichnet.

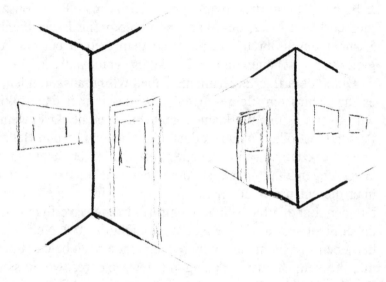

Abb. 6

Wir nehmen die beiden Linien unterschiedlich lang wahr,
weil wir die schräg abgehenden Linien räumlich interpretieren.
Sobald wir dies jedoch tun, sehen wir eine weiter hinten und die
andere weiter vorne. Mit anderen Worten: Wir finden uns dauernd in rechteckigen Räumen zurecht, und die Täuschung ist
eigentlich gar keine, sie hilft uns vielmehr, uns richtig zurechtzufinden. Die Täuschung steckt sozusagen in unserem richtigen

Zurechtfinden in einer dreidimensionalen Raumwelt mit Ecken und Kanten. Warum sage ich Ihnen das? Weil diese Täuschung auch gelernt ist. Wir haben gelernt, uns da zurechtzufinden, wo es Ecken und Kanten gibt. Es gibt aber Menschen, die anders leben: Wer in runden Hütten und überhaupt vor allem in der Natur wohnt (*Abbildung 7*), unterliegt dieser Täuschung nicht. Warum ist dies so? Weil die Menschen dort Linien (Ecken von Decken und Fußböden) nicht dauernd wahrnehmen, benutzen und interpretieren müssen, um sich zurechtzufinden. Und wenn Menschen etwas nicht sehr oft wahrnehmen, haben sie es nicht in der gründlichen Weise gelernt (wie wir zum Beispiel) und unterliegen der entsprechenden Täuschung nicht.

Abb. 7

Zurück zu den erfahrungsabhängigen Landkarten. Sie kodieren nicht nur einfache Wahrnehmungsprozesse. Im Gegenteil. Man muss davon ausgehen, dass unsere Großhirnrinde eine Art „Landkartenproduktionsmaschinerie" darstellt. Was immer sie an Input von außen bzw. vor allem von anderen Bereichen des Gehirns erhält, wird kartenförmig organisiert. Ein Beispiel für höherstufige Landkarten: Man hat mittels Magnetresonanztomographie bei Menschen, die neben ihrer Muttersprache eine Fremdsprache gut sprechen, gefunden, dass im Frontalhirn für beide Sprachen ein Areal vorhanden ist. Es gibt also eine Landkarte für, sagen wir, Deutsch und eine für Englisch. Eine Ausnahme machen Menschen, die zweisprachig aufgewachsen sind. Bei diesen gibt es eine Karte im Frontalhirn für beide Sprachen. Wir sehen auch hier ganz klar die Erfahrungsabhängigkeit dieser hochstufigen Struktur.

Ein weiteres Experiment, das vor wenigen Monaten publiziert wurde, deutet in die gleiche Richtung der kartenförmigen Repräsentation höherstufiger Bedeutungsgehalte. Wir gehen normalerweise mit Buchstaben um oder mit Zahlen und haben wahrscheinlich eine Art Landkarte für Buchstaben und eine für Zahlen. Deswegen stören sich Buchstaben und Zahlen auch gegenseitig nicht, wenn wir mit beiden umgehen. Wenn wir einen Buchstaben unter Zahlen oder eine Zahl unter Buchstaben suchen, geht das recht einfach. Man spricht von einem „Pop out"-Effekt. Wenn Sie in *Abbildung 8* links die „9" suchen, brauchen Sie lange, wenn Sie hingegen rechts das „B" suchen, sind Sie gleich fertig.

384267362847	384967362847
668021745365	668021945395
783412453904	78341B245304
718273645441	918273645491

Abb. 8

Woran liegt das? Weil die „9" von anderen Zahlen gestört wird, das „B" aber von den anderen Zahlen nicht. Es geht Ihnen allen so, dass Sie rechts das „B" hier schneller finden als links die „9". Ein solcher „Pop out"-Effekt lässt sich bei uns allen nachweisen. Als Ursache hierfür wird allgemein die Existenz zweier recht unabhängiger Speicher (Karten) für Zahlen einerseits und für Buchstaben andererseits angenommen. Dies ist deswegen so, weil wir normalerweise entweder mit Buchstaben oder mit Zahlen zu tun haben, seltener mit beidem gleichzeitig. Kurz, weil wir mit Buchstaben und Zahlen im Allgemeinen getrennt umgehen, haben wir beides getrennt gespeichert, und genau deswegen gibt es den Pop out-Effekt.

Jeder Mensch unterliegt daher auch dem Pop out-Effekt, es sei denn, er beschäftigt sich sehr intensiv (und vor allem für viele Stunden am Tag) mit Buchstaben-Zahlen Kombinationen – etwa der Art „M5T 2S8". Wissen Sie, was das ist? Eine kanadische Postleitzahl! Man hat Postbeamte in Kanada untersucht und zwar solche, die Briefe sortieren und solche, die nicht Briefe sortieren. Und wer tagtäglich acht Stunden Briefe sortiert, also mit solchem Buchstaben-Zahlen-Salat zu tun hat, der hat – wegen seiner Erfahrung – seine Zahlen und seine Buchstaben auch durcheinander und eben nicht mehr getrennt. Entsprechend lässt sich bei briefesortierenden Postbeamten in Kanada der Pop out-Effekt nicht mehr nachweisen!

Was ich damit sagen will ist, dass das Gehirn plastisch ist, sich dauernd den Erfahrungen anpasst und seine Landkarten entsprechend ändert. Am plastischsten sind natürlich die Gehirne von Kindern, und daher ist es besonders wichtig, zu überlegen, was wir ihnen an Input zumuten.

Meine Damen und Herren, das Stichwort, welches ich hier verwenden möchte ist – neurobiologisch gesprochen – das der „Neuroplastizität". Unser Gehirn passt sich dem an, was es verarbeitet. Dies geschieht von der Wiege bis zur Bahre. Und wenn man sich weiterhin das Gehirn als eine Hierarchie von Landkarten vorstellt, in der Information dadurch verarbeitet wird, dass sie Landkarten durchläuft – und zwar nicht in eine Richtung, sondern ständig in beiden Richtungen – dann ist klar, dass alle diese Landkarten durch das, was hindurchläuft, neu geformt und strukturiert werden.

Aus diesem Grunde sollte man sich sehr gut überlegen, was man seinem Gehirn – und dem seiner Kinder, Nachbarn oder Patienten – als Erfahrung zumutet. Denn diese Erfahrung wird die Landkarten längerfristig festlegen. Diese Landkarten wiederum steuern unser Verhalten. Deswegen macht es auch nachdenklich, wenn beispielsweise Kinder heute so viel fernsehen. Man weiß, dass der Durchschnitts-Amerikaner – um ein sehr ernst zu nehmendes Beispiel anzuführen – wenn er 18 Jahre alt ist, etwa 13.000 Stunden in der Schule war und etwa 25.000 Stunden vor dem Fernseher gesessen hat. In diesen 25.000 Stunden hat er im Durchschnitt 32.000 Morde, 40.000 Mordversuche und 70.000 Vergewaltigungen gesehen. In den USA ist die Haupttodesursache für Männer meines Alters Mord. Wundert Sie das jetzt noch?

Es ist mir daher ein großes Anliegen, klar zu sagen: Es ist nicht egal, mit welcher „Informationssoße" wir uns und Andere überschütten. Gewalt und anderes Ungute im Fernsehen müsste man eigentlich behandeln wie Umweltverschmutzung. Wenn man nämlich gegen Umweltschmutz nicht gesetzlich einschreitet, dann produziert der Dreckigste am billigsten, weswegen er sich am Markt durchsetzen wird. Der Markt regelt dies nicht von selbst, im Gegenteil: wenn man *nur* den Markt die Produktionsverhältnisse regeln lässt, kommt Umweltverschmutzung heraus, das haben wir in den vergangenen Jahrzehnten gesehen. Wir wollen das nicht, weil wir alle unter dem Dreck leiden. Was machen wir? Wir führen Regeln ein, die dem Markt ein wenig nachhelfen, ein bisschen nachsteuern. Damit wir nicht in einer Umwelt leben müssen, die keiner haben will.

Im Hinblick auf Gewalt im Fernsehen, trifft das Entsprechende zu: Gegenwärtig verschmutzen wir die kognitiven Landkarten unserer Kinder mit allem möglichen Schrott. Warum? Weil der, der den meisten Schrott über die Werbekanäle liefert, am meisten Werbeeinnahmen hat und alle anderen am Markt verdrängt. Wenn man nichts unternimmt, geschieht dies einfach aufgrund des Marktmechanismus. Keiner kann dies jedoch wirklich ernsthaft wollen, ebenso wenig wie jemand wirklich Umweltverschmutzung wollen wird. Das Problem ist jedoch das Folgende: Den Schornstein, der da qualmt, den sehen wir alle.

Aber die kaputte Landkarte im Kopf, die dafür sorgt, dass einer heranwächst und zum Mörder wird, die sieht niemand. Es gibt Untersuchungen, die nachweisen dass der Konsum von Gewalt im Fernsehen im achten Lebensjahr voraussagt, ob jemand mit dreißig Jahren im Gefängnis sitzt oder nicht. Es ist also nicht so, dass wir über diese Zusammenhänge nichts wüssten. Im Gegenteil! Diese Dinge sind eindeutig nachgewiesen. Der Zusammenhang von Gewalt im Fernsehen und Gewalt in der Gesellschaft ist nur nicht so offensichtlich. Und genau deswegen werde ich nicht müde, Vorträge wie diesen zu halten. Denn wir sind auf dem besten Weg in eine weitaus weniger lebenswerte Gesellschaft...

Gestatten Sie mir an dieser Stelle bitte noch die folgende kleine wahre Anekdote: Im Jahr 1994 war ich zum zweiten Mal Gastprofessor an der Harvard Universität. Einer meiner Söhne ging in die erste Klasse einer Grundschule dort. Wenige Wochen nach der Einschulung erhielten wir einen Brief vom Rektor, den wir unterschrieben zurückgeben mussten, und in dem u. a. stand, dass wir unserem Sohn keine Handfeuerwaffen mitgeben sollten – in der ersten Klasse der Grundschule! Man muss wissen, dass die Hauptabnehmer von Metalldetektoren nicht mehr die Fluggesellschaften, sondern die amerikanischen Schulen sind. Und in Gemeinden, wo wenig Gewalt herrscht, hat man rundum Stacheldrahtzäune und geht über einen Checkpoint ein und aus. Wollen wir das hier?

Zurück zur Neurobiologie. Wenn es Neuroplastizität gibt und wenn es Landkarten gibt, und wenn diese erfahrungsabhängig sind – wäre es dann nicht gut zu wissen, unter welchen Voraussetzungen Neuroplastizität, d. h. Lernen, eher stattfindet bzw. was ihr abträglich ist? Unter welchen Bedingungen sind Landkarten plastischer oder weniger plastisch? Hierzu gibt es tierexperimentelle Befunde, die nicht nur zeigen konnten, dass Neuroplastizität zweifelsfrei existiert, sondern auch, unter welchen Bedingungen sie stattfindet.

Ohrenärzte behandeln seit Jahrzehnten Innenohrtaubheit dadurch, dass man künstliche Innenohren einsetzt, d. h. das biologische Schneckenorgan durch ein technisches Gerät ersetzt, das Schallwellen in elektrische Impulse umsetzt. Diese elektrischen Impulse werden über kleine Drähte, die man in den Hörnerven einpflanzt, ins Gehirn weitergeleitet. Wer nach einer solchen Operation erwacht, versteht jedoch nur Gerumpel, denn das künstliche Innenohr setzt die Schallwellen irgendwie um, d. h. keineswegs so, wie dies das biologische Innenohr zuvor getan hat. Bereits in den Siebziger Jahren fiel jedoch auf, dass ein paar Patienten – heute sind es etwa 70 Prozent – ein Jahr nach einer solchen Operation telefonieren konnten, d. h. gesprochene Sprache verstehen konnten, ohne von den Lippen zu lesen. Wie kann das sein, denn das künstliche Innenohr ändert sich nicht, fragten sich u. a. Ohrenärzte in San Francisco? Offensichtlich hat das Gehirn der Patienten mit diesen Lautmustern, die ja zeitlich strukturiert sind, im Laufe eines Jahres immer mehr anzufangen gelernt. Nach einem Jahr kann es diese zeitlich strukturierten Salven von Impulsen wieder als Worte interpretieren, als Sätze, und als Handlungsmuster usw. Es geht ganz offensichtlich! Also muss in unserem Gehirn etwas geschehen, denn die Maschine, das künstliche Ohr, ändert sich nicht.

Nun kann man bei Tieren kein Sprachverständnis untersuchen, denn selbst Affen reden bekanntlich nicht. Man wollte jedoch zeitliche Muster, also etwas ähnliches wie Sprache, als Stimulus bei Experimenten zur Neuroplastizität verwenden. Daher kam man auf die – wie sich später herausstellte – sehr gute Idee, Vibrationen zu verwenden: Ein Affe musste drei Finger seiner Hand auf ein vibrierendes Plättchen legen und schnelle von langsameren Vibrationen unterscheiden lernen. Vorher hat man das Stück Gehirn kartiert, das für das Tastempfinden der Finger zuständig ist. Dann wurde der Affe zwei bis drei Wochen trainiert, jeden Tag zwei bis drei Stunden. Dann hat man wieder die Tastlandkarte vermessen und festgestellt, dass das Stück Gehirn, das für die drei tastenden Finger zuständig ist, messbar größer geworden war. Zum ersten Mal war hiermit nachgewiesen, dass sich die Landkarten im Kopf tatsächlich Input-abhängig verschieben. Heute steht dieses Experiment daher in fast jedem Neurobiologie-Lehrbuch.

Interessanterweise wurde damals ein zweites Experiment durchgeführt, das fast nirgendwo erwähnt wird, aber ebenso interessant ist: Der Nachbaraffe betastete genau die gleichen Stimuli mit seinen Fingern und man hat sein Gehirn auf die gleiche Weise untersucht. Er bekam aber keinen Saft, wenn er seine Aufgabe erledigte, also wenn er die Vibrationen unterschiedlicher Frequenz richtig unterschieden hatte. Man kann davon ausgehen, dass es dem Tier recht egal war, was an seinen Fingern geschah. Was ist in dessen Gehirn passiert? Nichts! Dieser Befund scheint sehr gegen die mechanistische Sicht zu sprechen, dass es die Input-Impulse sind, welche die Landkarten prägen und Neuroplastizität bewirken. Heute wissen wir jedoch, dass die Theorie zur Input-Abhängigkeit der Neuroplastizität durchaus gilt. Wir wissen nur noch zusätzlich, welche modulierenden Effekte z. B. solche Prozesse wie Aufmerksamkeit, Emotion und Motivation auf die Neuroplastizität haben. Dies wissen wir erst seit kürzerer Zeit, und die Experimente, die es dazu gibt, sind spannend, weswegen ich darüber sprechen möchte.

Stellen Sie sich vor, jemand liegt im Scanner und man gibt ihm die Instruktion: Schauen Sie sich die schwarzen Punkte an und achten sie auf die schwarzen Punkte! Was zeigt man dem Probanden dann im Scanner? – Schwarze Punkte. Dann fangen die schwarzen Punkte plötzlich an, sich zu bewegen. Dann sieht er wieder unbewegliche schwarze Punkte. Dann kommen noch weiße dazu und bewegen sich. Dann wieder schwarze unbewegliche Punkte; dann wieder schwarze, die sich bewegen, usw. Nach dem Experiment vergleicht man den Aktivierungszustand des Gehirns, wenn der Proband bewegte Punkte anschaut, mit der Aktivität beim Betrachten unbewegter Punkte. Man findet dadurch ein Areal, das immer dann aktiv wird, wenn der Proband Bewegung verarbeitet. Dieses Areal kannte man schon, es heißt „MT" oder auch „V5" und ist für Bewegungsverarbeitung zuständig. Wenn es beidseitig gestört ist sehen Sie keine Bewegung mehr, dann sehen Sie nur noch Standbilder, wie man aus Untersuchungen zu einigen wenigen solcher Patienten weiß. Wir wissen also, dieses Areal ist für Bewegung zuständig. *Abbildung 9* zeigt schematisch den zeitlichen Verlauf der Aktivierung in diesem Areal.

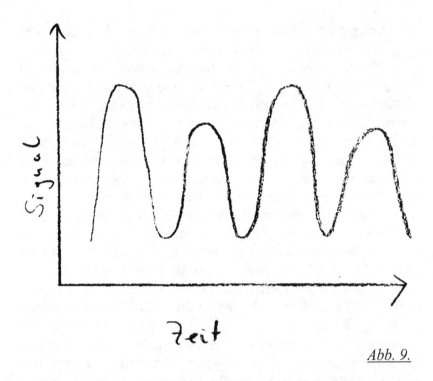

Abb. 9.

Da sich im Experiment viermal die zu betrachtenden Punkte bewegt haben (zweimal die schwarzen und zweimal die weißen), zeigt sich in dem Bereich der Gehirnrinde, der Bewegung analysiert, vier Mal eine zunehmende Aktivierung. Sie sehen aber noch etwas. Die erste und dritte Aktivierung sind höher als die zweite und vierte. Warum das? Der Proband sollte sich auf die schwarzen Punkte konzentrieren, und die haben sich beim ersten und dritten Mal auch bewegt. Beim zweiten und vierten Mal hingegen haben sich die weißen Punkte bewegt, also das, auf das er sich nicht konzentriert hatte. Ganz offensichtlich ist also die Aktivität der Gehirnrinde auch durch Aufmerksamkeitsprozesse beeinflusst. Man kann den Probanden auch ein Haus und ein Gesicht übereinander zeigen, und sie auf Haus oder Gesicht achten lassen. Dann gibt es im Gehirn kleine Bereiche, die für Gesichter und für Häuser zuständig sind. Und immer wenn Sie auf das Haus achten, wird das Haus-Areal ein bisschen aktiver. Achten Sie auf das Gesicht, geht das Gesichter-Areal ein bisschen mit seiner Aktivität herauf.

Was soll dieser kleine Aktivitätsunterschied? Bis zum August 1998 hätte man diesen Unterschied leicht ignorieren und mit dem Hinweis beiseitelegen können, dass er klein und daher für die Funktion wahrscheinlich nicht bedeutsam sei. Ein weiteres Experiment machte dann jedoch deutlich, wie wichtig genau dieser kleine Unterschied ist.

Man zeigte sechs Versuchspersonen im Scanner Bilder und bat sie, durch Tastendruck anzugeben, ob diese Bilder drinnen oder draußen gemacht worden waren, es sich also jeweils um eine Innenaufnahme oder eine Außenaufnahme handelt. Da mussten die Probanden im Scanner 92 Bilder beurteilen. Das Bild wurde jeweils gezeigt, und dann war zu überlegen, drinnen oder draußen, dann war die Entscheidung zu fällen, und dann kam das nächste Bild. Nach etwa einer halben Stunde waren die Probanden mit der Aufgabe fertig. Danach wurde ihnen eine „Surprise Memory"-Aufgabe gestellt, etwa wie folgt: „Wir haben hier einen Stapel Bilder, einige davon habt ihr gerade gesehen, andere sind neu; sortiert bitte mal aus, welche ihr gerade gesehen habt und welche nicht." Man gewann dadurch für jede Versuchsperson einen Stapel Bilder, an die sie sich erinnern konnte und einen weiteren Stapel Bilder, an die sie sich nicht erinnern konnte. Danach konnte man die im Scanner während der Betrachtung der Bilder gemachten Aktivierungsaufnahmen des Gehirns für jede Versuchsperson heraussuchen und danach sortieren, ob sie gemacht wurden als sich die Versuchsperson gerade ein Bild betrachtete, das im Gedächtnis „hängen blieb" oder eines, das vergessen wurde. Man gewann dadurch für jede Versuchsperson einen Stapel Aktivierungsbilder des Gehirns, die gemacht wurden, während der Proband offensichtlich irgendwas abgespeichert hat. Und man gewann einen zweiten Stapel Aktivierungsbilder, die gemacht wurden, als nichts eingespeichert wurde. Man konnte nun diese beiden Stapel vergleichen und dadurch genau die Bereiche des Gehirns ermitteln, die aktiver sind, wann immer man sich etwas merkt.

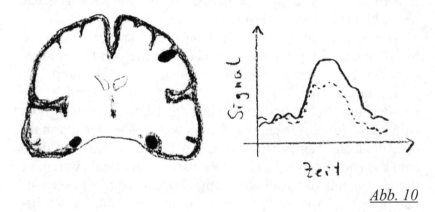

Abb. 10

In *Abbildung 10* sind diese Bereiche links schematisch dargestellt. Es handelt sich um bestimmte Bereiche tief im Schläfenlappen des Großhirns (*Hippocampus* und *Parahippocampus*) sowie im rechten Frontalhirn. Das sind die Areale des Gehirns, die ganz offensichtlich dazu genutzt werden, sich Bilder zu merken. Rechts ist die Aktivität in einem dieser Areale (rechts frontal) über den Zeitverlauf (Mittelwerte) zu sehen. Wie Sie sehen wird das Gehirn beim Betrachten der Bilder in jedem Fall aktiv. Wenn das Bild im Gedächtnis bleibt, ist diese Aktivität allerdings etwas höher (durchgezogene Linie) als wenn es nicht im Gedächtnis bleibt (gestrichelte Linie). Dieser Unterschied ist nun prozentual genauso groß wie der oben diskutierte Aufmerksamkeitseffekt. Wir wissen schon lange: Wenn Sie etwas aufmerksam verfolgen, bleibt etwas hängen, und wenn Sie beim Betrachten von etwas nur geistesabwesend dösen, wird nichts hängen bleiben. Wir können dies nun über neuronale Aktivität erklären. Deswegen ist auch klar: Wenn der Affe keinen Saft bekommt, wenn er seine Finger auf die vibrierende Platte legt, geschieht im Gehirn weniger als wenn er aufmerksam und motiviert tastet. Wenn er einem Phänomen keine Aufmerksamkeit zuwendet, wird die Aktivität in dem Bereich seines Gehirns, der die relevante Information verarbeitet, deswegen geringer sein. Wir wissen also um die Neurobiologie von Aufmerksamkeit und Motivation. Man kann ergänzen: auch den Affekt, die Emotionen, brauchen wir zum Lernen.

Ein einfaches Experiment zum Zusammenhang zwischen Affekt und Gedächtnis wurde schon 1994 publiziert: Vier Gruppen wurden ins Labor bestellt und dann hat man Gruppe 1 folgende Geschichte vorgelesen: „Ein Junge fährt mit seiner Mutter durch die Stadt, um den Vater, der im Krankenhaus arbeitet, zu besuchen. Dort zeigt man dem Jungen eine Reihe medizinischer Behandlungsverfahren." Dann wurden diese Behandlungsverfahren aufgelistet. Einer zweiten Gruppe wurde die folgende Geschichte vorgelesen: „Ein Junge fährt mit seiner Mutter durch die Stadt, wird bei einem Autounfall schwer verletzt und ins Krankenhaus gebracht." Dann kam die gleiche Liste der Behandlungsverfahren. Eine Woche später wurden die Versuchspersonen gefragt, was im Krankenhaus los war. Die 2. Gruppe (welche die Unfall-Geschichte gehört hatte) hatte sich deutlich mehr Behandlungsverfahren gemerkt als die erste.

Dass es die Emotionen waren („Das arme Kind!" etc.), welche die bessere Behaltensleistung bewirkten, belegten die Gruppen 3 und 4. Mit ihnen wurde genau das gleiche Experiment wiederholt, jedoch mussten alle zuvor einen Betablocker einnehmen, also eine Substanz, die als Geheimtipp für Studenten vor Prüfungssituationen oder Geigenspielern vor einem schwierigen Konzert gilt: 40 mg Propronolol (um nur den bekanntesten Beta-Blocker zu nennen), bringen Zittern, Herzklopfen und Schweißausbrüche zum Verschwinden, also die peripheren Manifestationen von Aufgeregtsein und Angst. Bei Gruppe 3 (gleiche langweilige Geschichte wie Gruppe 1) hatte der Betablocker keinen Effekt. Hier gab es nichts an Emotionalität zu blockieren. Anders bei Gruppe 4, deren Erinnerungsfähigkeit unter dem Betablocker abnahm. Damit war zweifelsfrei nachgewiesen, dass der Unterschied durch die Emotionalität zustande kam. Affektives Involviertsein bewirkt also, dass wir uns die Dinge besser merken können; es bewirkt und verbessert ganz offensichtlich Neuroplastizität.

Meine Damen und Herren, lassen Sie mich am Schluss noch verdeutlichen, dass wir heute auch schon sehr klar sehen, dass und wie unsere Erfahrungen auch unser Gefühlsleben prägen. Hierzu wiederum ein einfaches Tierexperiment: Flusskrebse haben ein einfaches Nervensystem haben, ein paar 10.000 Neuronen, und ein noch einfacheres Sozialverhalten: Wenn sich zwei treffen, kämpfen sie miteinander. Männliche Flusskrebse führen einen Kampf um ihr Territorium im Fluss aus, der etwa 20 Minuten dauert. Dadurch wird ausgemacht, wer der Stärkere ist und wer das Territorium verlassen muss. Interessanterweise haben Flusskrebse einen Reflex, der das Schwanzteil betrifft. Wenn ein Flusskrebs, der gewinnt, einen anderen Flusskrebs trifft, geht bei ihm das Schwanzteil hoch. Und wenn ein Flusskrebs immer verliert, dann geht bei ihm das Schwanzteil runter. Dieser Reflex ist über den Neurotransmitter „Serotonin" vermittelt, und man kann ihn auch dadurch auslösen, dass man Serotonin direkt auf die Neuronen einwirken lässt. Interessant ist, dass diese Neuronen dann bei dem Gewinner aktiver werden (dessen Schwanzteil hochgeht), ihre Aktivität beim Verlierer jedoch abnimmt (und der Schwanz geht runter). Serotonin ist ein uralter Botenstoff im Nervensystem und wahrscheinlich über eine halbe Milliarde Jahre alt. Er kommt auch in Ihren Gehirnen vor und ist u. a. für Essverhalten, Affektivität, Ängstlichkeit und Dominanz in der sozialen Hierarchie zuständig.

Man nahm nun lange Zeit an, dass es vielleicht zwei Sorten von Flusskrebsen gibt – Gewinner und Verlierer. Bis ein Student auf die Idee kam, einen künstlichen Fluss im Labor aufzubauen und zwei Gewinner oder zwei Verlierer hineinzusetzen. Es kommt zum Kampf und man erhält somit einen neuen Verlierer oder einen neuen Gewinner! Nun musste man etwa zwei bis drei Wochen warten, bis diese soziale Interaktion, der Kampf von zwanzig Minuten Dauer, einen Effekt auf den Reflex hatte: Bei dem früheren notorischen Verlierer, der den Kampf vor drei Wochen gewonnen hatte, geht nun das Schwanzteil plötzlich nach oben. Oder umgekehrt: Wenn zwei Gewinner gekämpft hatten, geht einige Wochen danach beim neuen Verlierer das Schwanzteil bei der Begegnung mit einem anderen Flusskrebs nach unten. Eine einzige soziale Interaktion von zwanzig Minuten Dauer dreht das System, das diesen Reflex vermittelt, völlig um! Ich könnte jetzt Folgendes fragen: Wenn zwei Gewinner kämpfen, einer verliert und bei diesem dann drei Wochen später das Neuron nicht mehr so stark feuert und das Schwanzteil nach unten geht – hat der neue Verlierer dann Probleme oder funktioniert seine Biochemie nicht mehr richtig? Ich frage so plakativ, denn nur, wenn man sich klar macht, dass diese Frage schon bei den Flusskrebsen keinen Sinn macht, dann ist diese Frage beim Menschen, der sicherlich ein komplizierteres Nervensystem hat und hoffentlich auch ein komplexeres Sozialverhalten, völlig an der Realität vorbei gestellt.

Wir müssen bei psychiatrischen Erkrankungen in aller Regel Medikamente geben *und* natürlich die Probleme bearbeiten. Wir müssen uns um die Biochemie *und* um die Probleme kümmern. Und wenn schon beim Flusskrebs *eine* soziale Interaktion genügt, um das Serotoninsystem völlig aus dem Gleichgewicht zu bringen, dann brauche ich nicht allzu viel Phantasie, um mir entsprechendes auch beim Menschen auszumalen. Dann kann es sein, dass eine rein psychologisch verursachte Depression biochemische Folgen hat, die man mittlerweile sogar im Scanner fotografieren kann. Dann kann man entsprechend therapeutisch eingreifen.

Diese Sicht der Dinge ist ganz wichtig, weil sie uns im klinischen Alltag zeigt, wie wir vorzugehen haben. Wir fragen nicht: Ist Bewusstsein Molekül oder ist es vielleicht doch Psychologie? Solche Fragen stellt man in der Klinik nicht. Aber man hat einen depressiven Menschen vor sich und stellt sich die Frage, wie man ihm am besten helfen kann. Und diese Frage stellt sich uns Psychiatern jeden Tag. Und bei der Beantwortung dieser Frage ist es wichtig, dass man nicht von irreführenden Dichotomisierungen, sondern von integrativen Ansätzen ausgeht. Es ist wichtig, dass die Neurobiologie uns heute zeigt, wie wir vorzugehen haben. Bei Patienten beispielsweise, die depressiv sind oder aus anderen Gründen danieder liegen, keine Lust mehr haben, brauchen wir oft Medikamente. Aber diese allein genügen nicht. Wir müssen durch Musiktherapie, Seidenmalen, Kochen und vieles mehr, am besten zusammen in der Gruppe, dafür sorgen, dass unsere Patienten positive Erfahrungen machen. Nicht weil der Wirksamkeitsnachweis von Musiktherapie (randomisiert und doppelblind) erbracht wäre, sondern weil die Menschen wieder in Kontakt kommen müssen, damit sie wieder Dinge erleben können. Leben muss wieder Spaß machen, damit die vielen Erfahrungen, die krankheitsbedingt nicht geglückt sind, durch Erfahrungen, die glücken, ersetzt werden können. Denn Sie wissen, die Landkarten werden nicht durch Medikamente beeinflusst, sondern nur dadurch, dass neue Erfahrungen gemacht werden.

Ich darf zusammenfassen: Nur dadurch, dass man vereinfacht, kommt man zu Prinzipien. Solche Prinzipien kann man heute erkennen: Landkartenförmigkeit kortikaler Areale und kortikaler Repräsentanzen; Interaktionen solcher modularer Landkarten; Plastizität der Landkarten (sprich: Erfahrungsabhängigkeit, was uns Verantwortung aufgibt), und die Modulierbarkeit der Landkarten durch Aufmerksamkeit, Motivation und Affektivität. Wir haben derartige Prinzipien erkannt, und diese Prinzipien lassen uns nicht letzte philosophische Weisheiten formulieren oder Fragen beantworten, aber sie geben uns ganz gute Richtschnüre für den praktischen Alltag.

* * *

Warum die Hirnforschung uns alle angeht

– Diskussion –[*]

Christian Eggers:

Vielleicht erst mal zur Beruhigung, Herr Spitzer, ich würde die Hypothese aufstellen, dass Ihre Kinder, wenn Sie jeden Tag fernsehen, kaum gefährdet sind, gewalttätig oder später sogar zum Mörder zu werden. Mit folgender Begründung: Es ist ja schon lange untersucht worden, ob Filminhalte, die aggressiv und destruktiv sind, Kinder gewalttätig machen oder nicht. Und da hat sich etwa vor zwanzig Jahren gezeigt, dass nur solche Kinder – Kleinkinder wurden untersucht – hinterher aggressiver gespielt und sich destruktiver verhalten haben, die von vornherein schon ein höheres Aggressionspotential haben. Am Institut für Entwicklungspsychologie und Motivationspsychologie in Bochum wird z. Zt. auch untersucht, welche motivationspsychologischen Zusammenhänge bestehen zwischen aggressiven Gewaltpräferenzen, was Video und Fernsehen betrifft, und aggressiven Computerinhalten, und es hat sich gezeigt, dass Kinder, die empathiefähig, also mitleidensfähig sind, auch Kinder sind, die sicher gebunden sind. Die sind resistent gegenüber destruktiven und gewalttätigen Computer- und Videoinhalten. Es muss auch die primäre Persönlichkeit, die ja mit bedingt ist durch die unmittelbare Bezugswelt, das fürsorgende Halten usw., berücksichtigt werden und es darf nicht nur einbahnstraßenmäßig ge-

---

[*]   Transkription der anschließenden Diskussion zum Vortrag von Manfred
    Spitzer am 01.10.1999.

schaut werden, hier aggressive und destruktive Fernsehinhalte und spätere Reaktionen. Dass das ungünstig ist und dass es eine Umweltverschmutzung ist, darin stimme ich Ihnen voll zu. Schon seit Jahren rede ich dagegen, aber nicht als Einbahnstraße.

Ein letztes Moment noch: Kritik an uns, die wir die Gesellschaft darstellen, dass diese Video- und Fernsehproduzenten die Bedürfnisse dieser Gesellschaft, also von uns allen, erfüllen. Also auch hier keine Einbahnstrasse, sondern eben eine Reziprozität zwischen dem, was wir erwarten und wünschen, und dem, was uns angeboten wird. Das hat natürlich wieder Ursachen im primären Bindungsverhalten zwischen primären essentiellen Bezugspersonen und dem Kind, also mit unserer Moral, wenn man so kurz zusammengefasst sagen will.

Manfred Spitzer:

Ich bin mir nicht sicher, ob man vorschnell sagen soll, die meisten Kinder sind resistent. Ich glaube auch, dass Kinder unglaublich robust sind, und aus den meisten Kindern werden halbwegs vernünftige Erwachsene, unabhängig davon, was für einen erzieherischen Unfug wir mit ihnen anstellen. Das muss man einfach mal sagen, das ist sicher auch Ihre Erfahrung. Aber ich denke schon – und ich beziehe mich da auf recht neue amerikanische Studien – dass man sehr viel schon sehr früh mit entsprechenden Fernsehprogrammen kaputt macht. Ich glaube auch nicht, dass die Produzenten nur die Bedürfnisse erfüllen, die wir ohnehin schon haben. Bedürfnisse werden ja auch geweckt und deswegen meine ich, sollte man deutlicher als das bislang geschieht, auf diese Dinge hinweisen – und Sie tun das ja auch, wir sind uns da eigentlich ganz einig – und sich auch entsprechend verhalten. Bei mir zu Hause – ich habe fünf Kinder – gibt es keinen Fernseher, punktum. Das ist nicht immer einfach, aber viel einfacher, als jeden Abend zu diskutieren, wer was sehen darf.

Henner Völkel:
Und was machen Sie, wenn Ihre Kinder zum Nachbarn gehen?

Manfred Spitzer:
Wenn sie zum Nachbarn gehen müssen sie sich mit denen arrangieren, dann müssen die mit denen reden – zu lange weg dürfen sie nicht usw. – das ist Sozialkontakt, und der ist gut, ganz einfach. Es ist wieder ganz praktisch und vor allem auch pragmatisch, aber ich denke, wenn das jeder machte, sähe es ein bisschen anders bei uns aus.

Sie müssen sich vorstellen, ein Anthropologe vom Mars käme zu uns, wir nehmen an, es wäre Weihnachten 1993. Damals war folgendes geschehen: *Nintendo* brachte ein neues Spiel heraus, bei dem man lernte, dem Gegner elektronisch Köpfe, Hände und Beine abzuschlagen, ganz brutal. Das war der Weihnachtsrenner der Saison 1993. Der Anthropologe vom Mars fragt dann, was ist denn Weihnachten? Und dann sagt man ihm, das ist das ‚Fest der Liebe‘! Und was wird zum Fest gemacht? Die ganze Gesellschaft kauft flächendeckend den kleinen Kindern, deren Gehirne besonders plastisch sind, Geräte, mit denen sie lernen, ganz toll Köpfe und Gliedmaßen abzuschlagen. Da sollte sich doch eigentliche jeder vernünftige Mensch an den Kopf greifen! Das passiert bei uns und es ist klar, dass das nicht sein darf, weil wir da etwas kaputt machen. Sie wissen auch, die kortikale Sache, die Landkarten, ist das eine, die affektive Desensibilisierung, das Abstumpfen gegenüber solchen Inhalten, ist als zweites nachgewiesen und das Auftreten von Angststörungen ist das dritte. Es gibt drei Dinge, weswegen das Ganze schlecht ist, und weswegen wir da aktiv werden sollten.

-?-:

Ich würde Ihnen dann die Frage stellen: Supernintendo hat eine Bildschirmgröße von 3 x 3 Zentimetern und es ist eine Schwarz-Weiß-Anzeige. Inwieweit sind Kinder da in der Lage, zu unterscheiden, dass das, was da digitalisiert abläuft, eben nicht Köpfe sind, sondern abstrakter?

Manfred Spitzer:

Kinder machen genau das, was sie sehen. Die sehen auf dem Bildschirm ein anderes Kind eine Puppe schlagen, da liegen Puppen im Raum und dann schlagen sie die Puppe, die im Raum liegt. Das weiß man. Die Studien sind so eindeutig: Man hat ganz klare statistische Zusammenhänge gefunden zwischen der Länge des Fernsehschauens in der Kindheit und späterer Kriminalität. Man hat Zusammenhänge gefunden zwischen der Einführung des Fernsehens in verschiedenen kanadischen Gemeinden, die zu verschiedenen Zeiten das Fernsehen bekommen hatten. Man ging hin, hat nachgeschaut, und zwei Jahre später war die Kriminalität um 150 Prozent gestiegen. Es gibt insgesamt etwa 2.000 Studien zu Fernsehen und Gewalt, die Datenlage ist völlig klar, da gibt es überhaupt nichts dran zu rütteln.

Noch einmal: Es ist wie mit den Schornsteinen: dass die die Umwelt dreckig machen, ist klar. Man kann nicht drüber hinweg diskutieren. Genauso ist es mit den kortikalen Landkarten.

Und die „Katharsistheorie" – ich muss Gewalt sehen, damit ich sie abführe und dann bin ich selbst gewaltfrei – ist schlichtweg Unsinn. Bei Aristoteles gibt es ganze zwei Stellen, die darauf hindeuten, jedoch auch anders gemeint sind, worauf schon Goethe hingewiesen hat. Diese Theorie wurde von Aristoteles' falsch verstehenden Psychotherapeuten aufgebracht, aber sie stimmt schlichtweg nicht.

Hans-Ulrich Baumgarten:

Wenn man sich die neuesten Veröffentlichungen zur Hirnforschung ansieht hat man manchmal den Eindruck, dass das Gehirn gleichsam alles ist, dass der Mensch im Gehirn aufgeht. Jetzt bin ich ganz überrascht, Ihren Vortrag zu hören, insbesondere die Experimente mit dem Affen. Da haben Sie sehr stark betont, dass es auf die Aufmerksamkeit und auf die Konzentration ankommt, und das sind doch wohl Begriffe, die sich nur erklären lassen durch so etwas wie den Willen oder wie Absichtlichkeit. D. h. ich bin doch nur oder der Affe ist doch nur aufmerksam, wenn er etwas will, so dass ich geradezu diese Experimente, die gemacht wurden, als Beweis für einen Bereich – ich umschreibe ihn jetzt mal mit dem Geist – ansehen kann, d. h. so ein Experiment beweist mir geradezu, dass es so etwas wie Geist gibt, wenn dieses Experiment nur durch Aufmerksamkeit und durch Konzentration erklärt werden kann.

Manfred Spitzer:

So können Sie sagen. Ich habe auch nie geleugnet, dass es so etwas wie „Geist" gibt. Mein Buch von 1996 heißt ja auch „Geist im Netz" und darin geht es um Neuronale Netzwerke. Es geht nicht darum, den Geist hinweg zu erklären. Denken Sie doch an diesen müßigen Streit darüber, ob die Tischplatte vor mir nun blau ist oder es sich bei dem blau nur um Wellenlängen handelt. Welch ein Unsinn! Natürlich können Sie sagen, da draußen gibt es nur Wellenlängen, aber für mich ist das blau, und da gibt es auch überhaupt nichts mehr drüber zu sagen, natürlich ist das blau. Genauso, wenn ich etwas will oder durstig bin, oder der Affe durstig ist, dann wird der sich entsprechend verhalten. Das zu leugnen wäre Unfug.

Der Reduktionismus ist ein methodischer und den muss man machen. Wenn Sie in Anbetracht von 20 Milliarden Gehirnzellen nicht einfach gleich die Flinte ins Korn werfen wollen, müssen Sie deren Zahl reduzieren. Sie müssen einfach zunächst einmal nur eine oder zwei oder drei betrachten. So hat es Galileo Galilei auch gemacht. Er hat Bleikugeln vom Schiefen Turm von Pisa fallen lassen, hat nachgemessen, und kam auf $s = {}^g/_2 * t^2$. Aber man kommt auf so etwas nur, wenn man von der Luft absieht, von der Farbe der Kugeln, deren Form usw. Die Welt ist durchaus komplizierter. Wenn Sie heute durch den Wald gehen und die Blätter fallen, dann ist das sehr kompliziert. Kein Blatt fällt herunter – plumps, gemäß $s = {}^g/_2 * t^2$ –, sondern die Blätter wirbeln um sie herum. Aber deswegen zu sagen, der Wald macht mir einen erkenntnistheoretischen Alptraum – das macht keiner. Warum? Weil wir den Wald im Prinzip im Griff haben. Warum haben wir den im Griff? Wegen Galilei, aber auch, weil da noch die Strömungslehre und unglaublich viel hinzu gekommen ist, so viel, dass die meisten Flugzeuge heutzutage oben bleiben, weil wir das im Griff haben.

Aber dennoch war die Reduktion auf den einfachen Fall wichtig, um danach die Sache mit weiteren Prinzipien anzureichern. So ist es mit der Neurobiologie auch. Wir verstehen heute, warum Nervenzellenverbände Landkarten ausbilden. Das kann man mit dem Computer simulieren, man kann zeigen, die können gar nicht anders, als den Input, den sie erhalten, landkartenförmig zu repräsentieren. Das ist das eine.

Aufmerksamkeit bewirkt mehr synaptische Plastizität, Motivation und Emotion haben ebenfalls einen Einfluss. Bei allem Fortschritt in der Neurobiologie ist es jedoch dennoch nicht so, dass wir irgendwann einmal sagen, wir sind fertig, es ist alles „nur Gehirn", es gäbe den denkenden, fühlenden Menschen gar nicht oder es gäbe eigentlich nur sein Gehirn. Zu sagen, was die Geisteswissenschaft seit 2.000 Jahren diskutiert können wir vergessen, da die Neurobiologie uns diese Fragen beantwortet, ist falsch. Das ist meiner Ansicht nach Unfug, das ist falsch verstandener Reduktionismus. Kurz: Methodisch muss Reduktionismus sein, inhaltlich (in der Form von Aussagen wie „Wir sind nichts als...", „Geist ist nichts als..." etc.) ist Reduktionismus falsch.

Hans-Ulrich Baumgarten:

Dann haben Sie allerdings davon gesprochen, dass das Gehirn Information verarbeitet. Da hätte ich große Schwierigkeiten, weil mir scheint, dass der Begriff der Information ausschließlich für den geistigen Bereich angewendet werden kann.

Manfred Spitzer:

Den Informationsbegriff kann man physikalisch nehmen und so wird er auch heute gerne aufgefasst. Man kann von Systemen sprechen, die einen bestimmten Informationsgehalt haben – genauso, wie sie einen Energiegehalt haben. Damit kann man rechnen und man kann sogar physikalische Interaktionen mit

Informationen usw. mathematisch in den Griff bekommen, wie das Physiker heute tun. Und dieser Informationsbegriff ist gemeint, also ein sehr skelettierter, da braucht man nicht das rezipierende Subjekt oder das intentionale Subjekt, das irgendetwas vermitteln will, da geht es um einen Ja-Nein-Zustand, mehr braucht man nicht.

Dieter Korczak:

Ich möchte noch mal auf den Bereich zu sprechen kommen, der vorher diskutiert worden ist, auf die Umweltverschmutzung und die Kinder. Ich teile voll und ganz Ihre Auffassung, dass mindestens 50 Prozent dessen, was die Kinder und wir im Fernsehen zu sehen bekommen, überflüssig und Müll ist. Aber da kein Elternteil die Kinder daran hindern kann, fernzusehen, auch wenn man den Fernseher aus den eigenen Räumen verbannt – dann sehen sie die Dinge am Kiosk, bei Freunden und sonst wo – ist die Frage, was bewirkt das bei den Kindern, schon sehr wichtig. Ich überlege mir, ob nicht Ihr eigenes Konzept die Aussage, die Sie vorhin gemacht haben, etwas modifiziert in Richtung des Beitrags von Christian Eggers, da ansetzen könnte.

Wenn ich das richtig verstanden habe gehen Sie in Ihrem Buch „Geist im Netz" von einer modularen Grundausstattung der Persönlichkeiten oder der Menschen oder der Gehirne aus, die durchaus verschieden sein kann. Wenn ich es weiter richtig verstanden habe entsteht doch die Verarbeitung im Gehirn immer durch den Reiz, der von außen kommt, durch das limbische System als Bewertungsinstanz und durch das Gedächtnis als „Archiv". Und wenn die Informationen, die jetzt kommen, unterschiedlich sind oder in Konflikt liegen, dann kariert das Gehirn mit diesen Funktionen das irgendwie aus. Worauf ich hin-

aus will ist der Begriff der „Zentralität". Könnte es sein, dass –
obwohl die Amerikaner 25.000 Stunden Fernsehen sehen und
nur 13.000 Stunden in die Schule gehen – die Informationen, die
sie in der Schule oder von den Eltern bekommen, so viel wichtiger sind in ihrer Zentralität für die Person als das, was im Fernsehen gezeigt wird? Zum Beispiel auch mit *Nintendo*. Wenn
Kinder das Ding sehen wissen sie, da wird einem nicht wirklich
der Kopf abgehackt, sondern das ist virtuell, so dass das Gehirn
selbst entscheidet, ich sehe das zwar, ich bilde vielleicht auch
eine Landkarte, aber über dieser Landkarte steht, das ist Müll,
und diesen Müll ziehe ich mir rein, wenn ich gerne mal Müll
sehen will, aber deshalb handele ich noch lange nicht danach.
Wenn das alles so richtig wäre, ist die Frage für mich, und da
würde ich dann auch sehen, wird es gefährlich, wenn es stimmt,
dass viele Eltern ihre Babys oder Kleinkinder vor den Fernseher
als Babysitter setzen, denn dann würde ja bedeuten, dass die
Vorinformationen, die verhindern oder bewirken, dass man das
als Müll erkennt und auch als Müll weglegt, gar nicht mehr da
sind, sondern dass das Fernsehen die ersten prägenden und netz-
aufbauenden Informationen gibt, die Landkarten bilden, und
dass dann die Information von den Eltern nicht mehr funktioniert. Da würde ich dann das große Problem sehen. Stimmen Sie
mir zu?

Manfred Spitzer:
Sie sind zu optimistisch, was die Kinder anbelangt. Die Datenlage sieht anders aus. Da wird beispielsweise ein Film gesendet „Tod eines Schülers", in dem sich ein junger Mensch auf der
Bahnschiene umbringt. In den sechs Wochen die darauf folgen

bringen sich mehr junge Menschen auf Bahnschienen um – das haben Epidemiologen statistisch nachgewiesen.

Des weiteren gibt es sehr viele Berichte darüber, dass Verbrechen in Filmen geradezu kopiert werden. Und was ganz interessant ist, es kommen zunehmend Jugendliche in die Intensivstationsräume und sagen: „Das tut ja weh!", d. h. sie sind erstaunt darüber, dass sie sich gerade mit dem Messer gestochen haben oder gestochen wurden und dass dies weh tut. Man kann vermuten, dass dies daran liegt, dass es bei 72 Prozent aller Gewalttaten, die im Fernsehen gezeigt werden, eben nicht weh tut. Nebenbei, bei ganzen vier Prozent aller gezeigten Gewalttaten werden alternative Lösungsmöglichkeiten gezeigt, die nicht gewalttätig sind. Das weiß man alles. Und wenn Sie sagen, vielleicht wissen das die Kinder, sie wissen es eben genau nicht! Die Datenlage ist so, dass man sagen muss, sie wissen es nicht. Wir hätten es gerne anders, aber es ist schlichtweg nicht so.

Dieter Korczak:

Meine Frage war ja eigentlich die: Wenn die modularen Persönlichkeitsgrundausstattungen verschieden sind, dann haben die Kinder unterschiedliche Bewältigungskompetenzen, mit solchen Informationen umzugehen. Das ist das eine. Das zweite ist, ich würde aus den Beispielen, die Sie geschildert haben, eigentlich herauslesen, dass die Eltern oder die verantwortlichen Erziehungsinstanzen ihren Lehrauftrag nicht erfüllt haben, dass sie diese Kinder nicht befähigt haben, zu erkennen, wenn ich mich oder jemand anderen mit einem Messer schneide, dann schmerzt es, dann blutet es und ich verletze mich bzw. andere wenn ich irgendjemand abhacke. Ich glaube, dass diese Auseinandersetzung – Medien hin oder her – ein Scheingefecht ist. Wenn die

Erziehungsinstanzen, die das Kind prägen sollen, das Kind entsprechend positiv geprägt haben, dass es also da, wo im Gehirn das Areal für Gewalt ist, die fünf Zentimeter dickeren Knoten hat, dann kann es mit Informationen vom Fernsehen belastet werden, dann passiert ihm nichts.

Manfred Spitzer:
Die Medienschelte ist insofern wichtig, als man sich klar machen muss, dass deren Einfluss bei uns ganz dramatisch zunimmt bzw. in den vergangenen zehn Jahren zugenommen hat. Wir nehmen diese Veränderungen nicht ernst genug. Betrachten wir mal unsere Diät. Füttern Sie Ihren Kindern täglich Big Mac's und sagen sich, wenn ich es nicht mache, gehen die zum Nachbarn oder zum Kiosk und holen sich da den Big Mac? Sie achten doch auch auf Vollkornbrot, Joghurt und viel Gemüse und Obst, wie wir alle, weil wir wissen, das ist ein bisschen gesünder. Entsprechend könnten wir auch zuhause besser auf den richtigen geistigen Input achten. Die Ausrede, sonst würde der ganze Unfug anderswo aufgenommen, lassen wir bei der Nahrung ja auch nicht gelten.

Leider gibt es immer mehr dicke Menschen, und diesbezüglich haben wir das gleiche Problem. Die Leute sagen, was können wir schon machen, und dann essen viele leere Kalorien und ähnliche ungesunde Nahrung. Ein jeder gibt zugleich zu, wie ungünstig dies ist. Es gab einmal ein Gesetz in den USA, demzufolge Schulkinder, die in der Schule Mittag essen, pro Tag mindestens zwei Gemüse erhalten sollten. Das wurde gesetzlich geregelt. Gleichzeitig wurde geregelt, dass Pommes frites ein Gemüse ist und Ketchup ein zweites. Das ist kein Witz, aber jeder greift sich an den Kopf und findet diese Regelung nicht richtig. Wenn es aber darum geht – was viel schlimmer ist – was wir den Kindern an geistiger Diät zumuten, was die Kinder formt, tun wir noch so, als wäre es egal, was man den Kindern an geistiger Nahrung zumuten könnte. Man tut so, als könne man darüber noch diskutieren. Die Datenlage ist jedoch bereits jetzt völlig klar, und man muss politisch mehr unternehmen, um größeres Unheil zu verhindern. Das glaube ich aus der Sicht der Neurobiologie.

Heinrich Nassenstein:
Sie haben sehr eindrucksvoll die vielen Beispiele der Plastizität geschildert und ich habe eine grundsätzliche Frage, die vielleicht auch schon ein bisschen auf die nächsten Themen unserer Tagung hinüberleiten könnte: Wie groß ist die Reichweite, wie groß sind die Konsequenzen dieser Plastizität beispielsweise für die Entwicklung des Wertegefühls, für die Bewertung, die der Mensch später in seinem Leben ausbildet, für die er sich entscheidet? Oder, vielleicht noch weiter gehend: Gibt es entsprechende Konsequenzen für die Erkenntnis des Menschen, für das, was er als wahr akzeptiert oder erkennt, gibt es da auch Plastizitätseinflüsse von früher her?

Manfred Spitzer:
Das sind schwere Fragen, zu denen man wenig weiß. Ich möchte ein bisschen praktischer antworten als Sie gefragt haben. Ich glaube, dass die Erfahrungen, die der Mensch besonders früh macht, sehr weitreichend sind. Wenn einer blind geboren wird, wird er lernen, seinen visuellen Kortex für das Tasten benutzen, wie wir heute zweifelsfrei wissen. So weit reicht die Plastizität. Wenn wir jedoch später im Leben blind werden, schaffen wir

das nicht mehr. Wenn das Neugeborene blind ist, dann wird es im Hinterkopf, wo normalerweise nur vom Auge Informationen hinkommen, Tastinformationen verarbeiten lernen, so plastisch ist das Gehirn.

Wenn Sie sich nun noch einmal die Flusskrebse vor Auge führen: Wenn jemand immer wieder Frustrationserlebnisse hat – sei es am Arbeitsplatz oder seien es Kinder, die ausgestoßen sind oder zu viel Raufereien erleben und verlieren –, dann werden diese Person Probleme haben, weil sie sich immer als weiter unten in der sozialen Hierarchie fühlt. Das wird zu einer verminderten Serotonintransmission führen und langfristig vielleicht zu einer Depression. Wenn man z. B. bei Affen den Serotininspiegel verändert, dann gehen die Tiere in der sozialen Hierarchie hinauf oder hinunter, je nachdem, ob man für mehr oder weniger Serotonin gesorgt hat. Oder umgekehrt: Wenn die Tiere in der sozialen Leiter auf- oder absteigen, ändert sich der Serotoninspiegel. Das passt unmittelbar zusammen. Man darf nicht denken, dass es einerseits das geistige Leben gibt und dann noch so ein bisschen Hardware Gehirn. Das hängt unmittelbar zusammen.

Ich habe das Dominanzhierarchiesystem angeführt, weil es einen Sachverhalt aus dem Tierreich darstellt, der nahe an Werten lokalisiert ist. Vielleicht noch ein Beispiel dazu, weil immer gefragt wird, wie das mit der Vererbung ist, wie das mit den Erfahrungen ist, die man macht. Wir wissen heute Folgendes: Bei Affen gibt es, wie beim Menschen, Babys, die ein bisschen aggressiv sind und die Mutter beispielsweise beim Stillen in die Brustwarze beißen. Nun gibt es Mütter, die dann das Äffchen zurückstoßen, weil es ganz offensichtlich keinen Spaß macht, beim Stillen gebissen zu werden. Das Äffchen verhungert. Es gibt aber auch Mütter, die sich anders verhalten. Sie signalisieren Toleranz, sagen gleichsam, komm doch her, und stillen weiter, auch wenn die Brustwarze blutet. Dann wiederum gibt es Äffchen, die beißen nicht. Es gibt also eine große Variabilität von mütterlichen Erziehungsstilen, nämlich permissiv oder nicht, und eine Variabilität von Aggressivität bei Säuglingen, die wiederum mit dem Serotoninsystem in Beziehung steht.

Interessanterweise hat man nun Folgendes beobachtet: Wenn Sie ein aggressives Äffchen sind, dann ist es ganz wichtig, was Sie für eine Mutter haben, denn bei der einen Mutter sterben Sie und bei der anderen kommen Sie durch. Aber nicht nur das: Dadurch, dass Sie ein bisschen aggressiver sind als die anderen, setzen Sie sich auch durch und landen in der nächsten Generationshorde ganz oben. Sie werden das Alphatier der Horde. Wenn Sie die andere Mutter haben sind Sie tot. Wenn Sie jetzt eher ein lockeres Äffchen sind, das die Mutter nicht beisst, dann landen Sie, egal was die Mutter für einen Erziehungsstil hat, irgendwo in der Mitte der Horde. Und nebenbei, wo man in der Horde landet, das hat auch Konsequenzen dafür, wie viele Nachkommen man hat, weswegen sich beide Anlagen genetisch behaupten. Die einen sterben meist, aber wenn sie durchkommen haben sie viele Kinder, und die anderen sterben eher nicht und haben wenig Kinder.

Wenn Sie jetzt fragen, was denn wichtiger sei, Genetik oder Erziehung, dann sehen Sie, dass die Frage falsch gestellt ist. Es handelt sich um das, was man eine typische Wechselwirkung nennt. Im einen Fall ist die Genetik alles und im anderen Fall ist der Erziehungsstil alles, je nachdem, wie es zusammen passt. Das, denke ich, sind die besten Daten, die wir haben, und jetzt können Sie alle überlegen, wie das bei Ihnen und Ihrer Mutter war mit der Aggressivität usw. Aber was man sich klar vor Augen führen kann ist, es gibt geborene Politiker und es gibt geborene Leute, die eher zurückhaltend sind und andere nicht so dominieren, es hängt ganz davon ab, wie sie aufwachsen.

-?-:
Wir haben vorhin über die Prägung beim Kind diskutiert. Mich würde als Gynäkologe und Geburtshelfer noch ein bisschen vorher interessieren – Prägung intrauterin. Sie wissen, dass es da einige Theorien gibt. Man würde jetzt natürlich fragen, was passiert intrauterin, das Kind kann außer Geräuschen oder Musik wenig empfinden, und da interessiert mich, wie eine Beeinflussung intrauterin erfolgen kann.

Manfred Spitzer:
Die erfolgt mit Sicherheit. Intrauterin sind die Neuronen fast alle ausgebildet und die ersten Verdrahtungen sind angelegt. Für mich als Psychiater gibt es einen interessanten Befund: Bei Schizophrenen gibt es eineiige und zweieiige Zwillinge, und wenn bei eineiigen Zwillingen der eine krank ist, ist der andere auch sehr häufig krank, etwa mit 50 bis 60 Prozent Wahrscheinlichkeit, und das spricht für eine starke Vererbung. Man weiß aber weiterhin, dass diese Wahrscheinlichkeit davon abhängt, ob die beiden Zwillinge die gleiche Plazenta hatten. Eineiige Zwillinge, welche die gleiche Plazenta, sprich die gleiche intrauterine Umgebung, hatten, haben hinterher eine höhere Konkordanz als die, die zwei Plazenten hatten. Das sagt aus, dass die intrauterine Umgebung ganz wichtig ist für die geistige Entwicklung, die dann im zweiten oder dritten Lebensjahrzehnt zur Schizo-

phrenie führt oder nicht. Ich bin mir sicher, dass wir noch viel über diese Dinge herausfinden werden.

-?-:
Aber das ist ja nur das intrauterine Terrain. Was ich fragen wollte ist die Möglichkeit der extrauterinen Beeinflussung, also z. B. Geräusche oder wenn Sie sagen, Müll im Fernsehen, da können wir sagen, Müll in der Musik oder Lautstärke.

Manfred Spitzer:
Ich glaube nicht, dass wenn man die Kinder im Bauch Beethoven hören lässt, große Musiker aus ihnen werden. Aber was sicherlich der Fall ist, ist Folgendes: Wenn viel Stress passiert, dann macht die hormonelle Umgebung Probleme und dann schlägt das auf das Kind durch. Also weniger die psychologischen Dinge als vielmehr die ganz klar Fassbaren. Sie wissen auch wie das mit den geschlechtshormonalen Einflüssen auf die kindliche Entwicklung ist, da gibt es noch ganz viel zu erforschen. Verhaltensteratogenität ist ein Gebiet, das erst am Anfang steckt. Wir geben immer weniger Medikamente in der Schwangerschaft, weil wir immer mehr lernen, dass auch wenn keine Lippenkiefergaumenspalte und kein Phokomeliesyndrom vorliegt, später doch irgendwas passiert, nämlich auf der Verhaltensebene, wo wir so fein nachschauen müssen, wie wir es bislang noch nicht gemacht haben, um Dinge zu erkennen.

Christiane Renger:
Ich habe 35 Jahre lang mit behinderten, verhaltensauffälligen, hyperkinetischen, aber auch geistig behinderten Kindern in meinem beruflichen Dasein gearbeitet, habe auch drei gesunde Kin-

der. Ich will sagen, was mir auffällt ist, dass alles richtig ist, was Sie sagen. Dass Sie aber nicht alles auf einmal sagen können. Dass genau das, was für das eine stimmt, für das andere wieder nicht stimmen muss, und dass eine ganz große Komplexität und Vielfalt existiert, auch in solchen Einsichten und Resultatswirkungen, die Sie darstellen. Ich finde es hoch interessant, für mich war es wirklich der Schlüssel zu ganz Vielem, was Sie über die Neuroplastizität gesagt haben und über die unterschiedlichen Landkarten, auch das, was Sie gesagt haben über die Korrespondenz zwischen der Wahrnehmung, wie sie aufgenommen wird und welche Wahrnehmung überhaupt gebracht wird.

Ich glaube, das ist das Hauptsächliche: Die Beziehung des einen zum anderen ist noch mehr als die Funktion selbst, was nicht zu leugnen ist, dass da keine andere Funktion ist und dass eine Funktion sich u. U. allmählich auf eine andere übertragen kann. Das habe ich vielfach, wirklich hundertfach, in einzelnen Fällen erlebt. Aber ich habe immer wieder erlebt, dass es ganz erstaunlich ist, welche Eigendynamik ein Einzelwesen mitbringt, welche verschiedenen Landschaften – ich nannte das Landschaften statt Landkarten – die Kinder mitbringen und welche unterschiedlichen Impulse auch gesetzt werden müssen, damit man sich mit ihnen zusammen in ihrer Landschaft so bewegen kann, dass sich da etwas verändert. Das ist meiner Meinung nach auch das Hauptanliegen für mich, wenn ich weiter höre in diesen zwei, drei Tagen, herauszufinden, was weiß man noch, was kann man generalisieren. Ich wüsste sehr vieles, aber ich kann es nicht generalisieren, weil sehr vieles sich immer wieder völlig anders gebiert.

Manfred Spitzer:
Sie sprechen etwas sehr Wichtiges an. Ich habe das auch schon versucht, genau wie Sie, zu sagen, nämlich vorhin mit dem Beispiel der Äffchen, die je nach genetischer Ausstattung ganz andere Umwelten brauchen oder auch nicht brauchen, um überhaupt lebensfähig zu sein. Auch was ich über die psychiatrische Behandlung gesagt habe, geht in diese Richtung: Die Menschen sind nicht gleich, und was dem einen Spaß macht, macht dem anderen noch lange nicht Spaß, und deswegen kann man nicht sagen, diese Therapieform ist für alle gut. Was man heute vielmehr braucht, und was man auch vorhalten muss, und was Geld kostet (und dafür muss man kämpfen, weil Geld knapp ist) ist ein breit gefächertes Angebot von Aktivitäten, denen die Patienten nachgehen können, um hoffentlich für jeden etwas dabei zu haben, was Spaß macht. Wir wollen für jeden einen Bereich zu schaffen, wo er einigermaßen für sich glückende Erfahrungen machen kann. Dieser Vielfalt würde ich sofort zustimmen. Man kann nicht alles über einen Kamm scheren, aber man kann einige Prinzipien erkennen, und von denen habe ich zu berichten versucht.

Ein ganz einfaches Prinzip ist, dass man nicht mehr die Seele und den Körper völlig getrennt sieht. Wir haben derzeit leider einen Facharzt für Psychotherapie und einen Facharzt für Psychiatrie, obgleich dies im Grunde an der Realität vorbei geht. Man hat dies erst vor ein paar Jahren eingeführt, obgleich die Neurowissenschaft längst wusste, wie das zusammen gehört. Diese Institutionalisierung der Trennung zwischen Biologie und Psychologie ärgert mich, weil es wirklich einen Unfug darstellt und einen Anachronismus noch dazu. Die Trennung von Gehirn und Geist im Bereich der Medizin geht wider die Krankheitsphänomene und wider die Menschen. Für mich als Kliniker ist daher die Frage, wie Bewusstsein, Gehirn und Geist zusammenhängen weniger wichtig. Wichtig ist für mich, dass jeden Tag viele Patienten zum falschen Arzt mit falschen Erwartungen kommen, und dass dann oft sogar leider das Falsche geschieht, weil nicht integrativ vorgegangen wird.

Caspar Söling:
Dass Leib und Seele zusammen gehören, wie Sie gerade formuliert haben – ich glaube schon, dass diese Annahme relativ weit verbreitet war und ist. Aber mich würde schon interessieren, wie Sie das „Wie" darstellen würden. Das „Dass" ist eine Behauptung, eine Feststellung, da gibt es eine Wechselwirkung, aber das „Wie", da gibt es die wildesten Theorien und ein breites Spektrum, da würde mich schon interessieren, wo Sie sich da selber einordnen können.

Manfred Spitzer:
Ich ordne mich gar nicht in dieses Theorienspektrum von Interaktionismen und Parallelismen und sonstwo ein, denn immer wenn ich darüber nachdenke, komme ich ins Schleudern. Ich lese gerne einzelne Untersuchungen und da kommt man selber ins Überlegen, wie es sich hiermit wohl verhält, und jede einzelne Untersuchung macht jeweils kleine Aspekte klar.
Ich mache mit Ihnen mal ein kleines Experiment. Ich rufe Ihnen Buchstaben zu und Sie sagen mir, ob der entsprechende Grossbuchstabe eine Kurve hat oder nicht. Probieren wir es mal:
„B"? – „Ja."
„L"? – „Nein."
„H"? – „Nein."

„R"? – „Ja."

Wie machen Sie das? Sie hören etwas, dann benutzen Sie die Information, um aus ihrem Temporallappen das Bild dieser Buchstaben hervorzuholen. Dann projizieren Sie das Bild auf die „Leinwand" in Ihrem Hinterkopf und schauen es sich an. Meine Damen und Herren, wir wissen, dass Sie es so machen. Man kann Sie nämlich scannen, während Sie das machen und ich kann Sie dabei sogar bitten, sich entweder einen richtig großen Buchstaben vorzustellen (dann wird das Stück Gehirn aktiv, das für große Bilder zuständig ist) oder ich kann Sie bitten, sich den Grossbuchstaben so klein wie Sie nur können vorzustellen (dann wird ein Stück Gehirn anspringen, das nur für die Zone schärfsten Sehens in der Mitte des Gesichtsfeldes zuständig ist). Dann kann ich noch die Reaktionszeit messen, die Sie für Ihre Ja-Nein-Entscheidung brauchen und kann Sie wieder scannen. Man findet dann folgendes: Je länger Sie brauchen, um so weniger aktiv ist Ihre „Leinwand" im Hinterkopf. Das weiß man alles. Man weiß, wie Sie sich etwas vorstellen, und man kann das auch in Zusammenhang bringen mit Hirnaktivität. Die Frage, Parallelist oder Interaktionist, die interessiert hierbei gar nicht.

Meine ganz persönliche Forschungsstrategie ist nun, nicht über Modelle oder Theorien nachzudenken, sondern viele solcher Befunde zur Kenntnis zu nehmen, weil diese mich leiten, was die tägliche Praxis anbelangt. In der psychiatrischen Praxis kommt es nie vor, dass ich mich frage, bin ich jetzt Parallelist oder Interaktionist. Ich bin täglich, von morgens bis abends, irgendwas davon, weil ich von morgens bis abends da drin stehe. Aber ich muss die Frage nicht gelöst bekommen. An diesen Befunden bin ich interessiert, weil diese mich praktisch weiter bringen.

Dieter Korczak:

Ich habe noch eine praktische Frage: Ich habe in Ihrem Buch eine für mich irritierende Stelle gefunden, weil die auch mein persönliches Leben berührt. Und zwar schreiben Sie zum Schluss des Buches „Geist im Netz", dass es für Kinder – ich vereinfache jetzt mal – besser wäre, wenn ihre Bezugsperson tot sei, als wenn sie sich permanent verabschiedet und wiederkehrt. Das ist eine Passage, wo Sie über Väter oder Mütter reden, die immer wieder weggehen, das sei für das Kind sehr schwer zu ertragen. Als ich das gelesen habe, habe ich a) an mich gedacht – ich reise in der Woche im Schnitt drei Tage und komme dann immer wieder – habe aber auch an alle Piloten, Fernfahrer und alle anderen gedacht, denen es ähnlich geht. Mein Eindruck war immer, dass meine Kinder ein ungeheures Gefühl von Sicherheit haben, weil sie nämlich wissen, der Papa geht und der Papa kommt wieder. Als ich dann Ihre Stelle las dachte ich, mein Gott, diese Stelle verdränge ich jetzt sofort. Mein Selbstbewusstsein ist so groß, das glaube ich einfach nicht. Insofern: Wie haben Sie das gemeint?

Manfred Spitzer:

Ich habe nur kontraintuitive Befunde aus der psychiatrischen Literatur dargestellt. Wir denken uns viel, wie es sein könnte und wir liegen auch manchmal schlichtweg falsch. In der von Ihnen zitierten Untersuchung hat man geschaut, wie sich das Risiko, später an einer schweren psychiatrischen Erkrankung zu leiden, in Abhängigkeit davon, was mit den Eltern los ist, verhält. Diese Untersuchung hat zwei kontraintuitive Befunde gebracht, die wie folgt aussehen: Man sollte doch meinen, wenn es eine Großfamilie ist und es stirbt einer, dann fällt ja prozentual nicht so viel weg, als wenn in einer kleinen Familie einer verstirbt. Also könnte man folgern, wenn in einer großen Familie einer verstirbt, ist das nicht so schlimm als in der kleinen. Es ist jedoch genau umgekehrt. Wenn von der großen Familie einer stirbt, ist das schlimmer für das weitere Leben der anderen als in der kleinen. Warum ist das so? Man kann jetzt spekulieren, warum, aber das Faktum ist erst einmal klar. Eine Begründung ist möglicherweise die: Wenn bei drei Leuten einer fehlt, ist sofort klar, was die anderen beiden zu machen haben. Wenn bei zehn Leuten einer fehlt, dann müssen die anderen neun erst einmal sortieren, was sie noch mit sich und der Welt anfangen sollen, und deswegen wirkt es viel destabilisierender, wenn bei zehnen einer fehlt als bei dreien. Das ist jedoch nur eine Hypothese. Was man weiß ist, dass es wirklich schlimmer ist, wenn von zehnen einer stirbt als wenn von dreien einer stirbt.

Das zweite konstraintuitive Ergebnis war das Folgende: Jeder denkt, dass es viel schlimmer ist, wenn einer stirbt als wenn er geht und kommt, wie der Fernfahrer oder der Pilot. Das Gegenteil ist jedoch der Fall. Man hat gefunden, dass das relative Risiko, psychiatrisch zu erkranken, größer ist, wenn der Vater Fernfahrer ist, als wenn er gestorben ist. Man erklärt sich dies mit folgender Hypothese: Geht der Vater jede Woche einmal weg, dann ist er bis zum 18. Lebensjahr etwa 1.000 mal gegangen und gekommen. Dann ist jedoch die Traumatisierung viel größer als wenn er (nur) einmal gestorben (und damit gegangen) ist. Wir denken uns also manches über die Menschen aus, was schlichtweg falsch ist. Glücklicherweise gibt es jedoch empirische Studien, in denen man herausfinden kann, wie es wirklich ist.

Christian Eggers:
Ich möchte keine Frage stellen, sondern ich möchte Dieter Korczak beruhigen: So simpel ist es nicht. Erst mal gibt es noch eine Mutter und zweitens kommt es ganz wesentlich auf Ihre emotionale Beziehung zum Kind an und ob die gut ist oder schlecht, ob sie vertrauensvoll ist oder nicht, ob sie erhaltend ist oder nicht, und ob das Kind in die Lage versetzt war, durch Sie und durch Ihre Frau und durch andere enge Bezugspersonen ein genügend gutes, stabiles internes Bild zu entwickeln, das auch die Ferne oder die vorübergehende Trennung aushalten kann. Darüber gibt es gute Untersuchungen, wir werden vielleicht morgen darauf zu sprechen kommen. Sie hören morgen das Stichwort „Fremdentest", es gibt gute Bindungsstudien, das ist auch alles sehr empirisch untersucht worden.

Manfred Spitzer:
Sie haben recht, die größte Varianz ist der Elternteil. Aber es gibt trotzdem diesen statistischen Zusammenhang. Ich bin jedoch wie Sie der Meinung, dass man die Flinte nicht ins Korn werfen sollte, wenn man lebensgeschichtlich damit konfrontiert ist. Man sollte sich vielmehr sagen, ich kann es anders, ich mache es besser. Was ganz wichtig ist, wenn wir schon dauernd über Eltern reden: Wir müssen uns klar sein, Kinder werden nicht programmiert. Kinder suchen sich die Regeln selber. Gehirne, die sich entwickeln, suchen sich selber das raus, was sie für ihre Entwicklung brauchen. Sie sind viel robuster als wir glauben. Bestes Beispiel: Sprachentwicklung. Kein Mensch redet mit seinem Kind so, dass er immer darauf achtet, ob das Kind ihn gerade versteht oder nicht. Es gibt ein bisschen „Baby-Babbel" – so nennt man den Versuch der Erwachsenen, sich an

die kindlichen Bedürfnisse anzupassen – das ist aber ganz wenig und passiert nur im ersten Jahr. Ansonsten reden wir mit den Kindern ein Kauderwelsch, dass man sich wundert, dass sie sprechen lernen. Sie lernen es trotzdem. Und wie wir heute wissen, haben sie sozusagen einen eingebauten Mechanismus, der dafür sorgt, dass sie zu einem bestimmten Zeitpunkt immer nur das abspeichern, was sie auch verarbeiten können. Und die Verarbeitungsleistung der Kinder nimmt immer mehr zu, weswegen sie erst etwas Einfaches lernen und dann immer Komplexeres. Das passiert völlig automatisch, ohne dass wir ihnen erst was Einfaches beibringen und dann immer was Komplexeres, das machen sie von allein aufgrund der Tatsache, dass sie lernen während sich das Gehirn noch entwickelt. Davon gibt es auch schon Netzwerksimulationen.

Was wir daraus lernen können ist, dass wir eben nicht hergehen sollten und dauernd versuchen, ihnen irgendwelche Regeln einzubläuen, denn die Regeln machen die Kinder selber. Wenn Sie sagen, iss' deinen Teller leer und mache deine Hausaufgaben und zappel nicht so viel, was hat das Kind gelernt? Dass da jemand ist, der immer schimpft! Der propositionale Gehalt der einzelnen Äußerungen geht zum einen Ohr hinein und zum anderen wieder heraus. Aber die Interaktionssequenzen und das Allgemeine dieser Sequenzen, das wird abgespeichert. Das ist das, was wir uns merken sollten, dass wir nicht an unseren Kindern rumreden, sondern Vorbild sind. Und sie natürlich lieb haben – das ist das Allerwichtigste.

Hartmut Rosenau:
Ich möchte jetzt die Diskussionsrunde schließen, Ihnen Manfred Spitzer, ganz herzlich danken, dass Sie uns in der Diskussion

hier noch einige Einsichten vermittelt haben, gerade die letzte hat einen gewissermaßen entlastenden Effekt, jedenfalls für alle die, die in Erziehungsprozessen involviert sind. Andererseits macht es auch noch mal deutlich, wie geheimnisvoll und wie kompliziert menschliches Leben oder menschliche Lebensführung sein kann. Ihnen allen, die sich an der Diskussion beteiligt haben und die Sie auch aufmerksam zugehört haben, herzlichen Dank.

* * *

Freiheit und Wille.
Eine philosophische Antwort auf die Hirnforschung

von Hans-Ulrich Baumgarten

In meinem Vortrag[19] möchte ich versuchen zu zeigen, dass Freiheit und Wille Phänomene sind, die auf einen Bereich der Wirklichkeit verweisen, den wir mit „Geist", „Bewusstsein", „Seele", „Psychisches", „Mentales" usw. umschreiben. Dabei kommt es mir nicht so sehr darauf an, eine scharfe begriffliche Bestimmung, Abgrenzung und Erklärung dieser Phänomene zu bieten, sondern vielmehr zu verdeutlichen, dass sie ausschließlich den Forschungsbereich der Wissenschaft der Philosophie ausmachen. Anhand von mehreren Beispielen, die jeweils von unserer alltäglichen Einstellung ausgehen, möchte ich einsichtig machen, wie sich der Einstieg in die philosophische Reflexion ergeben kann. Ziel meiner Überlegungen soll sein, die Herausforderung, welche die Hirnforschung angeblich für die Philosophie darstellt, zumindest für einen Teil ihrer Verfechter, als Selbstverleugnung zu erweisen.

Stellen Sie sich jetzt bitte vor, mein Vortrag wäre schon vorbei und Sie hätten sich außerordentlich gelangweilt. Vermutlich würden Sie es in diesem Fall bereuen, an dieser Veranstaltung überhaupt teilgenommen zu haben. Ein solches Bereuen Ihrerseits lässt sich aber nur denken, wenn Sie sich zuvor tatsächlich

---

[19] Der Vortragsstil wurde bei der Überarbeitung beibehalten. Einige Anmerkungen sind ergänzt worden.

selbst dazu entschieden haben, meinen Vortrag zu besuchen. Wenn Sie sich nicht aus freien Stücken entschlossen hätten, könnten Sie es auch nicht bereuen. Im Falle des Zwanges – vielleicht aus beruflicher Verpflichtung – könnten Sie sich über die vertane Zeit ärgern. Sie könnten aber nicht Ihren eigenen Entschluss bereuen. Ein Bereuen ist nur denkbar unter Voraussetzung einer freien Willensentscheidung.

Wenn wir es mit einem Phänomen wie dem „Bereuen" zu tun haben, so liegt einem solchen Phänomen der freie Wille als Bedingung zu Grunde. Das Bereuen ist aber nur ein Beispiel. Im alltäglichen Zusammenleben gehen wir immer schon von der Freiheit des Willens aus, wenn wir mit menschlichen Handlungen konfrontiert sind, wenn wir menschliches Verhalten beurteilen und bewerten. Und dabei spielt es keine Rolle, ob wir ausdrücklich, nämlich thematisch, von der Willensfreiheit wissen, oder ob wir mit ihr nur implizit, nämlich unthematisch, rechnen.

Was heißt es aber, mit Willensfreiheit zu rechnen?

Es gibt ein bekanntes Diktum von Augustinus zur Problematik der Zeit: „Was ist also Zeit? Wenn mich niemand danach fragt, weiß ich es; will ich es einem Fragenden erklären, weiß ich es nicht."[20] Was Augustinus hier in seinen „Bekenntnissen" für das Phänomen der Zeit feststellt, gilt für jedes philosophische Problem: Philosophie erhebt Alltägliches und damit Wohlvertrautes zu ihrem Thema. Und dadurch, dass sie Bestbekanntes problematisiert, wird ein Sachverhalt, von dem man immer schon ausgeht, indem man mit ihm rechnet und ihn sogar zum Teil *be*rechnet, zu einem gleichsam undurchschauten Fraglichen, das sich der Beantwortung beharrlich zu entziehen scheint.

---

[20] „Bekenntnisse", Buch 11, 14: „Quid est ergo ‚tempus'? Si nemo ex me quaerat, scio; si quaerenti explicare velim, nescio".

Es macht die große Schwierigkeit von Philosophie aus, dass das Vertrauteste geradezu das Unvertrauteste zu werden droht. Daher haben sich Philosophen zu jeder Zeit aus gutem Grund auch auf die Überlegungen ihrer Vorgänger und Zeitgenossen bezogen. Sie haben die Quellen durchforscht, um zu erkunden, was zur Aufdeckung und Lösung einer bestimmten philosophischen Fragestellung im Laufe der Philosophiegeschichte bereits geleistet wurde. In der Auseinandersetzung mit den schon erbrachten Leistungen schärften sie ihre eigenen Überlegungen und gewannen ihre jeweiligen Positionen. Und so lang die Geschichte ist, welche die Philosophie mittlerweile geschrieben hat, so lohnend wird es sein, sich ihr zu widmen, wenn man sich einem philosophischen Problem nähern will.

Doch darf sich die Auseinandersetzung mit den in der Geschichte vertretenen Auffassungen zu einer bestimmten Thematik nicht in der bloßen Rezeption und Wiederholung der vertretenen Positionen erschöpfen. Anstatt in der historischen Perspektive zu verharren müssen die Philosophen – wenn nötig auch kritisch – Stellung nehmen zu tradierten Theoriegebäuden. Die so genannten „Klassiker der Philosophiegeschichte" dürfen nicht für unfehlbar gehalten werden.

Auch wenn also der Ruf nach Originalität des eigenen Denkens angesichts mancher Darstellung klassischer Theorien, die bloße Paraphrase bleibt, zu Recht laut wird, darf die Einforderung einer eigenständigen Theorie nicht zum Selbstzweck werden, sondern muss sich an der jeweiligen Problemstellung orientieren. Immerhin könnte es sein, dass der Sache nach ein klassischer Philosoph bereits eine Lösung für ein bestimmtes Problem parat hat, die bis heute allerdings noch nicht in ihrer ganzen

Tragweite ausgeschöpft wurde.[21] Die Geschichte der Philosophie und systematische, mithin sachbezogene Auseinandersetzung, schließen sich nicht aus, sondern ergänzen sich, ja bedürfen einander.

Die Schwierigkeit aber, die sich nun insbesondere Anfängern philosophischen Forschens entgegenstellt liegt darin, dass wir die philosophischen Probleme, den philosophischen ‚Gegenstand' gewissermaßen, der untersucht werden soll, nicht in gleicher Weise offensichtlich vor uns haben, wie beispielsweise die Forschungsgegenstände der Naturwissenschaften. Diese mögen noch so verwickelt und schwierig sein – man denke nur an die Quantenmechanik –, wer da forscht kann sich zumindest darüber sicher sein, dass der Gegenstand bzw. das Phänomen, das er untersuchen will, ihm als Bestandteil der Natur entgegentritt, und sei es auch nur vermittelt über Messgeräte. Die Natur ist dem Forscher ursprünglich durch seine Wahrnehmung zugänglich. Die Natur, so rätselhaft sie auch immer sein mag, bietet sich zunächst geradezu augenscheinlich als Forschungsobjekt an.

Für die Philosophie gilt das nicht. Ihr Gegenstand drängt sich nicht in gleicher Weise auf. Es ist nicht unmittelbar einsichtig, was den Gegenstand der philosophischen Forschung ausmacht. Daher kann zuweilen der Verdacht aufkommen, alles, was es zwischen Himmel und Erde gibt, könne willkürlich zum philosophischen Thema erhoben werden, was wiederum den An-

---

[21] So kann auch dort Erkenntnistheorie sinnvoll und fortschrittlich betrieben werden, wo sie sich selbst nicht ausdrücklich als solche benannt hat, wie in vergleichbarer Weise auch z. B. transzendentalphilosophisch gedacht worden ist, bevor Kant die Transzendentalphilosophie als eine Richtung etabliert und ihr den Namen gegeben hat.

schein erwecken könnte, dass die Philosophie keine ernst zu nehmende Wissenschaft sei, sondern eine Diskussionsveranstaltung ohne speziellen Titel, ohne Ergebnis, ohne Gewinn.

Es lässt sich entgegen diesem Vorurteil, das sicherlich nicht zuletzt durch einige Vertreter der Philosophie selbst verursacht wird, zeigen, dass die Philosophie eine Wissenschaft ist, die es mit Problemen zu tun hat, die ebenso relevant und einer Untersuchung würdig sind wie andere Gegenstände und Phänomene der Forschung auch. Der Wissenschaft Philosophie geht es um Sachfragen, die mit Argumenten zu entscheiden sind. Sie hat nichts zu tun mit gerade herrschenden „weltanschaulichen" Moden, deren Präsentation man in den Medien verfolgen kann.

Die Besonderheit philosophischer Forschung liegt in ihrem Untersuchungsgegenstand, der erst mit dem Einsetzen des philosophischen Reflektierens im eigentlichen Sinne entdeckt, d. h. thematisiert wird. Das Aufdecken der philosophischen Sachfragen ist damit bereits ein erster Schritt auf dem Forschungsgebiet der Philosophie. Ich möchte nun in der gebotenen Kürze am Beispiel des menschlichen Erkennens versuchen zu zeigen, wie sich der Einstieg in eine philosophische Fragestellung gewinnen lässt.[22]

Als ich eines Tages in Freiburg vor meine Haustüre trat, kamen mir plötzlich mitten auf der Straße mehrere Elefanten entgegen. „Ich muss wohl träumen!", dachte ich zunächst. Nachdem sich meine erste Verwirrung gelegt hatte, konnte ich jeden Zweifel an meinem Bewusstseinszustand ausräumen. Ich war hellwach und es blieb dabei: Mehrere Elefanten stapften auf der

---

[22] Die folgenden Ausführungen zur erkenntnistheoretischen Einstellung entnehme ich zum Teil meiner Einleitung in Band 3, „Erkenntnistheorie", der Reihe Alber-Texte „Philosophie", Freiburg/ München 1999.

Straße an mir vorbei. Ich begab mich auf die Suche nach einer plausiblen Erklärung für meine überraschende Wahrnehmung. Es stellte sich heraus, dass ein Zirkusunternehmen seine Elefanten vom Bahnhof durch die Stadt zum Zirkuszelt führte, das in der Nähe meiner Wohnung errichtet worden war.

Doch was hat meine Begegnung mit den Zirkuselefanten mit der Thematik von Freiheit und Wille zu tun? Es ist mein erster Gedanke angesichts der Elefanten, mein „Ich muss wohl träumen!", der die Verbindung zur gestellten Problematik schafft, bzw. der den Weg in die philosophische Reflexion eröffnen kann.

Wenn ich von den Elefanten geträumt hätte, so wären sie nicht wirklich auf mich zugekommen. Während des Traumes wäre ich zwar davon ausgegangen, dass sie tatsächlich auf der Straße vor meiner Wohnung vorbeimarschieren. Ich hätte im Traum sogar Angst bekommen können, wenn die Elefanten bedrohlich auf mich zu gekommen wären. Nach dem Aufwachen hätte ich mich dann wieder beruhigen können: Es war doch nur ein Traum! Der Gedanke „Ich muss wohl träumen!" rückt daher meine augenblickliche Wahrnehmung gewissermaßen unter den Vorbehalt: „Es könnte ja auch ein Traum sein." Die wahrgenommenen Elefanten könnten daher nicht wirklich sein. Ich könnte mich, mit anderen Worten, im Sehen der auf mich zukommenden Elefanten täuschen. Der Vorbehalt drückt mithin einen Zweifel an der Zuverlässigkeit der eigenen Wahrnehmung aus. Mein Elefantenerlebnis hätte sich tatsächlich im Traum abspielen können.

Im Falle eines solchen Traumes, aber auch im Falle beispielsweise einer Halluzination, wäre das Sehen dieser Elefanten ein Wahrnehmungsirrtum gewesen. Das Urteil: „Dies sind Elefanten", das ich unausgesprochen im Sehen der Elefanten fälle und daher auch hätte verlautbaren können, wäre falsch gewesen, denn die Tiere hätten nicht existiert. Sie wären allein meine Vorstellung gewesen. Der spontane Zweifel, auch wenn er im alltäglichen Zusammenhang möglicherweise nicht ganz ernst gemeint sein mag, verdeutlicht, dass unsere Wahrnehmung von Gegenständen als Fall von Erkenntnis prinzipiell „wahrheitsdifferent" ist: Sie kann wahr oder falsch sein.[23] Ein solcher Gedanke wie „Ich muss wohl träumen!" hätte überhaupt keinen Sinn, ja könnte gar nicht gefasst werden, wenn unsere Erkenntnis nicht angezweifelt werden könnte, d. h. wenn unsere Erkenntnis nicht grundsätzlich „wahrheitsdifferent" wäre.

Der Gedanke „Ich muss wohl träumen" beinhaltet aber noch mehr: Er verdeutlicht, dass ich nicht von vornherein der Wahrnehmung gleichsam ausgeliefert bin. Der Vorbehalt gegenüber dem Gesehenen, der in dem Gedanken liegt und mit der Möglichkeit der Falschheit rechnet, zeigt die Freiheit an, die ich gegenüber dem äußeren Eindruck habe. Im Falle des tatsächlichen Wahrnehmungsirrtums besitze ich die Freiheit, mich zu korrigieren, mein Urteil mithin zu revidieren. Wenn im Prozess der Wahrnehmung ausschließlich Ursache-Wirkungs-Verhältnisse herrschten, ich von daher durch Naturkausalität determiniert wäre, so bestünde nicht die Möglichkeit der Korrektur. Ich müsste gleichsam hinnehmen, was mir dargeboten wird. Somit stellt das Faktum, dass unsere Erkenntnis ein wahrheitsdifferentes Gebilde ist, bereits einen Beleg für unsere Freiheit dar. Und

---

[23] Als einen methodischen Zweifel benutzt ihn Descartes zu Beginn seiner Überlegungen in der ersten „Meditation" als Einleitung in seine Problemstellung: „Die Irrtumsmöglichkeit der menschlichen Erkenntnis stellt den Ausgangspunkt seiner philosophischen Bemühungen dar".

wenn ich daher im folgenden von „Wahrheitsdifferenz" spreche, ist immer auch unsere Freiheit schon mit angesprochen und gemeint.

Die Wahrnehmung durch unsere Sinnesorgane erweist sich somit in dieser Wahrheitsdifferenz als ein Gebilde, das sich auf besondere Weise von anderen Sachverhalten unseres alltäglichen Umgangs unterscheidet. Nur Erkenntnisse wie unsere Wahrnehmungen, die durch Behauptungssätze geäußert werden können, stellen Gebilde dar, die wahr oder falsch sind. Die Gegenstände selbst, die wir wahrnehmen bzw. von denen wir Erkenntnisse haben können, sind nicht „wahr" oder „falsch". Sie sind entweder „wirklich" oder „unwirklich".[24]

Schon in unserem alltäglichen Umgang mit Dingen, also in unserem alltäglichen Verhältnis zur Welt, kann sich die Tatsache der Wahrheitsdifferenz unserer Wahrnehmung zeigen. Wahrheit und Falschheit des Erkennens stellen ein alltägliches Phänomen dar, auch wenn es normalerweise nur selten thematisiert wird. Wir rechnen aber mit ihm, weil es uns vertraut ist. Die Wahrheitsdifferenz bildet das ausgezeichnete Kriterium des Erkennens, das genauso wie andere Vorkommnisse und Sachverhalte erforscht und erklärt werden kann. Allerdings muss dabei der Sonderstatus dieses Phänomens beachtet werden. Die Elefanten konnte ich *sehen*, *hören* und *riechen*. Während also die Gegenstände und Ereignisse unserer Umwelt von mir mittels meiner Sinnesorgane wahrgenommen werden können, kann ich mein Sehen, Hören, Riechen, Schmecken und Tasten, d. h. mein Erkennen, gerade nicht wahrnehmen. Meine Erkenntnis ist mir selbst nicht auf dieselbe Weise zugänglich, wie mir die Dinge

---

[24] Vgl. zu diesem Zusammenhang G. Prauss, „Einführung in die Erkenntnistheorie", Seite 16 ff.

und Sachverhalte der Welt zugänglich sind. Dieser Sonderstatus meines Erkennens soll daher durch den Unterschied von „empirisch" und „nicht-empirisch" gekennzeichnet werden. Das Wahrnehmen richtet sich auf Dinge, die empirisch sind, weil ich sie durch meine Sinnesorgane erkenne. Mein Erkennen selbst ist dabei jedoch ein Vorgang, der nichtempirisch ist, eben *nicht* durch die Sinnesorgane wahrnehmbar.

Auch wenn die alltägliche Einstellung dieses Phänomen als solches nur gelegentlich zum Thema erhebt – im Falle des ausdrücklichen Irrtums beispielsweise – so stellt es doch das eigentliche Thema der erkenntnistheoretischen, d. h. philosophischen Überlegungen dar. Die Erkenntnistheorie, die versucht zu erklären, was Erkenntnis als solche ist und wie sie zustande kommt, muss gerade diesen Sonderstatus des Erkenntnisphänomens erklären können. Wenn Erkenntnis ein wahrheitsdifferentes und damit nichtempirisches Gebilde darstellt, so muss die Erkenntnistheorie sie als ein solches auch verständlich machen.

Kennzeichnend für die philosophische Reflexion auf die Wahrnehmung ist daher eine nichtempirische Einstellung des Menschen, die von unserer alltäglichen sinnlichen Wahrnehmung zu unterscheiden ist. Nur eine besondere Perspektive kann die spezifische Seinsweise der philosophischen Gegenstände und Sachverhalte in den Blick nehmen.[25] Sie muss als ein „innerer Blick" im Unterschied zur äußeren Wahrnehmung aufgefasst

---

[25] Die Bezeichnung „philosophischer Gegenstand" kann nur metaphorisch verstanden werden. Denn von Dingen im eigentlichen Sinne lässt sich bezogen auf philosophische Probleme nicht sprechen. Das trifft auch auf den Begriff der Perspektive zu, der normalerweise nur räumlich zu verstehen ist. Ein philosophischer „innerer Blick" als eine „Innenperspektive" richtet sich aber nicht auf etwas im Raum.

werden, als eine „Innenperspektive", die sich ihrer Besonderheit von Anfang an bewusst sein sollte.

Schon zu Beginn der schriftlich dokumentierten Philosophie- geschichte des abendländischen Denkens ist sich beispielsweise Platon über die Außerordentlichkeit der philosophischen Refle- xion im Klaren. In seinem Dialog „Theaitetos" verdeutlicht er diese besondere Betrachtungsweise in dem Gespräch zwischen Sokrates und Theaitetos dadurch, dass Sokrates durch geschick- tes Nachfragen den jungen Theaitetos darüber aufklärt, dass durch die alltägliche Einstellung, durch das aus philosophischer Sicht naive Bewusstsein, die philosophische Fragestellung gar nicht erst erkannt werden kann: Auf die Frage, was Wissen sei, antwortet Theaitetos zunächst aus dieser alltäglichen Perspekti- ve heraus und zählt konkrete Beispiele für Wissen bzw. für Er- kenntnisse auf, die sich durch den jeweils erkannten Gegenstand bestimmen, wie z. B das Wissen von der Geometrie, das Wissen von der Schuhmacherkunst und allen anderen Handwerken. Doch auf einzelne Beispiele kommt es Sokrates in diesem Zu- sammenhang nicht an. Er will untersuchen, was das Wissen als solches in all diesen Fällen ist. Er fragt also nach dem Erkennen im Allgemeinen.

Diese Frage liegt gewissermaßen quer zur naiven Einstellung. Die nämlich nimmt ein solches Problem erst gar nicht in den Blick, sondern interessiert sich vielmehr für konkrete Gegens- tände und Zusammenhänge der empirischen Welt. Sie erkennt und fragt nicht nach dem Vollzug von Erkennen selbst. Sie kann als *intentio recta* charakterisiert werden, der es um einzelne Ge- genstände des alltäglichen Umgangs geht. Diese „gerade Rich- tung" der Einstellung ist die ursprüngliche Richtung der sinnli- chen Erkenntnis, die mittels der Sinnesorgane immer einzelne

Objekte wahrnimmt, bzw. alles auf die Wahrnehmung von Objekten zurückführt. Auf die philosophische Frage des Sokrates nach dem Wissen überhaupt antwortet Theaitetos mit Wissensbeispielen, die sich auf Gegenstände richten. Der Bezug auf die Objekte, die *intentio recta*, bleibt bei der Auskunft des Theaitetos erhalten.

Im Gegensatz zu dieser alltäglichen *intentio recta*, die auch für die empirischen Wissenschaften maßgebend ist, kann die philosophische Reflexion als *intentio obliqua*, als „gekrümmte Richtung" des Interesses, aufgefasst werden. Wer philosophisch über Erkennen nachdenkt, richtet sich nicht mehr auf die konkreten Dinge, die ihm mittels der Wahrnehmung zugänglich sind, sondern bezieht sich zurück auf sein eigenes Erkenntnisvermögen. Er fragt danach, was Wahrnehmung als Erkenntnis charakterisiert und wie sie zu erklären ist. Wer philosophiert, fragt nicht von sich weg auf ein Objekt zu, sondern fragt gleichsam in sich hinein. Die erkenntnistheoretische Reflexion nimmt eine „Innenperspektive" ein, die gegenüber der alltäglichen Einstellung nicht die empirischen Gegenstände thematisiert, sondern die Beziehung zwischen erkennendem Subjekt und erkanntem Objekt.

Humorvoll führt Platon im „Theaitetos" diese nichtempirische Einstellung in ihrer „Weltfremdheit" vor Augen. Er lässt Sokrates die Anekdote von Thales berichten, der, versunken in die Betrachtung des Himmels, nicht darauf achtete, wohin er trat, und deshalb in einen Brunnen fiel, womit er das spöttische Lachen einer thrakischen Magd auf sich zog. Ebenso, bemerkt Sokrates, setze sich der Philosoph dem Spotte aus: „Denn tatsächlich bleibt einem solchen nicht nur verborgen, was sein Mitbürger und Nachbar tut, sondern beinahe auch, ob er überhaupt ein Mensch ist oder etwa ein anderes Lebewesen. Was aber der Mensch ist und was einer derartigen Natur im Unterschied zu anderen zu tun und zu leiden zukommt, das untersucht er und gibt sich Mühe, es zu erforschen."[26] Platon will hier nicht behaupten, wer philosophiere, der könne nichts von seiner Umwelt wissen. Seine Überlegungen zielen allein auf die philosophische Einstellung, auf den Augenblick der philosophischen Reflexion. Philosophierend ist man dem Alltag insofern enthoben, weiß daher nicht, was der Nachbar gerade macht, als man im Sinne der *intentio obliqua* auf sich selbst gerichtet ist und nichtempirische Phänomene thematisiert und zu ergründen versucht. Der Philosoph fragt Platon zufolge in allgemeiner Hinsicht: „Was ist der Mensch?"[27] Er fragt damit nicht nach dem empirischen Unterschied von Mensch und anderen Lebewesen, der sich durch äußere, wahrnehmbare Eigenschaften feststellen lässt. Ihn interessiert vielmehr, wie sich das Erkennen als „innere" Vollzugsweise des Menschseins erklären lässt.

Indem er den Menschen und sein Erkenntnisvermögen zum Gegenstand philosophischen Fragens macht, stellt der Mensch ein besonderes Verhältnis zu sich selbst her, fragt der Mensch nach sich selbst. Den Ausgangspunkt hierfür kann der Irrtumsfall bilden: Wir bemerken bisweilen, dass die Wahrnehmung sich irren kann. Allgemein betrachtet heißt das, dass das Erkenntnisgebilde „wahrheitsdifferent" ist. Eine Erkenntnis kann

---

[26] 174 a. f.

[27] Vgl. auch Kants Fragen, die für ihn das „Feld der Philosophie" vollständig abdecken: „1) Was kann ich wissen? 2) Was soll ich tun? 3) Was darf ich hoffen? 4) Was ist der Mensch?". Die letzte Frage ist dabei die umfassendste, „weil sich die drei ersten Fragen auf die letzte beziehen." „Logik", Akademie-Ausgabe, Band 9, Seite 25.

„wahr" oder „falsch" sein. Doch wie ist diese Wahrheitsdifferenz zu erklären? Wie ist sie möglich? Wer erkenntnistheoretisch reflektiert, fragt mithin nach der internen Struktur seines eigenen Erkennens. Im eigentlichen Sinne fragt daher der philosophisch Reflektierende nach sich selbst. Und Kant hebt hervor, dass die Durchdringung des eigenen Erkenntnisvermögens das „beschwerlichste aller [...] Geschäfte, nämlich das der Selbsterkenntnis" sei.[28]

Das Erkennen als Sinneswahrnehmung bildet das ursprüngliche Verhältnis des Menschen zur Welt. Mittels der Wahrnehmung macht der Mensch ursprüngliche Erfahrung. Mir als dem empirisch Erkennenden steht dabei die Außenwelt mit ihren Gegenständen gegenüber, die ich als etwas Anderes meiner selbst wahrnehme. Bei jeder sinnlichen Wahrnehmung spielt, wenn auch zumeist unthematisch, der Unterschied zwischen Innen- und Außenwelt, zwischen Subjekt und Objekt eine Rolle. Beim Erkennen richtet sich das Subjekt grundsätzlich von sich weg auf etwas Anderes seiner selbst, auf ein Objekt. Was Gegenstand im Sinne dieser *intentio recta* ist, muss als Objekt der Außenwelt auch für andere Subjekte wahrnehmbar sein. So verknüpft Kant den Sinn von Objektivität eng mit dem von Intersubjektivität. In der Beziehung unserer empirischen Urteile auf Objekte liegt für Kant der Wille, „dass es [das Urteil] auch für uns jederzeit und ebenso für jedermann gültig sein solle".[29] In einem Brief erläutert Kant den Sinn von „für jedermann gültig" mit „communikabel" bzw. „mitteilbar". Mitteilbarkeit konstituiert sich jedoch nur durch die Beziehung „auf etwas Andere[s]",

---

[28] Vgl. „Kritik der reinen Vernunft", A XI. Die „Kritik der reinen Vernunft" wird zitiert nach der ersten (= A) bzw. nach der zweiten (= B) Auflage.
[29] „Prolegomena", Akademie-Ausgabe, Band 4, Seite 298.

nämlich „von Subjekten Unterschiedenes", denn etwas rein Subjektives, beispielsweise ein „Gefühl", ist „an sich nicht mitteilbar".[30] Zustände der eigenen Innenwelt sind für andere Menschen eben nicht wahrnehmbar und damit auch nicht in einem strengen Sinne *mitteilbar*, nämlich nicht *mit* ihnen *teilbar*. Sie sind für andere Menschen nicht erfahrbar zu machen. Ebenso eine geäußerte Gefühlsregung, wie z. B. Angst, auch wenn körperliche Regungen wie Zittern, Schweißperlen, Blässe, mit einhergehen und wahrgenommen werden können, bleibt sie prinzipiell für andere Subjekte nicht zugänglich. Sie ist rein subjektiv. Sie kann nachvollzogen werden, aber auch nur aufgrund eigener Angsterlebnisse. Im Gegensatz hierzu ist der Gegenstand der Sinneswahrnehmung als etwas Anderes Teil der Außenwelt, die auch durch andere Subjekte erfahren wird.

Die unmittelbare Vertrautheit des Menschen mit sich, der privilegierte Zugang zu seinem Inneren, die absolute „Privatheit" der eigenen Innenwelt im Unterschied zur „Öffentlichkeit" der Objekte der Außenwelt, die sich übrigens auch darin zeigt, dass psychologische Forschung prinzipiell auf die Äußerungen der Versuchspersonen angewiesen ist, lässt darauf schließen, dass die beiden „Welten", Innen- und Außenwelt, durch unterschiedliche Seinsweisen gekennzeichnet sind. Hieraus ergibt sich dann aber das philosophisch-erkenntnistheoretische Problem, wie das Verhältnis dieser beiden „Welten" zueinander, das im Erkenntnisakt zweifellos besteht, erklärt werden kann. Anders gefragt: Wie gewinnt der Mensch Bewusstsein von den Gegebenheiten, die ihn umgeben? Denn im Erkennen von Anderem seiner selbst ist sich der

---

[30] Brief an J. S. Beck vom 1. Juli 1794, Akademie-Ausgabe, Band 11, Seite 515.

Mensch dieses Anderen bewusst, und zwar in dem Sinne, dass dieses Andere gerade nicht er selbst ist. Ein solches Bewusstsein kann als Fremdbewusstsein bezeichnet werden, das aber allein verständlich wird unter der Voraussetzung von Selbstbewusstsein, das diesem Fremdbewusstsein zu Grunde liegt: Man ist *sich* des Anderen bewusst. Dieses Selbstbewusstsein als ein Fremdbewusstsein bleibt aber ebenso im alltäglichen Zusammenhang normalerweise unausdrücklich, wie die Wahrheitsdifferenz der Erkenntnis oder das Voraussetzen eines freien Willens.

Ich möchte an dieser Stelle eine Feststellung treffen, die mir für die Problematik von Bewusstsein, Freiheit und Willen, aber auch für jegliche philosophische Thematik äußerst wichtig erscheint: Man kann mit etwas implizit rechnen, was man im eigentlichen Sinne nicht kennt. Man kann beispielsweise etwas zählen, ja berechnen, was man im eigentlichen Sinne nicht kennt. Man kann – mit anderen Worten – etwas quantifizieren, bevor man es qualifiziert hat. Die Naturwissenschaft rechnet, um auf das Beispiel von Augustinus zurückzukommen, mit der Zeit, sie berechnet sie, d. h. sie quantifiziert sie, sie weiß aber nicht, was die Zeit selbst ist, wie sie qualitativ zu bestimmen ist.

Das gilt übrigens nicht nur für die Zeit, sondern für viele grundlegende naturwissenschaftliche Begriffe, Prinzipien und Sachverhalte. Selbst die im Augenblick wohl am besten funktionierende, weil am besten mit ihr zu rechnende physikalische Theorie, die Quantenmechanik, ist in ihren sachlichen Einzelheiten längst noch nicht verstanden und auch unter den Physikern sehr umstritten, weil ihre Prinzipien qualitativ nicht bestimmt oder zumindest unterbestimmt sind, seien es die Phänomene des Raumes, der Zeit oder der Kausalität. Übrigens soll diese Bemerkung keinesfalls als Vorwurf an die Naturwissenschaftler verstanden werden, denn diese müssen nicht qualifizieren. Ihre Aufgabe ist es, zu quantifizieren, die Natur eben berechenbar zu machen. Sie müssen nicht bestimmen, was die Natur ihrem Wesen nach ist. Sie gehen unhinterfragt von ihr aus. Sie rechnen mit der Natur, so wie wir alltäglich mit der Freiheit des Willens und unserem Bewusstsein rechnen.

Für philosophische Reflexion allerdings kommt es darauf an, dieses alltägliche Mit-der-Freiheit-Rechnen zu thematisieren und damit zunächst einmal auf den Begriff zu bringen.

Ich komme damit wieder auf die Frage zurück: Was heißt es, mit Willensfreiheit zu rechnen?

Wenn wir im menschlichen Zusammenleben für Handeln eine freie Willensentscheidung voraussetzen, so gehen wir davon aus, dass es neben den sinnlich wahrnehmbaren Vorgängen der äußeren Welt noch andere Ereignisse gibt, die gerade nicht wahrnehmbar sind. Ein freier Wille ist nicht mittels unserer Sinnesorgane zu erkennen. Aber, so lässt sich fragen, wie können wir dann so sicher sein, dass es ihn gibt? Wir sind mit dem freien Willen von uns selbst her vertraut. Wir sind beispielsweise im Fall des Bereuens einer Handlung sicher, dass wir auch hätten anders handeln können. Wir sind sicher heißt aber, wir haben ein Bewusstsein von unseren eigenen Willensentscheidungen, von unseren eigenen Handlungen.

Mit dem Begriff des Bewusstseins ist nun noch einmal die Problematik angesprochen, deren Diskussion im Augenblick insbesondere durch die neueste Hirnforschung dominiert wird. Wir konnten vor kurzem lesen: „Nach über 2000 Jahren fruchtbaren Suchens und Fragens fällt den Philosophen offenbar zu ihrem liebsten Diskussionsthema nicht mehr viel ein. Bewusstsein ist nicht nur kein exklusives philosophisches Problem mehr: Es entzieht sich den Philosophen zunehmend und unwiederbringlich."[31]

Naturwissenschaftliche Forschung erhebt den Anspruch, das Phänomen des Bewusstseins zu erklären, und manche Philosophen folgen den Empirikern in ihren Überlegungen. Schon werden neue philosophische Richtungen geprägt, allen voran die sogenannte „Neurophilosophie", die sich die Ergebnisse der neuesten Hirnforschung zu eigen macht und Phänomene wie den Willen und das Bewusstsein als Illusionen betrachtet, die durch das Gehirn generiert werden.

Die einzig „sinnvolle Weise" der Forschung besteht für die Vertreter einer solchen Philosophie darin, „offen" zu sein „für ständige *empirische Anreicherungen*" ihrer Theorien.[32] Philosophie wird hier verstanden als ein empirisches Unternehmen. Denn Wissenschaft fällt für diese Vertreter mit empirischer Wissenschaft zusammen. Hier lässt sich alles aufs Schönste nachweisen, beobachten, berechnen. Als Konsequenz aus der Auffassung dieser Empiristen sind die Phänomene des Bewusstseins und der freien Willensentscheidung naturgemäß keine philosophischen Probleme mehr.

Doch, so muss man fragen, können diese Phänomene überhaupt Forschungsgegenstände der empirischen Wissenschaften sein? Diese Frage muss, wie mir scheint und wie die bisherigen Überlegungen, wie ich hoffe, gezeigt haben, strikt verneint wer-

---

[31] *Die Zeit* vom 6. Mai 1999.
[32] Vgl. Th. Metzinger, „Subjekt und Selbstmodell. Die Perspektivität phänomenalen Bewusstseins vor dem Hintergrund einer naturalistischen Theorie mentaler Repräsentation", Paderborn 1993, Seite 95 mit Anm. 134.

den. Phänomene wie der freie Wille oder das menschliche Bewusstsein sind nichtempirische Sachverhalte, die ausschließlich durch die nichtempirische Wissenschaft der Philosophie untersucht und erklärt werden können.

Redliche Hirnforschung kommt mit philosophischen Überlegungen überhaupt nicht in Konflikt, weil sie einen anderen Forschungsgegenstand untersucht, nämlich das menschliche Gehirn und nicht das menschliche Bewusstsein. Das bekommt sie nämlich im wörtlichen Sinne gar nicht zu Gesicht.

Ich möchte noch ein Beispiel nennen, das einen Sachverhalt verdeutlicht, der prinzipiell durch empirische Naturwissenschaft nicht erklärt werden kann, der aber ein weiteres Indiz darstellt für einen Bereich der Wirklichkeit, den wir mit den Begriffen „Bewusstsein", „Geist", „Seele", „Freiheit", „Wille" usw. bezeichnen.

Stellen Sie sich nun bitte vor, Sie leben in einer festen Partnerschaft, kommen nach Hause und finden auf Ihrem Schreibtisch einen Zettel, auf dem steht: „Ich verlasse Dich!" Die Nachricht trifft Sie aus heiterem Himmel. Sie sind vollkommen niedergeschlagen. Doch dann schauen Sie sich um und stellen folgenden zwar sehr unwahrscheinlichen, aber möglichen Zusammenhang fest: Neben dem Blatt Papier ist ein Tintenfass umgekippt. Durch die Tintenpfütze und über den weißen Zettel führt eine Ameisenstraße. Die Buchstaben auf dem Zettel sind also durch den Verlauf der Ameisenstraße entstanden.[33] Sie sind erleichtert. Warum?

---

[33] Dies ist eine Variante eines Beispiels von H. Putnam, vgl. „Vernunft, Wahrheit und Geschichte", Frankfurt a. M. 1990, Seite 15 f. Vgl. zu dieser Problematik G. Prauss, „Die Welt und wir", Band I: „Subjekt und Ob-

Durch die Einsicht in das Zustandekommen des überraschenden Zettels verliert er für Sie an Bedeutung. Er wird im wahrsten Sinne des Wortes sinnlos, es sei denn, Sie gehen davon aus, dass die Ameisen Ihnen etwas mitteilen wollen. Diese Annahme scheint aber noch abwegiger zu sein als die Unwahrscheinlichkeit des Vorfalls selbst. Wenn nun der Zettel bedeutungslos geworden ist, er mithin keine Nachricht für Sie enthält, was bleibt dann aber von ihm übrig? Er ist nunmehr ein Blatt Papier mit einer sehr unwahrscheinlichen, aber möglichen regelmäßigen Tintenverteilung. Auf dem Zettel sind nun keine Zeichen mehr, die für Sie informativ sind. Der Zettel enthält keine Information. Er ist etwas bloß Materielles, ein bedeutungsloses empirisch-naturales Objekt.

Ein bloßes Objekt ist ein empirisches, weil es uns durch die Wahrnehmung mittels unserer fünf Sinne zugänglich ist. Wodurch kann ein solches bloßes empirisch-naturales Objekt zu einer Nachricht, zu einer Information für uns werden?

Das Beispiel zeigt zunächst deutlich, dass ein empirisches Objekt von sich her keine Information enthält. Durch die zugegebenermaßen sehr unwahrscheinliche Konstruktion wird gleichsam die Information vom Objekt abgelöst, und es bleibt lediglich als ein solches naturales Objekt übrig.

Es weist zudem darauf hin, dass wir im alltäglichen Zusammenhang des Lesens von vornherein derartig regelmäßig verteilte Tinte oder auch Druckerschwärze als Nachricht bzw. Information auffassen. Wir unterstellen immer schon, dass wir es mit Zeichen zu tun haben, dass eine andere Person uns informieren will. Wir unterstellen mithin, dass mehr vorliegt als ein bloßes

jekt der Theorie. Teil 1: Sprache – Subjekt – Zeit", Stuttgart 1990, Seite 9 ff.

empirisches Objekt. Doch dieses Mehr können wir bezeichnenderweise gerade nicht als solches wahrnehmen. Es ist etwas durch und durch Nichtempirisches, das jeder Erkenntnis mittels der fünf Sinne entzogen ist. Und dieses Mehr kommt einzig und allein durch *uns* selbst ins Spiel. *Wir* sind es, die den Akt der Unterstellung vollziehen. *Wir* unterstellen, dass wir es mit etwas Sinnvollem, mit etwas zu tun haben, das Bedeutung besitzt, weil wir damit rechnen, dass eine andere Person uns etwas mitzuteilen beabsichtigt. *Wir* unterstellen, dass wir es mit Zeichen zu tun haben.

Doch nicht nur im Falle des Lesens, sondern auch im Falle des alltäglichen Gesprächs unterstellen wir, wenn wir Gesprochenes hören, dass wir Informationen erhalten. Dieser Unterstellungsakt, diese Leistung unsererseits, ist uns so sehr eigen, dass er uns nicht mehr auffällt, dass wir uns seiner nicht mehr thematisch bewusst sind. Doch auch Schallwellen sind an sich bloße empirische Ereignisse, nämlich bloße Geräusche, die von sich her keine Information enthalten. Sie sind von sich her keine Zeichen, die für etwas anderes stehen, die etwas anderes repräsentieren. Sie werden durch uns erst zu Zeichen gemacht, indem wir sie benutzen, um anderen Menschen etwas mitzuteilen. Durch geistige Wesen erst, wie wir sie sind, kommen Zeichen in die Welt. Ohne geistbegabte Wesen gäbe es keine Zeichen. Ohne geistbegabte Wesen gäbe es damit keinen Sinn und keine Bedeutung.

Sinn und Bedeutung gehören somit zu jenem Bereich, den wir mit „Geist", „Bewusstsein", „Seele", „Psychisches", „Mentales" usw. bezeichnen und den wir von uns selbst her kennen. Dieser Bereich kann nicht geleugnet werden, es sei denn um den Preis des Selbstwiderspruchs einer Selbstverleugnung.

Zeichen als sinnhafte Gebilde sind ein Beleg für den Geist, für Psychisches im Unterschied zu Physischem, für Mentales im Unterschied zu Somatischem.

Es wäre der pure Animismus, der Natur als solcher informative Fähigkeiten zusprechen zu wollen, ihr die Fähigkeit zuzusprechen, von sich her Zeichen zu produzieren. Und doch tut sie es permanent, wenn wir den Empirikern und Empiristen Glauben schenken. Die immer wiederkehrende Redeweise von der Information, die beispielsweise im Gehirn verarbeitet und repräsentiert wird, ist ein beredtes Zeugnis für einen solchen Animismus.[34]

Mir scheint, ein Stück weit Aufklärung täte in diesem Zusammenhang auch der Naturwissenschaft gut, um von den den Naturwissenschaften geradezu hörigen Philosophen gar nicht zu sprechen. Hirnforschung kann prinzipiell nichts zur Lösung des Bewusstseinsproblems beitragen. Die Begriffe der Repräsentation und der Information, die in diesen Zusammenhängen immer wieder auftauchen und unkritisch verwandt werden, beinhalten bereits das Faktum des Geistes und damit die gesamte Problematik, die angeblich durch Empirie gelöst werden soll.

Die Annahme von der Wirklichkeit dieses mentalen Bereichs muss, so können wir nun aber des Weiteren von empiristischer Seite allenthalben lesen, als sogenannte „alltagspsychologische Überzeugung" betrachtet werden, deren Überwindung bald anstehe. Das bedeutet, so wird uns versichert, dass diese alltäglichen Überzeugungen als Illusionen entlarvt werden. Freiheit und

---

[34] Vgl. die aufschlussreiche Kritik an diesem falschen Informationsbegriff innerhalb der Hirnforschung von G. Roth, „Das Gehirn und seine Wirklichkeit. Kognitive Neurobiologie und ihre philosophischen Konsequenzen", Seite 105 ff.

Wille sind mithin reduzierbar auf physiologische Vorgänge im Gehirn, auf feuernde Neuronen verbunden in einem Netzwerk.

„Wenn wir aber mit unserer Auffassung über den Aufbau des Sonnensystems, über die Bedeutung von Krankheiten [...] so offensichtlich falsch lagen, sollten wir die Möglichkeit in Rechnung ziehen, dass auch unsere gegenwärtigen Anschauungen über das Wesen von Kognition und Bewusstsein fehlgeleitet oder gar grundsätzlich falsch sind."[35]

Als Beispiele für offensichtlich falsche Theorien werden das ptolemäische Weltsystem und die Zurückführung von bestimmten Krankheiten auf die Besessenheit durch den Teufel oder Dämonen genannt.[36] In der Tat: Nicht die Sonne dreht sich um die Erde, sondern die Erde um die Sonne. Nicht der Teufel oder Dämonen sind die Ursache für Epilepsie, sondern hirnorganische Erkrankungen oder Stoffwechselstörungen.

Doch, meine Damen und Herren, was wird hier verglichen?

So bestechend der Vergleich auch scheinen mag, er ist grundsätzlich falsch, allein schon aufgrund von wissenschaftstheoretischen Erwägungen, weil er gleichsam schief liegt.

Die sogenannte Alltagspsychologie wird gleichgesetzt mit diesen falschen Theorie. Sie soll selbst als falsche „Anschauung über das Wesen von Kognition und Bewusstsein" entlarvt werden, und mit ihr diejenige Philosophie, die bei der alltäglichen Auffassung ansetzt.

Doch wie geht die Alltagspsychologie vor?

---

[35] P. M. Churchland, „Die Seelenmaschine. Eine philosophische Reise ins Gehirn", Heidelberg, Berlin, Oxford 1997, Seite 20.

[36] Vgl. a. a. O. und z. B. H. Walter, „Neurophilosophie der Willensfreiheit. Von libertarischen Illusionen zum Konzept natürlicher Autonomie", Paderborn 1998, Seite 124 f.

Wenn ich meinen Arm hebe und bewege, so können Sie, wenn Sie sich rein auf das sinnlich Wahrnehmbare beschränken und von den Umständen absehen, keinen prinzipiellen Unterschied feststellen zu der Bewegung eines Astes im Wind. Wahrnehmbar ist eine Veränderung in der Außenwelt, speziell in beiden Fällen ein Raumkoordinatenwechsel. Und doch machen Sie ohne die vorherige Einschränkung auf das allein äußerlich Erkennbare in alltäglicher Einstellung einen fundamentalen Unterschied. Bei meinem Armheben kommt noch etwas hinzu. Sie setzen noch etwas Weiteres voraus, das für Sie so selbstverständlich ist, dass Sie es gleichsam mit wahrnehmen: meine Absicht, den Arm zu heben, meinen freien Willen, vergleichbar mit der grundsätzlichen Unterstellung von Sinn beim Lesen.

Eine solche alltägliche Unterstellung kann sich täuschen, wie das Beispiel von dem umgekippten Tintenfass zeigen soll. Wahrscheinlicher ist es beispielsweise aber, dass Sie in der Ferne jemanden winken sehen und beim Näherkommen feststellen müssen, dass es nur die Bewegung eines Astes durch den Wind war. In dieser Hinsicht ist die alltägliche Unterstellung vergleichbar mit einer wissenschaftlichen Theorie: Auch sie kann sich täuschen. Sie kann falsch sein. Ist der Vergleich mithin doch gerechtfertigt?

Wir müssen genau sehen, was in diesem Fall verglichen wird.

Nehmen wir das Beispiel der Epilepsie. Als falsche Theorie kann das Urteil gelten: „Die Ursache für diese Krankheit ist der Teufel". Die entsprechende falsche Theorie der Alltagspsychologie über menschliches Handeln soll den Kritikern dieser Auffassung zufolge lauten: „Die Ursache für Handlungen ist der freie Wille oder der Geist, das Bewusstsein, mentale Ereignisse usw."

Zum weiteren Verständnis müssen wir zunächst fragen: Wie geht Wissenschaft vor? Wissenschaft in einem ganz allgemeinen Sinne will die Wirklichkeit in ihren Gegebenheiten und Abläufen erklären. Dabei ist es wichtig, festzuhalten, dass die Wissenschaften nicht danach fragen, ob bestimmte Einzeltatsachen überhaupt als Fälle von einer allgemeinen Art oder Gattung gelten können. Sondern es geht ihnen grundsätzlich darum, unter welchen Voraussetzungen und Bedingungen sie als solche Fälle wirklich auftreten.[37]

Bezogen auf unser Beispiel einer wissenschaftlichen Theorie über Epilepsie – „Die Ursache für diese Krankheit ist der Teufel" – bedeutet das: Die Wissenschaft fragt nicht danach, ob diese unnatürlichen Zuckungen einer Person wirklich als Krankheit zu bestimmen sind. Sondern sie fragt danach, unter welchen Bedingungen diese Krankheit auftritt. Selbstverständlich kann man sich in einem konkreten Fall täuschen, beispielsweise wenn die Zuckungen nur gespielt sind. Dann fällt aber dieser Fall auch aus der wissenschaftlichen Untersuchung heraus, denn es liegt ja keine Krankheit vor.

Wie steht es nun aber mit unserer alltagspsychologischen Theorie: „Die Ursache für Handlungen ist der freie Wille?"

Verglichen mit dem Fall der Epilepsie kann die wissenschaftliche Forschung gerade nicht in Zweifel ziehen, dass es sich um eine Handlung handelt. Selbstverständlich kann sie sich im gegebenen Einzelfall auch hier täuschen: Das ist unser Beispiel des Baumes, dessen Bewegung wir zunächst fälschlich als Winken einer Person angenommen haben. Damit scheidet aber dieser Fall ebenso aus der wissenschaftlichen Untersuchung aus.

---

[37] Vgl. hierzu E. Ströker, „Einführung in die Wissenschaftstheorie", Darmstadt 1977, Seite 36.

Wie muss dann aber die allgemeine wissenschaftliche Frage-stellung im Falle der Handlung lauten? Unter welchen Bedin-gungen treten Handlungen auf, bzw. sind Handlungen wirklich? Dies ist eine entsprechende allgemeine Formulierung eines wis-senschaftlichen Forschungsprojektes, Handlungen betreffend.

Und es stellt sich sofort die Frage: Ist die angeblich alltags-psychologische Theorie, wie sie von den Empiristen als entspre-chende bestimmt wird, nämlich: „Die Ursache von Handlungen ist der freie Wille", überhaupt als eine mögliche Antwort auf die wissenschaftliche Fragestellung aufzufassen?

Die Antwort muss natürlich lauten: Nein!

Denn die angebliche alltagspsychologische Theorie ist über-haupt keine Theorie, sondern sie bildet die begründete Voraus-setzung für eine solche. Der Satz „Die Ursache von Handlungen ist der freie Wille" stellt ein analytisches Urteil dar, denn der Begriff der Handlung beinhaltet schon die Begriffe des „freien Willens", des „Geistes", des „Bewusstseins" usw., wie sie von jedem von uns, zumeist unthematisch, vorausgesetzt werden.

Dieser Satz ist sowenig eine Theorie wie der Satz: „Epilepsie ist eine Krankheit". Genauso wie dieser Satz bildet jener den Ausgangspunkt der wissenschaftlichen Untersuchung.

Was wäre aber nun ein vergleichbarer wissenschaftlich-theoretischer Satz zu dem Urteil: „Die Ursache für Epilepsie ist der Teufel?" Ein vergleichbarer Satz ist: „Die Ursache für Hand-lungen ist das Gehirn." Diesen Satz, diese Theorie möchte ich nun nicht weiter kommentieren, sondern Ihrer Beurteilung an-heim stellen.

* * *

Freiheit und Wille.
Eine philosophische Antwort auf die Hirnforschung

– Diskussion –[*]

Hartmut Rosenau:

Herzlichen Dank, Hans-Ulrich Baumgarten, auch für diese letzte provozierende These, die mich noch mal ins Nachdenken bringt über das Rätsel der Erbsünde, Teufel und Gehirn. Es gibt in diesem relativ kurzen Vortrag eine Fülle von Themenkreisen, die diskussionswürdig sind, und ich finde, es ist eine Kunst gewesen, alle diese verschiedenen Themen in so einen Zusammenhang zu bringen, wie Sie es getan haben. Ich nenne nur mal Stichworte, die mir diskussionswürdig erscheinen: Da ist zum einen das grundsätzliche Philosophieverständnis, das Sie entwickelt haben, als eine provokante Gegenposition gegen empiristische Theorien in der Philosophie wie in der Wissenschaft. Dann die Erkenntnistheorie – die für sich alleine diskussionswürdig wäre – natürlich selbstverständlich das Phänomen der Freiheit und des Willens, das Phänomen von Bewusstsein und Selbstbewusstsein, ebenfalls sehr interessant der Stellenwert von Sinn und Sinndeutung im Zusammenhang einer Hermeneutik oder einer Zeichentheorie, und natürlich Ihre provozierende Schlussthese: Die Analoge der Erklärungen, was eigentlich die Ursache unseres Handelns ist, das immer schon Freiheit voraussetzt. Das

---

[*]   Transkript der anschließenden Diskussion zum Vortrag von Hans-Ulrich Baumgarten am 01.10.1999.

sind nur Vorschläge meinerseits, ganz subjektiver Art, ich bitte Sie ganz herzlich, die Diskussion zu eröffnen.

Walter Simm:

Ich fand Ihren Vortrag sehr spannend und aufregend, aber Sie haben auch ein Problem mit berührt, das ein persönliches Problem von mir ist, als Sie das Auseinanderhalten von „subjektiv" und „objektiv" zeigen oder erklären wollten. Das Erkennen wird nicht wahrgenommen, es ist nicht empirisch, sondern man setzt es voraus. Die Fähigkeit, zu Erkennen, setzt man voraus oder sagt: sich mit dem Erkennen zu beschäftigen sei eine Aufgabe der Philosophie. Es gibt seit einigen Jahren den radikalen Konstruktivismus, vertreten von Siegfried Schmidt z. B. oder Ernst von Glasersfeld, auch Gerhard Roth ist dabei. Bei diesen Philosophen – das sind ja offenbar Philosophen und Neurologen – wird der Vorgang des Erkennens, des Wahrnehmens, untersucht und analysiert.

Wir haben das heute von Manfred Spitzer noch nicht gehört, wie von der Aufnahme eines Bildes aus der Außenwelt das Signal ins Innere kommt und an das Gehirn weitergeleitet wird. Das Gehirn empfängt an den bestimmten, dafür geeigneten Stellen elektrische Signale, die auf ganz verschiedene äußere Ursachen zurückzuführen sind, z. B. auf Schall über das Ohr oder über das Sehen durch die Zellen, das Gefühl usw. Die elektrischen Signale unterscheiden sich qualitativ nicht voneinander, nur in den Abständen der Impulse. Es ist doch so, dass der Empfänger der Signale von sich aus im Gehirn ein elementares Wahrnehmungserleben erzeugt, das z. B. bei einer Lichteinstrahlung das Erlebnis „hell" oder weniger Licht „dunkel" entstehen lässt. Oder es wurde von Manfred Spitzer ein Beispiel genannt, es sei

müßig zu sagen, das sei „blau" oder es strahlt nur eine elektromagnetische Welle einer bestimmten Wellenlänge zurück. Das
sind doch zwei grundsätzlich verschiedene Dinge. Einmal das
Erleben, das nur der bewusste Mensch kann, das andere ist ein
Denkmodell einer Welle, das als Schlussfolgerung aus Erlebnis-
sen aufgebaut wird.

Nun haben Sie auch gesagt, subjektiv sei z. B. das Erleben
der Angst. Ich kann die Angst einem anderen Individuum nicht
mitteilen, sondern das andere Individuum schließt nur aus meinem äußeren Verhalten darauf, dass ich Angst habe, weil es das
Gefühl auch kennt. „Objektiv" seien die Eindrücke aus der Außenwelt – ich weiß nicht genau, wie Sie es formuliert haben –
jedenfalls, was man außen wahrnimmt, die Gegenstände, die
Objekte. Nun haben Sie auch Kant zitiert, wenn er „objektiv"
definiert, indem er sagt, das „Objektive" sei eigentlich das inter-
subjektive Wahrnehmen. Wenn ich aber wahrnehme, so wie Sie
es auch geschildert hatten, als Farbe, als Duft, als Schmerz, als
Geschmack usw., dann ist das ja auch ein subjektives Erleben.
Daran ändert die Behauptung „intersubjektiv" nichts, weil viele
Menschen mit gleichen Anlagen, gleichen Fähigkeiten das auf
die gleiche Weise als Schlussfolgerung erleben müssen. Es
bleibt aber trotzdem subjektiv, d. h. das Objekt, das ich sinnlich
wahrnehme, nehme ich eigentlich nur subjektiv wahr, und ich
schließe aus den Äußerungen meiner Kollegen, dass die das
auch so erleben. Das ist aber nur eine Schlussfolgerung, kein
direkter Kontakt, der ist nicht möglich, wie kann das auch sein.
Also gibt es eigentlich gar keine objektive Wahrnehmung, sondern es bleibt alles beim Subjektiven, obwohl hinter dem Wahrgenommenen ein realer Kern existieren muss, sonst würde das

Ganze sinnlos. Aber ich möchte das jetzt nicht zu lang werden lassen, mein Problem ist also, „intersubjektiv" = „objektiv"?

Hans-Ulrich Baumgarten:
Sie haben auf einen wichtigen Punkt aufmerksam gemacht, nämlich darauf, dass es eine Doppeldeutigkeit gibt in dem Begriff „subjektiv". Wenn ich von Gefühlszuständen gesprochen habe – das, was ich als absolute Privatheit charakterisiert habe –, dann bezieht sich dieser Begriff von „subjektiv" auf mein Erleben, das für andere Menschen *nicht mitteilbar* ist in dem Sinne, dass ich es *nicht mit ihnen teilen* kann. Der andere Begriff von „subjektiv" bedeutet nach Kant, dass das Subjekt im Sinne des erkennenden Subjekts eine Beziehung zu den Objekten der Außenwelt aufnimmt. Wenn man dann im erkenntnistheoretischen Zusammenhang von „subjektiv" spricht, charakterisiert hier subjektiv gleichsam die Kategorien, die das Subjekt von sich her an die Außenwelt heranträgt. Dass überhaupt alles Objektive – das habe ich jetzt aus Ihren Anmerkungen herausgehört – subjektiv sei, kann man auch in zwei Hinsichten verstehen: Philosophisch gesprochen stimme ich Ihnen zu, wenn das ein Satz einer philosophischen Theorie wäre, einer erkenntnistheoretischen Philosophie, in dem Sinne, dass das Subjekt bestimmte Leistungen erbringt, um die Objekte der Außenwelt zu erkennen. Diese philosophische Einstellung ist aber eine andere Einstellung als die empirische, alltägliche Einstellung. In dieser Einstellung hat dieser Satz keinen Sinn, denn dann könnten wir uns überhaupt nicht unterhalten. Hier steht ein Projektor, den sehen wir alle, und darauf beziehen wir uns alle, d. h., philosophisch gesprochen, ist der Satz sinnvoll, wenn er meint: „Im Erkennen erbringt das Subjekt bestimmte Leistungen, die dazu führen, dass

wir eine Beziehung zu einem Objekt aufnehmen können." Empirisch gesehen sind wir aber nicht in philosophischer Einstellung, und insofern ist dann der Satz sinnlos: „Dieses Objekt dort ist rein subjektiv, das sieht kein anderer als ich." Der Satz als philosophische Theorie aufgefasst – ich bin mit Ihnen einverstanden, als Satz einer empirischen alltäglichen Einstellung – kann ich Ihnen nicht zustimmen. Denn es zeigt sich geradezu an den Phänomenen! Nämlich, dass das hier eine Mappe ist, die Sie und ich sehen können. Und das ist eine grüne Flasche, und darauf werden wir uns relativ schnell einigen können, d. h. es sind Objekte. Sie sind etwas anderes als wir selbst. Wir können auf sie Bezug nehmen, insofern sind sie intersubjektiv, und d. h. in diesem Zusammenhang „objektiv".

Walter Simm:
Darf ich darauf kurz antworten. Ich hatte ja zum Schluss darauf hingewiesen, dass es sinnlos wäre, die Realität des Objektes zu bezweifeln. Nur, was ich als Objekt erkenne, als grüne Flasche, als punktierten Schlips usw., das ist ja schon eine Sammlung von Erfahrungen, Definitionen, man hat einen Begriff davon gebildet, der mit der Wahrnehmung nichts zu tun hat, aber durch die Wahrnehmung ausgelöst wird. Beteiligt sind immer Subjekt und Realität an dem Zustandekommen eines wirklichen Objekts.

Hans-Ulrich Baumgarten:
Aber in irgendeiner Weise muss auch unser Begriff von einem Gegenstand etwas mit diesem Gegenstand zu tun haben. Dass wir das „grüne Flasche" nennen, das ist natürlich Konven-

tion.[38] Es könnten sich jetzt nämlich alle Menschen darauf einigen, grüne Flaschen „Elefanten" zu nennen. Das Wort ist natürlich beliebig. Dass aber die „grüne Flasche" vom Begriff her grüne Flasche bleibt, daran scheint mir auch kein Zweifel zu bestehen.

Werner Gülden:
Ich möchte zu diesem Thema nicht weiter Stellung nehmen, sondern ich möchte Stellung nehmen zu den Handlungen, die vom freien Willen bestimmt sind. Handlungen finden wir ja in der gesamten Natur und es ist die Frage, beziehen Sie diese Handlungen, die vom freien Willen bestimmt sind, nur auf den Menschen oder beziehen Sie das auch auf Handlungen, die beispielsweise im Tierreich alltäglich zu beobachten sind? Nun ist die Frage die: Inwieweit sind Handlungen überhaupt frei, von einem freien Willen bestimmt, inwieweit sind sie nicht von einem Interesse bestimmt? Mit anderen Worten: Inwieweit ist der so genannte freie Wille nicht gelenkt von Interessen? Wenn aber der freie Wille gelenkt ist von Interessen, dann ist er nicht frei!

---

[38] Hier muss der Unterschied von „Wort" und „Begriff" beachtet werden. Im Deutschen meinen wir häufig mit „Wort" auch den Begriff und umgekehrt, mit „Begriff" das Wort. Doch im philosophischen Zusammenhang muss beides auseinander gehalten werden. Das Wort als äußere Lautgestalt ist insofern Konvention und damit faktisch kontingent, wie ja z. B. „grüne Flasche" im Englischen „green bottle" lautet und in anderen Sprachen wieder anders. Der Begriff muss aber in beiden Fällen der gleiche sein, sonst wäre überhaupt keine Verständigung beispielsweise mittels Übersetzungen möglich.

Henner Völkel:
Ich habe mit Triebtätern zu tun gehabt, und wenn man sich mit solchen Leuten stundenlang beschäftigt hat, wenn man sich die Lebensentwicklung vergegenwärtigt, von der frühesten Kindheit an, wenn man dann noch genetische Aspekte mit integriert, dann steht man vor der Frage: Hat er noch einen freien Willen? Es war für mich sehr eindrucksvoll, ich habe noch einen der bedeutendsten forensischen Mediziner unseres Jahrhunderts gekannt, unseren Hallermann. Mit Hallermann habe ich einmal beim Frühstück gesprochen, ob er ein Determinist sei oder ein Indeterminist, und dann sagte er mir, er tendiere zum Determinismus. Das ist bedrückend, dass man da in skeptischer Resignation versinkt, dass wir einen Triebtäter vor uns haben und ihn als verantwortlich ansehen und vielleicht in fünfzig Jahren irgendwie feststellen, dass da irgendwo eine Hirnfunktion gestört ist oder das eine morphologische Veränderung verantwortlich für sein Tun gemacht werden muss. Es ist bedrückend, denn die Willensfreiheit gehört zum Selbstverständnis des Menschen, und wir können nur vernünftig miteinander leben, wenn wir eben davon ausgehen. Das ist ein Paradoxon, mit dem wir nicht zurecht kommen.

Das Leib-Seele-Problem steht ja hier immer im Raum und ist meiner Ansicht nach auch von Manfred Spitzer nicht klar genug dargestellt worden. Eine Ganglienzelle kann nicht traurig sind, auch ein Komplex von Ganglienzellen kann nicht traurig sein. Das ist eine ontologische Frage, das ist eine andere Seins-Ebene. Auf der anderen Seite aber, als er von den Zwillingen sprach, da ging mir eine Kasuistik durch den Kopf. Der verstorbene Victor F. Franke hat mal auf einem Kongress von einem eineiigen Zwillingspaar berichtet, einem erbgleichen Zwillingspaar, und der eine von denen ist ein böser Verbrecher geworden, der andere ein begabter Kriminalkommissar. Die sind beide in die gleiche Richtung marschiert und da hat man den Eindruck – das finde ich irgendwo tröstlich – dass da doch noch irgendwo der archimedische Punkt außerhalb der biographischen und somatischen Gegebenheiten vorliegt und dass man dann wieder so ein bisschen an den freien Willen glauben möchte.

Caspar Söling:

Das Beispiel finde ich sehr schön, die Frage ist natürlich, ob das ein Beispiel für einen freien Willen ist oder für andere Determinierungen von außen. Damit wollte ich Ihnen, Hans-Ulrich Baumgarten, noch die Frage stellen, oder einfach eine Bitte, den Begriff der „Freiheit" ein bisschen zu klären. Zum Beispiel: Ist „Freiheit" dasselbe wie „Willkür"? Heißt Freiheit, dass ich also just jetzt alles, was mir theoretisch möglich ist, machen könnte oder müssen wir das nicht auch ein bisschen abstufen? Ich will es jetzt nicht zu sehr abstufen, weil manches sicherlich auch morgen noch Thema sein wird, aber zumindest eine Präzisierung, meine ich, wäre schon mal hilfreich.

Hans-Ulrich Baumgarten:

Zunächst vielleicht zum Begriff der „Handlung": Ich habe zu zeigen versucht, dass für mich in dem Begriff der Handlung der Begriff des „freien Willens" oder des „Geistes", des „Bewusstseins" enthalten ist. Insofern müsste ich Sie jetzt zurückfragen: Wenn Sie von Handlungen in der Natur sprechen, was meinen Sie damit? Sie haben Tiere genannt. Die Tiere sind immer ein Problem unserer Erkenntnis, weil wir uns mit ihnen nicht unterhalten können. Man kann also über Tiere im Grunde nur Mutmaßungen anstellen. Wenn wir den Tieren aber zumindest so etwas wie Wahrnehmungsbewusstsein zusprechen müssen – denn sie orientieren sich ja wohl in ihrer Umwelt –, warum sollen wir ihnen nicht auch so etwas wie Freiheit unterstellen? Dann stellt sich natürlich sofort die Frage: Was macht dann den Unterschied zwischen menschlichen und tierischen Handlungen aus? Und das wäre der Begriff der „Verantwortung". Beim Menschen kommt dann noch so etwas wie – ich will es jetzt provokativ sagen – die Fähigkeit zur Philosophie hinzu, denn die Menschen können sich selbst thematisieren, sie wissen von sich selbst in dem Sinne, dass sie wissen, was sie wollen.[39]

Werner Gülden:
Ich glaube, der Unterschied zwischen den Handlungen der Tiere und den Handlungen des Menschen liegt darin, dass der Mensch in der Lage ist, die Interessen zu werten und zu differenzieren, welche die Handlungen bestimmen, und diese Wertungen bestimmen dann letztlich, was er tut. Aber darin liegt keine Freiheit. Es ist die Gebundenheit an das eigene Interesse, an die Erkenntnis, die ihn bewegt, nun irgendeine Handlung durchzuführen.

Hans-Ulrich Baumgarten:
Wären Sie damit einverstanden, dass man für Interesse sagen könnte: Sie verfolgen eine bestimmte Absicht?

---

[39] Die Verantwortung des menschlichen Handelns entspringt durch die Fähigkeit zur Selbsterkenntnis, dadurch, dass der Mensch zu sich selbst Stellung nehmen kann, vgl. hierzu meinen Aufsatz „Kants kritischer Begriff der Gesinnung", in: „Systematische Ethik mit Kant", hrsg. von Hans-Ulrich Baumgarten und Carsten Held, Freiburg/ München 2001.

Werner Gülden:
Nein, das ist nicht dasselbe.

Hans-Ulrich Baumgarten:
Was meinen Sie dann mit Interesse?

Werner Gülden:
Interessen können somatisch bestimmt sein, sie können auch psychisch bestimmt sein.

Hans-Ulrich Baumgarten:
Ach so, dann nehme ich das gleich in die Frage nach dem Indeterminismus mit rein. Man muss noch einen Unterschied hinzuziehen, und zwar den Unterschied von Form und Inhalt. Selbstverständlich ist der Mensch inhaltlich determiniert[40], aber er ist nicht darin determiniert, wie er mit diesem Inhalt umzugehen hat. D. h. Freiheit ist ein Formbegriff.

Zur Problematik der Triebtäter: Ihr Beruf wäre sozusagen sinnlos, wenn wir Sie nicht hinzuziehen müssten zu den Fragen, bei denen Sie nämlich entscheiden müssen: Ist es tatsächlich ein Triebtäter? Nämlich in diesem Falle bestimmt sozusagen der Inhalt, der Trieb, die Form. Der Täter kann dann nicht mehr als frei betrachtet werden. Dann hat er aber auch nicht gehandelt. Das müssen Sie als Psychologe versuchen zu klären. Wenn er tatsächlich ein Triebtäter ist, der durch seine Triebe bestimmt ist, dann geht durch ihn Naturkausalität hindurch und dann handelt er nicht mehr. Wenn ein Triebtäter in diesem Sinne determiniert ist, durch seine Triebe bestimmt ist, dann ist er tatsäch-

---

[40] Der Mensch ist darin determiniert, *was* für Wünsche und Neigungen er hat, die er durch sein Handeln befriedigen will.

lich nicht mehr frei, dann bestimmt gewissermaßen der Inhalt die Form. Das ist natürlich ganz schwierig, weil es sich in einem Bereich abspielt, der nicht empirisch ist. Ich würde daher auch meinen, dass die Wissenschaft der Psychologie eigentlich eine nicht-empirische Wissenschaft ist.

Henner Völkel:
Aber wo sind die Grenzen dazu?

Hans-Ulrich Baumgarten:
Das muss ich als Philosoph nicht beantworten.

Henner Völkel:
Aber Sie sind so kühn, zu behaupten, dass der Mensch einen freien Willen hat, und Sie werden eventuell irgendeinem Menschen sagen, der in Ihrem Umfeld etwas Dummes tut, mein lieber Freund, das hättest du nicht tun sollen, und dann werden Sie vielleicht herausbekommen, dass er gar nicht anders konnte.

Hans-Ulrich Baumgarten:
Wenn man das tatsächlich rausbekommt, dann hat er auch nicht gehandelt. Jemanden zur Verantwortung zu ziehen, bedeutet, jemanden gegebenenfalls vor Gericht zu stellen, d. h. man unterstellt ihm einen freien Willen. Wenn sich herausstellt, dass derjenige, der zur Verantwortung gezogen wird, eben gerade nicht für seine Taten verantwortlich war, dann gehört er psychologisch betreut, wird aber für schuldunfähig erklärt.

Hartmut Rosenau:

Es ist einerseits die Frage, wie Handlung definiert wird, da gibt es offensichtlich Differenzen. Es steht noch die Frage im Raum, wie Freiheit sich zum Phänomen der Wahlfreiheit verhält.

Christian Eggers:

Ich würde mal zwei Thesen formulieren: Dass es wahrscheinlich zum Menschen als Menschen gehört, die Frage der Freiheit, der Willensfreiheit, oder Determinismus – Indeterminismus, nicht entscheiden zu können. Ich bin ja auch Gutachter, Herr Völkel, und bin kinderpsychiatrischer Gutachter, und sehe auch den Neurotischen und auch die Vorgeschichte und frage mich dann oft und drücke mich vor der Entscheidung, auch wenn ich sie eigentlich treffen müsste, ob Freiheit oder nicht, verantwortlich oder nicht verantwortlich, sondern halte mich strikt an die Konvention, wie sie im Strafgesetzbuch drin steht. Das zweite ist, ob nicht die Freiheit letztlich nur zu verstehen ist durch die Bindung, also Freiheit ohne Bindung gar nicht möglich ist. Ich denke da an Heidegger, der gesagt hat, das Wesen der Wahrheit sei Freiheit, als das sich „Freigeben an die bindende Richte der Wahrheit". In seiner Schrift vom Wesen der Wahrheit, also ohne Bindung ist keine Freiheit, das ist was Paradoxes, aber damit ist es vielleicht wahrer, als das Eindeutige.

Hans-Ulrich Baumgarten:

Wenn Sie unter Bindung das, was ich eben mit Inhalt gemeint habe, verstehen, kann ich etwas damit anfangen. Selbstverständlich ist die Freiheit als Form quasi dasjenige, das sich immer mit

einem Inhalt in einen bestimmten Inhalt hinein äußert.[41] Man
handelt natürlich immer aufgrund von bestimmten Umständen in
bestimmten Umständen. Man ist Kind bestimmter Eltern, man
hat ganz bestimmte genetische Voraussetzungen usw., das ist
der Inhalt, das ist die Bindung. Aber man kann mit dieser Bindung umgehen, und das ist die Form. Ich muss Sie zurück fragen: Kennen Sie das Phänomen von sich, dass Sie etwas bereu-
en? Wodurch ist Bereuen möglich?

Henner Völkel:
Es gibt natürlich auch Menschen, die nicht in der Lage sind,
zu bereuen. Wir haben Täter, wir haben Verbrecher, die haben
keine Reue, die haben also keine Willensfrage in Ihrem Sinne.

Hans-Ulrich Baumgarten:
Nein, das ist ja nur ein Beispiel gewesen. Wenn Sie von sich
her das Beispiel des Bereuens kennen, dann ist das für mich ein
Anhaltspunkt, dass es das Phänomen der Willensfreiheit gibt.
Sie kennen von sich her die Möglichkeit, dass Sie sich sicher
sind, dass Sie hätten anders handeln können, dass Sie verantwortlich handeln.

Henner Völkel:
Es gibt depressive Menschen, die bereuen und bereuen und
haben gar keinen Grund, etwas zu bereuen, weil sie krank sind.

---

[41] Dadurch ergibt sich der bestimmte Inhalt einer jeglichen Handlung.

Hans-Ulrich Baumgarten:
Aber das sind doch gerade die entgegengesetzten Fälle, die das Abweichende gleichsam darstellen und gerade deshalb behandelt werden müssen.

Christiane Renger:
Ich habe das Problem hier nicht sehr radikal zu antworten und möchte deswegen versuchen, das ganz vorsichtig zu sagen, was ich von diesem Vortrag halte und was ich dabei gedacht habe. Das erste wäre: Ich habe das Gefühl es war ein Rechtfertigungsvortrag, und zwar in der Landschaft einer Empirie und Wissenschaftlichkeit einer immer stärker wachsenden Technologisierung unseres Denkens. Und jetzt habe ich die Frage, ob Sie sich vielleicht aus der Geschichte der Philosophie ein paar ermutigende Schritte überlegen könnten, um nicht an dieser Stelle, an der Sie jetzt sind, immer wieder in diese hilflose Ölmühle zu geraten, immer wieder dasselbe zu treten, damit da endlich Öl rauskommt, sich zu überlegen, dass es tatsächlich eine unglaubliche Entwicklung gewesen ist von der Theologie zur Philosophie und von der Philosophie dann auch weiter zur Psychologie, vom Allgemeinen als Gegenstand hin zum Einzelnen als Gegenstand, und dann von der Erkenntnis der Philosophie. Dass sie doch eigentlich immer wieder bemerken musste, dass sie ohne Definitionen nicht auskommt. Wenn Sie nicht fragen dürfen: „Wie muss ich das verstehen?", dann haben Sie noch nichts von der Philosophie verstanden. Ich muss das immer wieder fragen, weil ich genau die Definitionen haben will wie jetzt hier von Ihrer Handlung. Was ist eine „Handlung"? Das, was ein Triebtäter getan hat, ist sicherlich auch eine Handlung, denn es ist was ganz Furchtbares dadurch entstanden und ohne

Handeln wäre es nicht entstanden. Und ich muss sagen, das, was dann in diesen Definitionen auftaucht und was Sie am Anfang am allerbesten definiert oder beschrieben haben in dem Bild: „Stellen Sie sich mal vor, etwas ganz Vertrautes wie die Zeit, wo jeder mit umgeht und keiner weiß so recht, was eigentlich Zeit ist", das wird – glaube ich – für die Philosophie immer schwieriger. Aber um Gottes willen nicht als ein Sterbeversuch oder in diese Richtung, sondern Sie können es doch dabei belassen, etwas zu betrachten. Kein Subjekt, kein Philosoph, kann sich meiner Meinung nach außerhalb seines Gegenstandes stellen und kann das so gut isolieren, wie das in der Naturwissenschaft möglich ist. Aber ich glaube doch, dass er begreifen muss, dass er wirklich nur betrachtet und das er es selbst im Letzten dadurch, dass er selber ein Teil davon ist, nie ganz und gar verstehen wird. Und deshalb sollte er trotzdem dieses Spiel betreiben, weil das unglaublich wichtig und für uns alle sehr weitreichend ist, denn Freiheit z. B. als eine Summe von Verantwortung zu sehen, so wie ich es persönlich sehe, die also immer schwieriger wird, je mehr man in die Freiheit hinein wächst, ist z. B. auch etwas, was von der Philosophie her sehr gründlich betrachtet und analysiert werden könnte und auch mal als Gegenstand genommen werden könnte.

Walter Simm:
Von der Definition war die Rede. Auf die Freiheit bezogen würde ich versuchen, das auf einen ganz einfachen Nenner zu bringen. Es ging um die freie Entscheidung, wie Sie vorgeschlagen haben. Wenn ich zwischen zwei Wegen an einer Gabel frei entscheide, welchen Weg ich gehen möchte, dann kann es entweder die Möglichkeit geben: Ich weiß, dass der eine Weg der

bequemere und kürzere ist, und ich entscheide mich frei für diesen Weg. Ich bin aber beeinflusst durch dieses Wissen, ich bin also absolut gesehen nicht frei. Andererseits, wenn ich alle Einflüsse ausschalten möchte und ich sage, ich wähle einen von beiden, mache die Augen zu und wähle, dann ist es ein blindes Tappen, dann ist es keine Entscheidung mehr. Eine freie Entscheidung ist also nur dann gegeben, wie ich es sehe, wenn man ein inneres Motiv hat, das von den Äußerlichkeiten nicht beeinflusst ist, z. B. eine Wertung, und nach dieser Wertung einschließlich des Risikos für die Zukunft, weil ich nicht weiß, wie sich alles entwickelt, eine Entscheidung treffe, dann ist das nach meiner Definition wirklich eine freie Entscheidung.

Werner Gülden:

Ich möchte noch zu dem Begriff des „Bereuens", den Sie angesprochen haben, Stellung nehmen. Bereuen kann man eine Handlung nur dann, wenn man erkannt hat, dass die Handlung aufgrund eines falschen Entschlusses durchgeführt wurde oder dass das Interesse ein falsches Interesse war. Das Bereuen ist also praktisch nur ein Erkenntnisvorgang, der nicht die Handlung an sich, sondern nur das Ziel der Handlung in Frage stellt oder dann bereut. Insofern ist das Bereuen kein Beweis dafür, dass ein freier Wille vorgeherrscht hat, sondern nur, dass man ein falsches Ziel gehabt hat.

Hans-Ulrich Baumgarten:

An der letzten Fragestellung oder Anmerkung können Sie sehen, dass unterschiedliche Auffassungen im Raum herrschen. Ich habe Sie jetzt so verstanden, dass ich doch als Philosoph endlich zugeben soll, dass es Freiheit gibt, um mich dann damit zu beschäftigen. Wie Sie sehen, ist aber – soweit ich das jetzt an den Äußerungen mitbekommen habe – der Großteil der Zuhörer hier der Ansicht, dass es Freiheit gerade nicht gibt, oder zumindest legen die Äußerungen das nahe. Insofern können Sie meinen Vortrag verstehen als den Versuch, das „Problem Freiheit" vor Augen zu führen.

Ich bin nicht der Ansicht, dass es die Aufgabe von Philosophen ist, bloß meditativ zu betrachten. Ich hoffe, Sie haben auch gehört, dass ich der Ansicht bin, dass die Philosophie eine Wissenschaft ist. Nur dass die große Schwierigkeit dieser Wissenschaft darin besteht, dass uns – im Unterschied zu den Naturwissenschaften – der Gegenstand dieser Wissenschaft eben nicht vor Augen liegt, sondern dass wir die Sachverhalte erst auf Begriffe bringen müssen. Das war ein Versuch.

Die Rechtfertigung – ich gebe zu, dass man diesen Vortrag in gewisser Weise als Rechtfertigung hören kann – richtet sich zum einen gegen diejenigen Philosophen, die sich nur noch als Empiriker verstehen. Die habe ich dann auch in dem Vortrag „Empiristen" genannt. Ich habe überhaupt nichts gegen Empiriker, sondern gegen die Philosophen, die Empiristen sind – das sind viele Vertreter der „Philosophy of Mind" – und gegen diejenigen Philosophen, die sich tatsächlich nur noch im Betrachten ergehen. Einer von ihnen geistert im Augenblick durch die Presse.[42]

Zum Freiheitsbegriff: Wenn Sie sagen, die Freiheit ist bestimmt oder die Freiheit wird beeinflusst durch Interesse – es gibt einen wichtigen Unterschied, den Kant gemacht hat: Er besteht auf den Begriffen der inneren und äußeren Freiheit. Eine

---

[42] Gemeint ist die Auseinandersetzung um die Rede „Regeln für den Menschenpark" von Peter Sloterdijk.

äußere Freiheit ist überhaupt nur sinnvoll unter Voraussetzung einer inneren Freiheit. Eine äußere Freiheit wäre beispielsweise der Bewegungsspielraum, den ich habe. Das ist gleichsam der Raum, in den sich eine innere Freiheit äußert. Ohne diese innere Freiheit gäbe es aber überhaupt keine äußere Freiheit. Mir ging es in meinem Vortrag darum, diese innere Freiheit als Problem darzustellen. Caspar Söling, Sie hatten mich gebeten, den Begriff der Freiheit näher zu klären ... und Sie sagen, da soll jetzt endlich mal Öl kommen. Ich nehme das auf: Wie kann man sich innere Freiheit vorstellen? Es muss irgend etwas zu tun haben mit einem Selbstverhältnis. Und dieses Selbstverhältnis ist etwas, was uns heutzutage geradezu in der Empirie entgegentritt, und zwar an all den Stellen, wo dort von „Spontaneität" die Rede ist. Spontaneität ist aber im Grunde ein negativer Begriff für die Empiriker, denn man kommt an *der* Stelle als Empiriker nicht weiter, sondern man rechnet nur noch mit Spontaneität. Der Philosoph muss versuchen, zu erklären, was Spontaneität ist. Es muss ein ursprüngliches Selbstverhältnis sein, etwas, was zu sich selbst aus sich selbst heraus entsteht. Damit zusammen hängen dann die Fragen nach Raum und Zeit. Die Untersuchung muss ausgehen – insofern bekenne ich mich jetzt als Anhänger von Kant's Erkenntnistheorie – von dem Begriff der „Zeit". Spontaneität muss irgendetwas mit Zeit zu tun haben. Und die hat etwas mit dem Verhältnis von Diskretion und Kontinuum oder von Punkt und Ausdehnung und deren Verhältnis zueinander zu tun. Um mal ein bisschen Öl zu bieten! Und dann, wenn man die Zeit erklärt hat, kommen der Raum und wiederum das Verhältnis von Ausdehnung und Punkt zueinander.[43] Das ist aber zu komplex, um es hier weiter entfalten zu können.

---

[43]   Einen Versuch der systematischen Begründung menschlichen Erkennens

Hartmut Rosenau:
Danke allen, die mitdiskutiert haben und Anregungen, Vorschläge, kritische Hinweise gegeben haben, vor allen Dingen danke ich dem Referenten, Hans-Ulrich Baumgarten, für diesen sehr anregenden und uns sicher noch weiter beschäftigenden Vortrag. Herzlichen Dank!

* * *

---

und Handelns ausgehend von den Begriffen der Spontaneität, des Raumes und der Zeit bei Kant bietet Gerold Prauss, „Die Welt und wir", Band I/1: „Subjekt – Sprache – Zeit", Stuttgart 1990; Bd. I/1: „Raum – Substanz – Kausalität", Stuttgart 1993; Bd. II/2: „Form und Inhalt einer Absicht als Bewusstsein".

Das einzig Reale ist die Emotion.
Ein integratives, neurobiologisch-entwicklungs-psychologisches Modell der Schizophrenie

von Christian Eggers

Einleitung

Wolfgang Loch[44] hat in seiner Arbeit „Wie verstehen wir Fühlen, Denken, Verstehen?" – seine vorletzte Publikation, die ein Jahr vor seinem Tode erschien – die Begriffe „Fühlen", „Emotion", „Affekt" und „Empfindung" gleichgesetzt, wobei er sich auf Immanuel Kant[45] beruft.

Loch verweist in diesem Zusammenhang auf Hegel[46], der das Gefühl als den „konkretesten" aller Sinne bezeichnet hat.

Neben der Übereinstimmung von Kant und Hegel gibt es eine Parallele zu F. Ferenczi: „Das einzig Reale ist Emotion"[47]. Ebenso wie sein Lehrer Freud betont Ferenczi den wichtigen Einfluss, den Gefühle auf die Wahrnehmung und damit auf das See-

---

[44] Wolfgang Loch, „Wie verstehen wir Fühlen, Denken, Verstehen?", *Jahrb. Psychoanal.* 32/1994, Seite 9-39.

[45] Zit. n. Immanuel Kant, „Anthropologie in pragmatischer Hinsicht", 1800, BA 46.

[46] G. W. F. Hegel, „Philosophie des Geistes. Sämtliche Werke", 1845, hrsg. von H. Glockner, Band 10, Seite 133.

[47] F. Ferenczi, „Die Sprachverwirrung zwischen dem Erwachsenen und dem Kinde", 1932, Zit. n. W. Loch 1994.

lenleben des Menschen ausüben. Ferenczi sieht die Emotion als „Äquivalent einer Geisteskrankheit" an.

Damit ist die Beziehung zwischen Affektivität und Psychose bzw. psychotischer Verwirrtheit angesprochen.

Durch die apodiktische Formulierung von K. Jaspers, dass psychotische Wahnerlebnisse nicht psychologisch ableitbar seien, sind die Bezüge zwischen Affektivität und Psychose in Vergessenheit geraten, zumal die Schule um K. Schneider an diesem Dogma festgehalten hat. Es ist leider auch so, dass wissenschaftliche Erkenntnisse, insbesondere auf dem Gebiet der Psychiatrie, in Vergessenheit geraten und dann vielleicht sehr viel später wiederentdeckt werden. In jüngster Zeit ist es vor allem Ciompi[48], der die Bezüge zwischen Affekt und Psychose erneut in das Zentrum der Forschung gerückt hat.

In seiner wichtigen Arbeit „Über die Wirksamkeit der pathologischen Affektivität bei der Wahnentstehung der endogenen Psychose", zitiert C. Weinschenk[49] in erster Linie die Arbeiten von F. W. Hagen[50], der bereits 1870 auf die primäre Bedeutung der „Gemütsaffektion" für die Wahnentstehung aufmerksam gemacht hat. Recht modern mutet die Feststellung von Hagen an, dass die Entstehung der Wahnidee „von der psychologischen Seite aufzuklären" sei, „und diese Erklärung bis zu dem Punkte zu führen" sei, „wo die physische beginnt und sich anknüpfen

---

[48]   L. Ciompi, „Affektlogik: Über die Struktur der Psyche und ihre Entwicklung. Ein Beitrag zur Schizophrenieforschung", Klett-Cotta, Stuttgart 1982.

[49]   C. Weinschenk, „Über die Wirksamkeit der pathologischen Affektivität bei der Wahnentstehung der endogenen Psychose", *Schweizer Arch. Neurol. Neurochir. Psychiatrie* 95/1965, Seite 91-119.

[50]   F. W. Hagen, „Fixe Ideen. Studien auf dem Gebiete der ärztlichen Seelenkunde", Erlangen 1870; Zit. n. C. Weinschenk (1965).

muss". Schon in dieser Formulierung kündet sich ein somato-psychisches Modell der Psychose an.

Später sind es vor allem G. Specht[51], H. W. Gruhle[52] und E. Bleuler[53], welche die Meinung vertreten, dass der Wahnentwicklung eine primäre krankhafte Veränderung des Gefühlslebens vorausgehe: „Wahnideen entstehen also durch Affektwirkung", so E. Bleuler.

Was lässt sich aus kinder- und jugendpsychiatrischer Sicht dazu sagen? Wir haben uns Anfang der 70er Jahre sowohl mit sogenannten endogenen als auch körperlich verursachten, exogenen Psychosen bei Kindern beschäftigt. Die von uns beobachteten 14 Kinder mit einer organisch verursachten, akuten optischen Halluzinose wiesen ähnliche psychopathologische Phänomene wie schizophrene Patienten, die im Kindesalter erkrankt waren.[54] Entgegen der weit verbreiteten Meinung in der Literatur kommt es auch bei nicht somatisch bedingten, also so genannten endogenen Psychosen, sehr wohl schon vor dem Alter von zehn Jahren zum Auftreten von produktiven Wahnideen und Halluzinationen, die denen erwachsener Schizophrener entsprechen. So wiesen auch schon im Alter von zehn Jahren und frü-

---

[51] G Specht, „Über den pathologischen Affekt in der chronischen Paranoia. Ein Beitrag zur Lehre von der Wahnentwicklung", Erlangen/Leipzig 1901, in: „Festschrift der Universität Erlangen", Seite 203 - 232.

[52] H. W. Gruhle, „Die Psychopathologie", in: O. Buhmke (Hrsg.): „Handbuch der Geisteskrankheiten", Band IX/V 1932, Seite 175.

[53] E. Bleuler, „Lehrbuch der Psychiatrie", Springer, Berlin 1937, 6. Auflage, Seite 16.

[54] Christian Eggers, „Nichtdelirante Intoxikationspsychosen im Kindesalter", *Z. Kinderheilk.* 119/1975, Seite 72-86.
Christian Eggers, „Die akute optische Halluzinose im Kindesalter", *Fortsch. Neurol Psychiatr* 43/1975, Seite 441-470.

her erkrankte schizophrene Kinder positive Panss-Symptome
auf wie: akustische und optische Halluzinationen, Depersonali-
sationsphänomene, hypochondrische und paranoide Wahnideen.
Sowohl die schizophrenen Kinder als auch diejenigen mit einer
organisch verursachten Psychose als Folge einer Intoxikation
oder eines unspezifischen fieberhaften Infekts litten unter einer
starken ängstlichen oder gelegentlich auch freudigen Erregung.
Bei beiden Patientengruppen war die Affektivität hochgradig
gesteigert.[55]

Die Bedeutung der *Affektivität* für das Wahrnehmungserleben
des Kindes ist in der Wahrnehmungs- und Entwicklungspsychologie der 30er und 40er Jahre Gegenstand subtiler Forschung
gewesen.[56] Im Kleinkindesalter ist das affektive, dynamische,
magisch-animistisch-physiognomische Wahrnehmungserleben
vorherrschend.[57] Nicht von ungefähr ist es in der Sage vom
„Erlkönig" das Kind, das halluziniert. Hier ist die unheimliche
Umgebung des schwarzen Moors mit dem gespenstisch ausse-
henden Gestrüpp und dem schleierigen Nebel mit auslösend für
die Angst des Kindes. Die hochgradig ängstlich-erregte Stimmung bereitet den Boden für die wahnhaft-illusionäre, phanta-
siehafte Verkennung und Umdeutung der Umgebung.

Über ähnliche wahnhafte Bedrohtheitserlebnisse unter dem
Einfluss einer situationsgebundenen ängstlichen Erregung, die in

---

[55] Christian Eggers, „Verlaufsweisen kindlicher und präpuberaler Schizo-
      phrenien", Springer Berlin – Heidelberg – New York 1973.
[56] E. R. Jaensch, „Die Eidetik und die typologische Forschungsmethode",
      Quelle und Meyer, Leipzig 1933.
      O. Kroh, „Entwicklungspsychologie des Grundschulkindes", H. Beyer,
      Langensalza 1944.
[57] H. Werner, „Einführung in die Entwicklungspsychologie", 4. Auflage,
      Joh. Ambrosius Barth, München 1959.

einer fremden und auf das Kind unheimlich wirkenden Umgebung entstanden war, berichtet Bella Chagall in ihren Kindheitserinnerungen („Brennende Lichter"). Über ihren ersten Besuch als kleines Kind im rituellen Bad erzählt sie, wie sie auf den Ruf einer alten Badefrau: „koscher" zusammenschreckte: „Ich zucke zusammen, wie vom Donner gerührt, stehe bebend da und warte. Gleich wird von den schwarzen Balken der Decke ein Blitz niederfahren und uns alle töten. Oder aus der steinernen Wand werden sich Fluten ergießen und uns alle ertränken."

Die Ähnlichkeit dieser Befürchtungen der kleinen Bella Chagall mit Äußerungen kindlicher Schizophrener ist frappierend („Die Sonne fällt vom Himmel", „Der Regen wird nicht mehr aufhören und alle Menschen werden ertrinken"). Beim psychotischen Kind ist die wahnhafte Angst jedoch nicht an eine bestimmte konkrete Situation gebunden oder Folge eines beunruhigenden Ereignisses, sie ist gewissermaßen autochthon. Außerdem ist sie beständiger und von außen nur schwer beeinflussbar, während sich das gesunde Kind beruhigen lässt, wie die kleine Bella Chagall durch das Auftauchen ihrer Mutter aus dem Wasser beruhigt wird und ihre Befürchtungen dadurch gegenstandslos werden.

Es finden sich also Parallelen zwischen urtümlichen Verhaltensweisen, wie sie für die frühe Kindheit in der animistisch-physiognomischen Phase charakteristisch sind, und denjenigen schizophrener Patienten in späteren Altersphasen. Beim wahnkranken Psychotiker ist die gesteigerte Affektivität, in der Regel die *Angst*, die nicht unmittelbar situationsbezogen und somit überdauernd ist, ein wesentlicher Grund für die Physiognomisierung des Welterlebens, was dem Außenstehenden als uneinfühlbar und grotesk, als „verrückt" erscheint.

In Übereinstimmung mit den zitierten Autoren der älteren psychopathologischen Literatur lässt sich also aus kinderpsychiatrischer und entwicklungspsychologischer Sicht die Bedeutsamkeit des Einflusses der pathologisch veränderten *Affektivität* für das psychotische Wahrnehmungserleben bestätigen. Daraus folgt, wie wichtig sowohl aus theoretischer als auch aus therapeutischer Sicht die Beschäftigung mit der Frage des Affekterlebens beim schizophrenen Patienten ist.

Aus enwicklungsneurobiologischer Sicht sind phylogenetisch alte, subkortikale Hirnregionen für die Aetiologe der Schizophrenie besonders bedeutsam. In erster Linie sind es das in der Tiefe des Temporallappens gelegene mesolimbische System und dessen neurale Verbindungen zu anderen, entwicklungsbiologisch älteren, Strukturen wie dem Thalamus, Hypothalamus, Striatum und Pallidum. Die genannten neuroanatomischen Strukturen haben einen entscheidenden Einfluss auf das *Wahrnehmungserleben* des Menschen, und zwar u. a. indem ihnen eine *Filterfunktion* für von innen oder außen eintreffende sensorische Reize zukommt. Im Zusammenspiel mit neokortikalen Hirnregionen spielen sie eine entscheidende Rolle bei der Informationsverarbeitung, insbesondere bei der Bedeutungszumessung äußerer und innerer Reize. Andererseits stellen die genannten Regionen, insbesondere das meso-limbische System und dessen neurale Verbindungen zu thalamisch-hypothalamischen Strukturen, das neurale Substrat für *Emotionalität* und *Affektivität* dar. Der zum limbischen System gehörende *gyrus cinguli* stattet gedankliche Inhalte und Sinneswahrnehmungen mit „emotionalem Gehalt" aus bzw. verleiht ihnen eine „emotionale Qualität".

Im Zuge der phylogenetischen und ontogenetischen Entwicklung des Menschen differenziert sich eine fein abgestimmte Balance heraus zwischen neokortikalen und den erwähnten subkortikalen Strukturen. Damit geht einher, dass im Zuge der Reifung des Kindes urtümliche, affektbetonte, magisch-animistische Erlebensweisen allmählich einem mehr und mehr rationalen, realitätsorientierten Welterleben Platz machen. Es gibt eine Fülle von neurobiologischen Befunden die dafür sprechen, dass bei der Schizophrenie dieses fein abgestimmte neokortikal-subkortikale Wechselspiel gestört ist.

Inzwischen gibt es auch eine ganze Reihe von Belegen dafür, dass sowohl prä- als auch perinatale Schädigungen (z. B. Sauerstoffmangel) bei schizophrenen bzw. schizophreniegefährdeten Patienten zu Schädigungen im Bereich der genannten subkortikalen und neokortikalen Strukturen führen, was sich u. a. in schizophrenietypischen, neuropsychologisch fassbaren kognitiven Dysfunktionen niederschlägt.

Genetisch oder prä- bzw. perinatal bedingte Schädigungen des Hippocampus sind nicht nur *makroskopisch* sichtbar (Volumenminderung!), sondern zeigen sich *mikroskopisch* in Form von Zellveränderungen. Bei neugeborenen Ratten bewirken experimentell herbeigeführte Mikrotraumen im Bereich des vorderen Hippocampus *Änderungen des Sozialverhaltens*: Die Ratten reagieren mit einer Verminderung ihrer sozialen Kontakte.[58] Im Erwachsenenalter zeigen sie eine Beeinträchtigung der Vorpulshemmung („Prepulse Inhibition" = PPI).

---

[58] K. Lipska, Z. Z. Khaing, D. R. Weinberger, „Neonatal hippocampal damage in the rat: A heuristic model of schizophrenia", *Psychiatr. Ann.* 29/1999, Seite 157-160.

Unter Vorpulshemmung versteht man die Unterdrückung des Startle-Reflexes durch einen sensorischen Vorimpuls, der dem eigentlichen Impuls etwa eine Zehntelsekunde vorausgeht. Das elektrophysiologische Korrelat der Vorimpulshemmung ist die akustisch ausgelöste P 50-Welle, eine frühe Komponente des auditorisch evozierten Potentials.

Das Prinzip ist ein *ökonomisches*: Bei Reizwiederholung kommt es zu einer Unterdrückung der Folgereaktion, d. h. zu einer Gewöhnung („Habituation"). Dies ist biologisch sinnvoll. Denn: Würden das Tier oder der Mensch auf jeden Reiz ungefiltert reagieren, würde es bzw. er buchstäblich verrückt. Und die „Verrücktheit" des psychotisch Kranken beruht z. T. tatsächlich auf einer Beeinträchtigung der Reizfilterung, d. h. der Unfähigkeit zwischen wichtigen und unwichtigen Informationen zu unterscheiden bzw. relevante, neue und bedeutsame Ereignisse von irrelevanten und redundanten Einflüssen zu trennen! So reagieren Gesunde auf eine akustische Reizwiederholung mit einer Amplitudenreduktion der P 50-Welle auf weniger als 15 Prozent der ursprünglichen Reaktionen (ohne Vorimpuls), während sie bei schizophrenen Patienten nur auf etwa 85 Prozent zurückgeht[59] – siehe Abb. 1.

Die fehlende Habituierung im Bereich der P 50 geht auf eine Beeinträchtigung bestimmter Hippocampuszellen, der so genannten „CA3-Neurone" zurück, die für die Unterscheidung wichtig – unwichtig bzw. von neuem, unvertrautem und altbekanntem Erfahrungsschatz zuständig sind. Die durch eine Hip-

---

[59] K. A. Flach, L. E. Adler, G. A. Gerhardt, Ch. Miller, P. Bickford, R. J. MacGregor, „Sensory gating in a computer model of the CA3 neural network of the hippocampus", *Biol. Psychiatry* 40/1996, Seite 1230-1245.

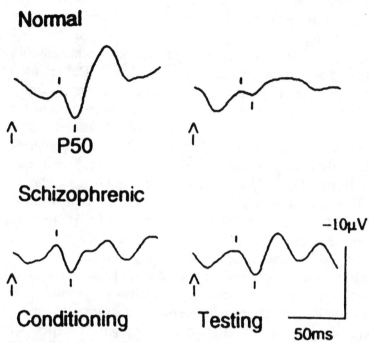

<u>*Abb. 1*</u>: *P 50-Welle mit und ohne Vorimpuls bei Gesunden (obere Zeile) und bei Schizophrenen (untere Zeile). Linke Spalte: ohne Vorimpuls; rechte Spalte: mit Vorimpuls. Zu sehen ist, dass unter Vorimpulsbedingung bei Gesunden die P 50 deutlich abnimmt, während sie bei Schizophrenen infolge nicht eintretender Habituation unverändert bleibt.*

pocampusläsion ausgelöste Beeinträchtigung der Vor-Impuls-Hemmung (PPI-Defizit) lässt sich übrigens interessanterweise im Tierversuch durch die Verabreichung von antipsychotisch wirkenden Medikamenten (Neuroleptika) wieder aufheben, und

auch klinisch kommt es bei schizophrenen Patienten nach Neu-
roleptikagabe zu einer weitgehenden Normalisierung der Vorimpulshemmung.[60]

In Bezug auf die Frage des Zusammenwirkens von neurobiologischen und entwicklungspsychologischen Determinaten
hochinteressant sind kürzlich publizierte Forschungsergebnisse
die dafür sprechen, dass *belastende Lebensereignisse* wie Deprivation bzw. Mangelversorgung durch die Mutter zu einer
schweren Beeinträchtigung der PPI im Tierversuch führen, die
dem PPI-Defizit vergleichbar ist, wie es bei schizophrenen Patienten auftritt.[61] Da im Tierversuch frühe Unterbrechungen der
Mutter-Kind-Interaktion i. S. einer Deprivation zu einer erhöhten Ansprechbarkeit von Dopaminagonisten wie Apomorphin
oder Amphetamin führen und Neuroleptika das deprivationsbe-
dingte PPI-Defizit wieder aufheben, ist davon auszugehen, dass
frühkindliche Deprivationserlebnisse zu einer Hyperaktivität des
dopaminergen Systems führen, welche sich neurophysiologisch
im PPI-Defizit widerspiegelt. Interessant ist in diesem Zusammenhang, dass deprivierte Ratten sich ähnlich verhalten wie
Ratten mit einer *Hippocampusläsion*; beide zeigen ein PPI-
Defizit, wie dies auch bei schizophrenen Patienten zu beobachten ist.

Mit den tierexperimentellen Deprivationsstudien von Ellenbroek et al. im Einklang stehen Erkenntnisse der Primaten-

---

[60] S. Bender, U. Schall, J. Wolstein, I. Grzella, D. Zerbin, R. D. Oades, „A
topographic event-related potential follow-up study on ‚prepulse inhibition‘ in first and second episode patients with schizophrenia", *Psychiatry
Res.: Neuroimaging Section* 90/1999, Seite 41-53.

[61] B. A. Ellenbroek, P. van den Kroonenberg, A. R. Cools, „The effects of
an early stressful life event on sensorimotor gating in adult rats",
Schizophr. Res. 30/1998, Seite 251-260.

und der High-risk-Forschung. So haben Primatenversuche ergeben, dass nach *wiederholter Separation* der Primatenjungen von
der Mutter die erwachsenen Tiere später eine *erhöhte Sensitivi-
tät des dopaminergen Systems* gegenüber Dopaminagonisten
wie Amphetamin und Apomorphin entwickeln, ein Befund, der
bei manchen Formen der Schizophrenie, v. a. mit so genannter
Positivsymptomatik aetiologisch von großer Bedeutung ist.

Mutter-Kind-Trennungen sind als gravierende emotionale
Stressoren anzusehen. High-risk-Studien bei genetisch belaste-
ten Kindern mit einem schizophrenen Elternteil („High risk for
schizophrenia children") haben gezeigt, dass durchgemachte
Trennungstraumen während der ersten Lebensjahre bei ihnen
das Risiko erhöhen, später ebenfalls schizophren zu werden.
Somit können positive Bindungserfahrungen als protektive Faktoren in Bezug auf eine spätere Schizophrenie-Entstehung bei
Kindern mit erbgenetischem Risiko angesehen werden.

Hippocampusschädigungen selber sind nur ein Glied in einer
unüberschaubar verzweigten und komplexen Kette aetiologisch
bedeutsamer Determinanten der Schizophreniegenese. Neuere
Forschungsergebnisse sprechen dafür, dass das Zusammenspiel
zwischen limbischen und kortikalen Strukturen zumindest bei
einer Untergruppe der Schizophrenie gestört ist. So konnte bei
experimentell gesetzten Läsionen im Bereich limbisch-kortikaler
Neuronenverbindungen eine Abnahme des glutamatergen Inputs
auf den N. accumbens nachgewiesen werden, was mit einer
Verminderung der präsynaptischen Dopaminfreisetzung und mit
einer Dichtezunahme von D2-Rezeptoren einherging, ein Befund, der auch bei schizophrenen Patienten nachgewiesen wer

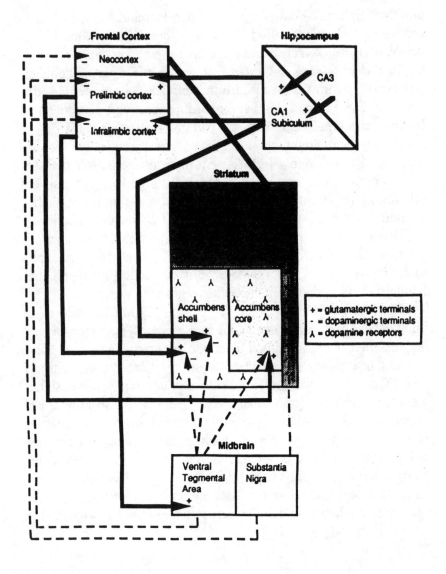

Abb. 2: Neurale Interaktion zwischen limbischen und kortikalen Strukturen unter Einbeziehung des N accumbens und der Basalganglien (Substantia nigra, Caudatum, Putamen).

den konnte. Cernansky und Bardgett[62] ziehen daraus den Schluss, dass primäre Läsionen im Bereich des limbisch-kortikalen Neuronensystems und entsprechende Defizite im glutamatergen Input zum ventralen Striatum eine besondere Bedeutung für die Ätiologie schizophrener Psychosen haben. Die nächste Abbildung zeigt ein von Cernansky und Bardgett gezeichnetes Diagramm, welches die hypothetischen Beziehungen zwischen Hippocampus, frontalem Cortex und den Basalganglien darstellt (siehe Abb. 2).

Ein wichtiges neurobiologisches Argument für eine *kortiko-subkortikale Interaktionsstörung* bilden die Befunde einer Untersuchung an monozygoten Zwillingen[63], wonach sowohl mesolimbische als auch frontale Funktionen beeinträchtigt sind: Die erkrankten Zwillinge zeigten im Gegensatz zu ihren diskordanten Partnern Verschmächtigungen im Bereich des linksseitigen Hippocampus und eine verringerte regionale Aktivität im Bereich des dorsolateralen präfrontalen Cortex während der Durchführung des Wisconsin Kartensortiertests, der exekutive frontale Funktionen abbildet. Dieses Ergebnis spricht für eine funktionelle Beeinträchtigung der neuralen Interaktion zwischen

---

[62] J. G. Csernansky, M. E. Bardgett, „Limbic-cortical neuronal damage and the pathophysiology of schizophrenia", *Schizophr. Bull.* 24/1998, Seite 231-248.

[63] D. R. Weinberger, K. F. Berman, R. Suddath, E. F. Torrey, „Evidence of dysfunction of a prefrontal-limbic network in schizophrenia: a magnetic resonance and regional cerebral blood flow study of discordant monozygotic twins", *Am. J. Psychiatry* 149/1992, Seite 890-897.

kortikalen (DLPFC) und subkortikalen (mesolimbisches System) Strukturen.

Heute wissen wir, dass die neurale Verbindung des limbischen Systems mit dem DLPFC eine wichtige Rolle spielt bei der Generierung interner Bewertungen sowohl des eigenen Denkens, Tuns und Handelns als auch äußerer Ereignisse und Situationen, wie z. B. Handlungsweisen von Mitmenschen. Dieses Neuronensystem ist somit entscheidend an der Entstehung von Gefühlen wie Scham, Schuld und Ekel oder im Gegenteil von Glücksempfindungen und gesteigertem Selbstgefühl beteiligt. Darüber hinaus bestimmt es die emotionale Qualität unserer Wahrnehmungen, z. B. das Erleben eines Abendrots am Meer. Außerdem ist es von Bedeutung für die gefühlshafte und ethische Bewertung interner Denkinhalte und der Vorstellungen, die man sich jeweils von sich selbst und der Welt macht, also für unser Selbst- und Weltbild, das so genannte „Ich-Ideal", das Selbstwerterleben und das moralische Urteil.

Die nächste Abbildung (Abb. 3) zeigt eine schematische Darstellung der neuralen Verbindungen zwischen limbischen, thalamischen, und hypothalamischen Strukturen, Basalganglien (Caudatum, Globus pallidus, S nigra) und dem dorsolateralen präfrontalen Cortex.

Die Interaktion zwischen *limbischen und neokortikalen Strukturen* stellt also ein zentrales und integrales *Bewertungs- und Komparatorsystem* dar. Da es, um diese Aufgabe erfüllen zu können, Filterfunktionen gegenüber internen und externen Stimuli aus benachbarten Arealen ausübt, könnte es als neurophysiologisches Korrelat dessen angesehen werden, was Sigmund Freud mit dem Begriff „Reizschutz" bezeichnet hat. Die frühkindlichen Erfahrungen, die im zwischenmenschlichen Kontakt

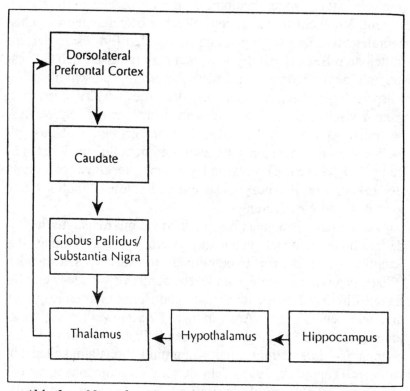

Abb. 3: Neurale Interaktion zwischen dorsolateralem präfrontalen Cortex, Basalganglien, Thalamus, Hypothalamus und Hippocampus.

mit Bezugspersonen gemacht werden sind von entscheidender Bedeutung für die Hirnentwicklung und beeinflussen das Funktionieren des mesolimbischen und neokortikalen Systems nachhaltig. Menschliche Entwicklungs- und Reifungsprozesse sind bekanntlich nicht ausschließlich durch angeborene oder prä-

bzw. perinatale Noxen bedingte neurobiologische Einflüsse bestimmt. Vielmehr bestehen enge Wechselbeziehungen zwischen neuralen Reifungsvorgängen und personalen Einflüssen der unmittelbaren Bezugswelt des Kindes. Letztere lassen sich am besten mit dem schönen Ausdruck „nurturing" umschreiben. Es entspricht gesicherter Erkenntnis, dass die *primäre Verständigung* zwischen dem Kind und seinen entscheidenden Bezugspersonen ganz wesentlich über *Gefühle* erfolgt, und das gilt wohl ganz allgemein für jede zwischenmenschliche Verständigung. Vor diesem Hintergrund gewinnt die eingangs zitierte Bemerkung von Ferenczy: „Das einzig Reale ist Emotion" eine ganz besondere Bedeutung.

Die moderne Bindungsforschung sowie mikroanalytische, videogestützte Beobachtungen der Verhaltensentwicklung des Säuglings und dessen Interaktionen mit der entscheidenden Pflegeperson haben Belege dafür erbracht, mit welcher Feinfühligkeit Eltern auf kindliche Signale und Bereitschaften reagieren und wie sehr sie ihre Antworten auf das jeweilige Entwicklungsniveau des Säuglings und dessen Selbstregulations-, Wahrnehmungs-, Integrations- und Kommunikationsfähigkeiten abstimmen (Papousek, 1996).[64] In diesem Zusammenhang ist der von Jones et al.[65] erhobene Befund von Bedeutung, dass die Mütter von Kindern, die später an einer Schizophrenie erkrankten, Beeinträchtigungen ihrer mütterlichen Funktionen und Fä-

---

[64] M. Papousek, H. Papousek, „Neue Wege der Verhaltensbeobachtung und Verhaltensmikroanalyse", *Sozialpädiatrie* 3/1981, Seite 20-22.

[65] P. Jones, B. Rodgers, R. Murray, M. Marmot, „Child developmental risk factors for adult schizophrenia in the British 1946 birth cohort", *Lancet* 344/1994, Seite 1398-1402.

higkeiten aufwiesen, insbesondere waren sie in ihrer Wahrneh-
mungsfähigkeit für die Bedürfnisse ihrer Kinder beschränkt.

Dies ist ein wichtiger, in seiner Bedeutung kaum zu über-
schätzender Befund: Berühren wir hier doch quasi die „Nahtstel-
le" zwischen Organogenese und Psycho- bzw. Soziogenese der
Schizophrenie! Denn: Die frühkindlichen Erfahrungen, die im
zwischenmenschlichen Kontakt mit Bezugspersonen gemacht
werden, spielen eine entscheidende Rolle bei der Hirnentwicklung, und sie beeinflussen das Funktionieren des mesolimbischen und neocortikalen Systems nachhaltig. Anatomische Untersuchungen zur frühen, postnatalen Entwicklung von Sy-
napsendichten in verschiedenen Cortexarealen belegen, dass in
jeder Cortexregion bestimmte Phasen der Synapsenvermehrung
und -verminderung auftreten (Braun 1996). Diese Phasen der
synaptischen Reorganisation könnten mit sensitiven Perioden
für frühkindliche Lernprozesse zeitlich zusammenfallen, was
den hohen Grad der Stabilität früher Erfahrungen erklären würde. Damit dieser Selektionsprozeß zu einer präzisen und effi-
zienten Verarbeitung von Umweltreizen und zur Entwicklung
geeigneter Verhaltensstrategien führen kann, benötigt das he-
ranwachsende Individuum ein *adäquates Reizangebot* nicht nur
an *sensorischen* sondern auch *emotionalen Umwelteinflüssen.*[66]

---

[66] M. J. Bickerdike, L. K. Wright, C. A. Marsden, „Social isolation attenu-
ates rat forebrain 5-HAT release induced by KCI stimulation and expo-
sure to novel environment", *Behav. Pharmacol.* 4/1993, Seite 231-236.
J. Bock, A. Wolf, K. Braun, „Influence of the N-methyl-D-aspartate receptor antagonist DL-2-amino-5-phosphono valeric acid on auditory filial
imprinting in the domestik chic", *Neurobiol. Learn. Mem.* 65/1996, Seite
177-188.
A. M. Cooper, „Will neurobiology influence psychoanalysis?", *Am. J.
Psychiatry* 142/1985, Seite 1395-1402.

Die permanente emotionale Verfügbarkeit der entscheidenden Bezugsperson bildet die Grundlage für die Entwicklung des
„affektiven Selbst-Kerns"[67], in dem sich die affektbesetzten in-
teraktiven Erfahrungen des jungen Kindes niederschlagen. Der
affektive Selbst-Kern kann als „Aggregat" von Gefühlsschemata
aufgefasst werden, die wiederum auf einer Internalisierung früher emotionaler Erfahrungen basieren. Im glückenden Fall repräsentieren diese Erfahrungen eine konsistente, verlässliche und
empathische affektive Kommunikation mit der unmittelbaren
Bezugswelt. Auf diese Weise wird schon früh der Grundstein
gelegt für die spätere Fähigkeit zur sozialen Reziprozität, aber
auch für eine adäquate Auseinandersetzung mit der Realität
(„sense of reality") – beide Prozesse sind bei schizophrenen Patienten in elementarer Weise beeinträchtigt. Es wird häufig immer noch verkannt, dass auch die kognitive Entwicklung des
Kindes von Beginn an durch begleitende Emotionen gefördert
wird, ganz wesentlich durch ein basales Sicherheitsgefühl („Ur-
Vertrauen"), im Kleinkindesalter sind es vor allem Gefühle wie
(Entdecker-)Freude, Interesse und neugieriges Explorieren und
Erobern, welche die Aneignung und Integration von Umwelt-
schemata („kognitive Assimilation" – Piaget) beschleunigen.

Welches sind die vermutlichen Beziehungen zwischen einer
gestörten Emotionalität und der Entwicklung des Selbst? Es ist
unzweifelhaft, dass die Entwicklung des Selbst beim Kind und

M. Gruss, K. Braun, „Stimulus evoked glutamate in the medio-rostral
neostriatum/hyperstriatum ventrale of domestic chicken after auditory filial imprinting: an in vivo microdialysis study", J. Neurochem. 66/1996,
Seite 1167-1173.
[67] R. N. Emde, „Fortschritte erzielen: Integrative Einflüsse affektiver Prozesse und deren Bedeutung für die Entwicklung und die Psychoanalyse",
Zeitschr. psychoanal. Theorie und Praxis 14/1999, Seite 196-228.

später beim Heranwachsenden ganz wesentlich von der *Qualität der emotionalen Beziehung zwischen Mutter* und *Kind* bzw. der entscheidenden Bezugsperson und dem Kind abhängt. Wir stimmen dem Direktor des Instituts für Neuropsychologie an der Klinik für kognitive Störungen am Quincey Hospital, Douglas F. Watt[68], ausdrücklich zu, wenn er schreibt: „An obvious point in all this is that our most basic image of ourselves may be very much affective in origins, what we saw reflected back from parental eyes, an intuitive point made repeatedly in the object relations literature in psychoanalysis. We have no real developmental neuropsychopathology of self-image that would allow us to explain the complex epigenetic landscape of self, given different classes of structural, connectivity, or receptor dysfunction, or environmental stressors and parental emotional pathology. Obviously, there must be very complex epigenetic interactions between dysfunction in limbic and paralimbic regions and social dynamics."

Douglas F. Watt hat also den wichtigen Zusammenhang zwischen Störungen im limbischen System und Beeinträchtigungen der frühen sozialen Interaktion zwischen *care-giver* und *Kind* gesehen. Sowohl die verhaltensanalytische Säuglingsbeobachtung („baby watching") als auch die kinderanalytische Forschung haben gezeigt, dass es nicht nur auf die differenzierte Abstimmung der Mutter-Kind-Interpretation in Bezug auf die Bedürfnisse, Signale und Verhaltensbereitschaften des Säuglings ankommt, sondern ganz wesentlich auch auf das *empathische* Erfassen und adäquate Beantworten der begleitenden *Ge-*

---

[68] D. F. Watt, „Commentary"; zu: K. Vogeley, R. Kurthen, P. Falkai, W. Maier, „The human self construct an prefrontal cortex in schizophrenia", 1999, www.phil.vt.edu./ASSC/vogeley/watt1.html.

fühlszustände des Säuglings bzw. Kleinkindes. So hängt die Entwicklung eines adäquaten Realitätsbezugs in ganz entscheidendem Maße davon ab, ob die Mutter oder die wesentliche Bezugsperson in der Lage ist, „dem Kind zu zeigen, dass sie es als ein intentionales Wesen sieht, dessen Verhalten von Gedanken, Gefühlen, Ansichten und Wünschen gelenkt wird".[69] Es kommt also nicht nur auf die Adäquatheit der mütterlichen oder väterlichen Wahrnehmungen und Reaktionen an, sondern insbesondere auch auf deren *Reflektionsfähigkeit* und Vorstellungsvermögen über die jeweilige psychologische Verfassung ihres Kindes. In *therapeutischer Hinsicht* ist es wichtig, dass der Therapeut diese Funktionen übernimmt und dass dem Patienten „die Erfahrung der anhaltenden mentalen Befassung mit einem anderen Menschen ohne Bedrohung durch überwältigenden mentalen Schmerz oder Destruktivität" zuteil wird. Dies ist in der Tat von eminenter Bedeutung für die Therapie schizophrener Psychosen.

W. R. Bion[70] (1963) spricht in diesem Zusammenhang von der „träumerischen Ahnungsbereitschaft" der Mutter („rêverie"), vermittels derer sie in die Lage versetzt ist, „das, was dem Säugling noch chaotisch und verworren ist, in sich aufzunehmen und antizipierend zu erfüllen".[71] Eine solche Mutter kann die Signale und Mitteilungen ihres Kindes nicht nur in sich aufnehmen, sondern auch interpretieren, das heißt, ihnen eine Bedeutung geben, ein Vorgang, der ganz wesentlich die Qualität der mütter-

---

[69] P. Fonagy, „Fortschritte in der Psychoanalytischen Technik mit jugendlichen Borderline-Patienten", *Bulletin der Wiener psychoanalytischen Vereinigung* 7/1996, Seite 11-37.

[70] W. R. Bion, „Eine Theorie des Denkens", *Psyche* 17/1963, Seite 426-435.

[71] H. Weiß, „Bedeutung als Erfahrung der Nähe", *Anthropologica* 3/1997, Seite 34-46.

lichen Zuwendung gegenüber dem Kind bestimmt. Die vom Kind in die Mutter projizierten und von ihr bearbeiteten kindlichen Signale können vom Kind „in einer weniger chaotischen Form wieder in sich aufgenommen und als Bausteine zum Aufbau eines adäquaten Realitätsbezugs benutzt werden". So wird es dem Kind auch ermöglicht, Situationen der Enttäuschung und des Getrenntseins auszuhalten ohne Separationsangst, die gleichbedeutend ist mit Todesangst, zu entwickeln.

Dass Gefühle von äußerster Destruktivität, von Schmerz und Angst, häufig Todesangst, eine große Rolle bei schizophrenen Psychosen des Kindes- und Jugendalters spielen, mögen folgende Äußerungen einer von uns behandelten jungen Patientin mit einer paranoid-halluzinatorischen Schizophrenie zeigen, die im Alter von 16 Jahren erkrankte und in einer symbiotischen Beziehung zur Mutter lebte. Sie äußerte unter anderem: „*Die Mutter ist tot*" und „*Ich werde blind*". Der Tod der Mutter, d. h. die Lösung von der Mutter, ist nur um den Preis der eigenen Blindheit zu haben. Ein anderes Mal äußerte sie: „Wenn ich zur Mutter ‚Du böses Weib' und ‚Du böse Frau' sage, dann komme ich nach Bedburg-Hau." Das bedeutet also: *Verselbständigung* und *Trennung* von der Mutter führen zur *Blindheit* oder zur *Verrücktheit*, was letztlich gleich zu setzen ist, denn beides versperrt den Zugang zur Realität.

Einmal äußerte die erwähnte Patientin Angst, dass die Mutter „so zu Schaden kommen" könne, „dass ich nicht mehr bei ihr sein kann, und ich habe dann durch dieses Schicksal – ich stelle mir oft vor, sie *stirbt* – hier dann die *Hölle*". Sie habe das Gefühl, „*wie wenn mir der Hals zugedrückt wird*". Sie habe „starke *Gewissenbisse, wie wenn ich einen Mord* begangen hätte". Sie leide „unter depressiven Schuldgefühlen" und habe vor allem

„Angst vor der Nacht". „*Das ist mein Masochismus.* Ich bilde mir ein, ich habe *Rufmord* begangen."

Trennung von dem Elternteil, mit dem man symbiotisch eng verbunden ist, wird als *tödliche Bedrohung des eigenen Selbst,* aber auch als mörderische *Tötung des geliebten Objekts* erlebt, von dem man abhängig ist. Es resultiert ein Teufelskreis aus *Trennungsangst,* unbändiger Wut infolge des Gebundenseins, *Abhängigkeitsscham* und *Trennungsschuld.*[72]

Das Scham-Schuld-Dilemma wird von den Patienten erlebt und kann von ihnen auch verbalisiert werden. So sagte ein von mir über ein Jahr lang behandelter Patient: „*Ich will soviel Unabhängigkeit, dass die Psychose nicht wiederkommt*" und „*ich hatte die Psychose, weil ich so abhängig von der Mutter war oder bin*". Im Verlauf der Psychotherapie konnte er auch über seine *Abhängigkeitsscham* sprechen und diese benennen: „*So merk' ich's nicht, dass ich abhängig bin, das hab ich nur in der Psychose gemerkt.*" Er kann seinen Abhängigkeitskonflikt also nur durch seine Psychose zum Ausdruck bringen. Im Verlauf der Therapie konnte der Patient schließlich seinen Abhängigkeitskonflikt in Worte fassen: „*Die Macht lässt mich ohnmächtig erscheinen und verhindert, dass ich selbständig werde.*"

Das Erleben der ohnmächtigen Abhängigkeit und Hilflosigkeit wird abgewehrt durch wahnhafte Größenideen wie: „Ich bin Christus", „Ich bin Napoleon", „Ich bin Hitler", „Ich bin der Allmächtige". Diese Wahnideen können aufgefasst werden als magische Verdichtungen des Wunsches, nicht mehr hilflos und abhängig zu sein, statt dessen über ein eigenständiges, autonomes Selbst zu verfügen. Weil dies nun aber nicht gelingt, des-

---

[72] L. Wurmser, „Das Rätsel des Masochismus", Springer Berlin – Heidelberg 1993.

halb muss der Psychotiker, und das ist seine Tragik, „einen äußeren Unterstützer, der verantwortlich ist für das, was er nicht
ist, und für das, worunter er leidet und was er ertragen muss"
idealisieren.[73] Das heißt, der Psychotiker verleiht der einengen-
den Mutter oder dem kastrierenden Vater ein *„Übermaß an
Macht"*.

Hierzu Piera Aulagnier: „Der Psychotiker, und ich denke vor
allem an den Schizophrenen, kennt den Machtmissbrauch, der
gegen sein Ich ausgeübt wurde oder wird, er kennt die *Ohnmacht*, die man ihm aufzwingt. Dieses Ich, das man für verrückt
erklärt, das man einsperrt, beruhigt, schlafen macht, existiert
weiter und leidet; es hört nicht auf zu wissen, dass es leidet und
von den Anderen ausgeschlossen wird. Ich möchte sogar sagen:
In einem gewissen Sinn delegiert der Schizophrene an die Anderen die Macht, ihn leiden zu machen, und das besänftigt einen
Hass, der viel gefährlicher wäre, wenn er ihn direkt ausleben
müsste."

Es ist für den Therapeuten wichtig zu erkennen, „dass der
Wahn ein Akt der Selbstvergewisserung und ein Produkt der
Identitätssuche des Kranken ist". G. Benedetti stellt zu recht
fest: „Der Wahn muss als chiffrierte Mitteilung an die Umwelt
und als Versuch des Kranken, sich - gleichzeitig - mitzuteilen
und zu verbergen, aufgenommen werden".[74]

Aus den eingangs dargelegten, entwicklungsneurobiologi-
schen und -psychologischen Hypothesen und Befunden ergibt

---

[73] Piera Aulagnier, „Der Konflikt zwischen dem identifizierenden Ich und
dem identifizierten Ich in der Psychose", *Zeitschrift für psychoanalytische
Theorie und Praxis* XIII/1998, Seite 76-80.

[74] G. Benedetti, „Psychotherapie als existentielle Herausforderung", Van-
denhoeck, U. Ruprecht, Göttingen 1992, Seite 21.

sich zwingend die Notwendigkeit, dass der Therapeut *mütterliche Reizschutzfunktionen* übernimmt, seinerseits die therapeutischen Interaktionen sorgfältig dosiert und einfühlsam auf das jeweilige Entwicklungsniveau des affektiven Selbst-Kerns des Patienten abstimmt. Dies setzt voraus, dass der Therapeut nicht nur über Einfühlungsvermögen, sondern auch über Reflexionsfähigkeit verfügt, was ihn dazu befähigt, die chiffrierten Mitteilungen seines Patienten zu verstehen.

Aus den Überlegungen zum Reizschutz-Modell folgt, dass die Therapie schizophrener Patienten eine *integrative* sein muss, und dass individuell-psychotherapeutische, familiendynamischpsychoedukative und psychopharmakologische Methoden aufeinander abgestimmt werden müssen. Psychoedukation hat letztlich zum Ziel, den Patient und seine unmittelbaren Bezugspersonen allmählich dazu zu befähigen, Konflikte und Überforderungen durch subjektive und objektive Belastungen rechtzeitig wahrnehmen und adäquat darauf reagieren zu können im Sinne einer Verbesserung der Problemlösekompetenz. Auf der individuellen Ebene ist es wichtig, sich dem Patienten als emotional authentische Person zur Verfügung zu stellen und ihm dadurch zu ermöglichen, allmählich innere und äußere Realität miteinander integrieren und versöhnen zu können. In einer so verstandenen therapeutischen Beziehung erlebt der Patient, dass er zwar in seiner Eigenheit respektiert und akzeptiert wird, dass der Therapeut sich aber als ein eigenständiges Wesen mit eigenen Gefühlen und eigenen Reaktionen auf die verbalen und averbalen, u. U. wahnhaft-metaphorischen Mitteilungen des Patienten verhält und auf diese Weise dem Patienten eine neue Erfahrung vermittelt, nämlich die des „Authentisch-bleiben-könnens" und trotzdem den Anderen als separates, von ihm getrenntes Individuum wahrnehmen und aushalten können.[75]

Ich möchte abschließend Harry Guntrip[76] zitieren, der über seine Erfahrungen als Analysand von Fairbairn und Winnicott berichtet. Sein Erfahrungsbericht ist gleichermaßen eine Kondensation all dessen, was ich heute versucht habe darzulegen. Er fasst wunderschön zusammen, worum es geht, und ich zitiere aus seinem Bericht: „Bloß weil wir eine Theorie haben, dürfen wir nicht als allwissend und allmächtig erscheinen. [...] Die Entwicklung einer klaren bewussten Einsicht zeigt an, dass vom emotionalen Gewinn schon Gebrauch gemacht worden ist, wodurch man weitere *gefühlsmäßige* Anstrengungen für weiteres *emotionales Wachstum* auf sich nehmen kann. Dies bedeutet nicht nur bewusstes Verstehen, sondern eine Stärkung des inneren Kerns von Selbst-Sein und Beziehungsfähigkeit."

* * *

---

[75] vgl. hierzu auch Christian Eggers, „Das Dilemma der Macht – zur Psychotherapie jugendlicher Psychosen", *Jahrb Psychoanal* 34/1996, Seite 206-238.

[76] H. Guntrip, „Meine analytische Erfahrung mit FAIRBAIRN und mit WINNICOTT. Wie vollständig ist das Ergebnis psychoanalytischer Therapie?", *Psyche* 51/1997, Seite 676-700.

Das einzig Reale ist die Emotion.
Ein integratives, neurobiologisch-entwicklungs-
psychologisches Modell der Schizophrenie

– Diskussion –*

Hans-Ulrich Baumgarten:
Wenn ich Ihre Ausführungen richtig verstanden habe, besteht
ja eine Wechselwirkung zwischen Geist und Gehirn, also zwischen Somatischem und Psychischem. Jetzt will ich Sie fragen,
ob man nicht sogar so weit gehen kann, zu sagen, dass der Geist
oder das Psychische das grundsätzlich Agierende ist und das
Somatische und das Gehirn dabei das grundsätzlich Reagieren-
de?

Christian Eggers:
So weit würde ich nicht gehen. Ich würde von einem holisti-
schen, einem ganzheitlichen Modell der Somato-Psychik ausgehen, wobei einfach von außen unentscheidbar und ununter-
scheidbar ist, was primär und was sekundär ist. Die Unterscheidung zwischen *res cogitans* und *res extensa* ist artifiziell und
wird der eigentlichen Wirklichkeit nicht gerecht. Gemeint ist ja
die Frage des Primats von Geist-Seele einerseits und Körper-
Soma andererseits. Beides ist letztlich aber als ein einheitliches,

---

*   Transkript der anschließenden Diskussion zum Vortrag von Christian
    Eggers am 02.10.1999. Der erste Teil der Diskussion wurde leider nicht
    aufgezeichnet.

höchst komplexes Ganzes aufzufassen, wobei – abstrakt gesprochen – sowohl das Psychische, d. h. das Emotionale, das Seelische, das Gemüthafte, die somatischen Bedingungen des Menschen beeinflusst und umgekehrt natürlich auch das Somatische
das Psychische beeinflusst. Wenn Sie z. B. ein Medikament
nehmen, welches bei uns allen eine Psychose auslöst, also psy-
chotomimetisch wirkt, dann werden Sie psychotische Phänomene, z. B. Trugwahrnehmungen oder Wahnvorstellungen entwickeln. Hier läge das Übergewicht ganz eindeutig im Somatischen. Durch die chemischen Eigenschaften eines solchen Me-
dikaments wird das höchst komplizierte Zusammenspiel ver-
schiedener zentralnervöser Strukturen untereinander vorüberge-
hend beeinträchtigt. In erster Linie würde das *„Wispern der Sy-
napsen"** (H. Tellenbach) gestört, und zwar durch eine *exogene*
(somatische) *Beeinflussung*. Eine Störung des neuronalen Zu-
sammenspiels kann aber ebenso, und in der Regel noch nachhal-
tiger weil überdauernd, durch primär seelische Vorgänge und
Erlebnisse beeinflusst werden. So hat gerade die neurobiologische Primatenforschung belegt, dass *emotionale Mangelsituati-
onen* wie Deprivationen, Mutter-Kind-Trennungen, zu subtilen
und differenzierten Fehlbalancierungen der Neurotransmission
führen. Ausgeprägte, tiefgreifende und lang andauernde emotionale Deprivationen führen zu bleibenden, hirnanatomisch nachweisbaren Veränderungen im zentralen Nervensystem, insbesondere im Bereich tieferliegender und entwicklungsgeschicht-
lich älterer Strukturen, die u. a. für Emotionalität, Motivation,
affektives Gedächtnis verantwortlich sind. Dies ist z. B. bei
Säuglingen und Kleinkindern magnetresonanztomographisch

---

* Synapse = Kontaktstelle zwischen zwei Nervenendigungen = Schaltstelle
der neuralen Informationsübermittlung.

nachgewiesen worden, die unter ungünstigen personellen Bedingungen in schlecht versorgten Heimen aufgewachsen sind.

Gesine Thomforde:

Ich bin Pädagogin in einer Sonderschule und auch Mutter. Ich habe mich sehr über Ihren Vortrag gefreut, vor allen Dingen über Ihren Einstieg, weil in diesem Fall auch die Vater-Sohn-Beziehung problematisiert wurde. Ich hatte mir eigentlich gewünscht, dass das auch innerhalb Ihres Vortrages noch einmal mit aufgegriffen worden wäre. Problematisch finde ich diese Situation auch in unserer Gesellschaft: autonome Mutter zu sein, die liebend ist *und* berufstätig. Und immer wieder auch von außen Schuldzuweisungen bekommt, nämlich nicht intakt und emotional stark genug zu sein. Die Frage bleibt für mich, wie in dieser jetzigen Situation, in der wir uns bemühen, partnerschaftlich auch in der Beziehung zu leben, die Rolle des Vaters problematisiert wird, auch problematisiert werden könnte, um Schuldzuweisungen, wie sie immer wieder auch Müttern gegenüber ausgesprochen werden, zu entlasten. Das halte ich für eine wichtige Situation. Die zweite wäre eben, wie auch Mütter – das ist auch ein wichtiges Thema, von Schüler-Müttern, diese zu stabilisieren, dass sie lernen, Nähe und Distanz richtig zu leben, emotionale Zuwendung zu geben, gleichzeitig aber auch dafür zu sorgen, dass die Kinder autonom werden. Ich halte das für ein hochbrisantes, auch politisches Thema und würde mich freuen, zu hören, welche Möglichkeiten Sie da sehen, Mütter zu bilden, Väter zu bilden, die dieser Aufgabe gerecht werden.

Christian Eggers:
Die Pädagogen stellen immer die intelligentesten Fragen, die eigentlich die Antworten schon mitliefern. Deswegen nur ein paar Anmerkungen. Mit „Mutter" meine ich immer „pars pro toto" die entscheidenden Bezugspersonen, die für das Kind jeweils eine *signifikante emotionale Bedeutung* haben. Das kann der Vater sein, Tante, Onkel, Großvater, irgend jemand. Wichtig ist, dass es eine emotional zuverlässig verfügbare Person ist, die in der Lage ist, die jeweiligen Bedürfnisse und Gefühlszustände (Angst, Traurigkeit, Freude) des Kindes nicht nur wahrzunehmen und adäquat darauf zu reagieren, sondern auch zu reflektieren und damit dem Kind dabei zu helfen, ein sogenanntes „Reflexives Selbst" zu etablieren. Dies geht zunächst über den Austausch von Emotionen. Das bedeutet, dass die Mutter den Bedeutungsgehalt einer gezeigten emotionalen Reaktion, sei es Freude, Zorn, Enttäuschung, Wut, Ärger oder Traurigkeit, beim Kind erkennt und ihm ihrerseits wieder durch ihre mimischen und gestischen Reaktionen zeigen kann, dass sie es verstanden hat. Das braucht nicht die Mutter zu sein, das kann genauso gut der Vater sein, und der Vater hat seinen wichtigen Part, das ist überhaupt keine Frage.

Nun zu der anderen Frage, den gerne geübten Schuldzuweisungen und auch dem Dilemma, zwischen Beruf und Mutterfunktion entscheiden zu müssen. Wenn Eltern mit der Schuldfrage kommen sage ich oft schon im Erstgespräch: „Es gibt kein Falsch und kein Richtig in der Erziehung". Andererseits gibt es natürlich Situationen, wo sich die Schuldfrage durchaus implizit stellt, z. B. wenn eine einengende, überprotektive, „kastrierende" Mutter ihrem 21-jährigen Sohn noch täglich den After salbt! In einer psychotherapeutischen Beziehung wird es dann letztlich auch um diese Schuldfrage gehen und eben nicht nur einfach darum, dass es in der Erziehung „kein Falsch und kein Richtig" gibt. Hilfreich ist hierbei der Gedanke, dass das, was manche Eltern mit ihren Kindern machen, unbewusst beeinflusst ist durch deren Beziehung zu ihren eigenen Eltern, als sie selbst Kind waren. Unbewusst und unreflektiert werden unverarbeitete Eltern-Kind-Konflikte trangsgenerational jeweils wieder an die jeweils nächste Generation weitergegeben. Das ist das, was in der Bibel nach meinem Verständnis als *„Erbsünde"* bezeichnet wird. Aber es ist sicher eine sehr schwierige Thematik mit dieser „Schuld". Sinnvoller erscheint mir der Begriff der *„Verantwortung"*, denn Eltern haben nun einmal die Verantwortung, hinreichend gute Eltern zu sein, also hinreichend empathisch und reflektierend in ihren Beziehungen untereinander und jeweils zu ihren Kindern zu sein. Dazu gehört, die Autonomiebestrebungen des Kindes schon sehr früh wahrzunehmen, zuzulassen und zu fördern. Das ist zugegebenermaßen sehr schwierig. Es ist vor allem ein intuitiver, kein kognitiv-rationaler Prozess, und deswegen pädagogisch letztlich auch nicht vermittelbar.

Noch eine Anmerkung zur Frage Mutter und Berufstätigkeit. Es ist wichtig, die Mütter darin zu bestärken und zu unterstützen, dass sie, wenn sie berufstätig sind, beides ernst nehmen soll, die Mutterfunktion und den Beruf. Hier kann und muss der Vater seinerseits die wichtige Aufgabe übernehmen, der Mutter hier hilfreich zur Seite zu stehen. Bei der Frage, sich zwischen der Mutterfunktion und dem Beruf zu entscheiden ist mit zu bedenken, dass Mütter, die in ihrer Berufsausübung glücklich und zufrieden sind, sich vorbehaltloser und unbelasteter ihrem Kind widmen können, unbelastet von dem Gedanken, eigentlich doch auch beruflich tätig sein zu wollen. Andererseits ist es enorm wichtig, dass wieder ein Umdenken eintritt, und das „Nur-Mutter-Sein" wieder die Wertschätzung erhält, die adäquat und absolut notwendig ist.

* * *

Wie entsteht Verantwortung?
Überlegungen zwischen Biologie und Theologie

von Caspar Söling

Die Verantwortung entwickelt sich zur zentralen, ethischen Grundkategorie unserer pluralistischen Gesellschaft.[77] Jeder soll – so wird gefordert – die Verantwortung für die Folgen seines Handelns übernehmen, und zwar nicht nur im privaten, sondern auch im beruflichen Bereich: die Wissenschaftler sollen für die Folgen ihrer Entdeckungen, die Regierung für die Folgen ihrer Politik, die Ärzte für die Folgen ihrer Eingriffe und die Wirtschaftsunternehmen für die Folgen ihrer Produktionsweise verantwortlich gemacht werden.[78] Kurz: Verantwortung ist eine Schlüsselkategorie unseres gegenwärtigen Selbstverständnisses, vielleicht auch eine Zauberformel angesichts der technischen Entwicklung zur Risikogesellschaft.[79] Die Frage, wie Verantwortung entsteht, liegt somit im Raume.

Wir wollen uns allerdings nicht damit beschäftigen, wie Staaten oder Firmen zur Verantwortung gezogen werden können, wir wollen uns auch nicht darüber Gedanken machen, wie sich Verantwortung in einer extrem arbeitsteiligen, spezialisierten

---

[77] A. Etzioni, „Die Verantwortungsgesellschaft. Individualismus und Moral in der heutigen Demokratie", Frankfurt am Main/ New York 1997.

[78] Vgl. Hans Jonas, „Das Prinzip Verantwortung. Versuch einer Ethik für die technologische Zivilisation", Frankfurt 1984.

[79] Vgl. F.-X. Kaufmann, „Der Ruf nach Verantwortung. Risiko und Ethik in einer überschaubaren Welt", Freiburg u. a. 1992.

und globalisierten, mit unterschiedlichen Rechtssystemen aus-gestatteten Welt organisieren lässt[80], sondern wir wollen – be-scheidener, aber vielleicht auch grundsätzlicher – die Frage stel-len, wie beim Einzelnen, also bei Ihnen und mir, Verantwortung entstehen könnte. Also: wie Verantwortung bei einer Person – oder vielleicht erst einmal neutraler formuliert – beim Menschen entsteht.

Lassen Sie mich sogleich mit einer „klassischen" Definition von Verantwortung beginnen. Nach Kant handelt derjenige ver-antwortlich, dessen „Handlung aus der Freiheit der Person ent-standen ist und in Beziehung auf gewisse praktische Gesetze" erfolgt.[81] Verantwortung hat also für Kant zwei Bezugspunkte: Zum Einen die Freiheit des Menschen. Nur der kann verantwort-lich handeln, der aus Freiheit heraus handelt und nicht weil er – aus welchen Gründen auch immer – zu einer Handlung gezwun-gen ist. Das amerikanische Gericht von Austin findet daher un-sere Unterstützung, das in diesen Tagen die Exekution eines verurteilten fünffachen Mörders ausgesetzt hat, weil der Mann nachgewiesenermaßen schizophren ist. Der Mann ist für seine Tat nicht verantwortlich zu machen, weil er krank ist. Er gehört nicht ins Gefängnis, sondern in ein Krankenhaus oder in eine psychiatrische Klinik. Klar, dass es sich bei Menschen anders verhält, die – wie z. B. Mörder oder Kriminelle – überlegt und unter Vorsatz morden. Sie können und sollen zur Verantwortung

---

[80]   Vgl. W. Lübbe (Hrsg), „Kausalität und Zurechnung. Über Verantwortung in komplexen kulturellen Prozessen", Berlin u. a. 1994.

[81]   Zitiert nach J. Schwartländer, „Verantwortung" (Art.), in: *HpG*, Band 6, 1974, Seite 1577-1588, hier Seite 1579. Der Kant'sche Begriff von Ver-antwortung wird hier aus didaktischen Gründen stark vereinfacht. Aus-führlicher vgl. dazu z. B. R.-P. Koschut, „Strukturen der Verantwortung", Frankfurt 1989.

gezogen werden, denn sie haben die Freiheit, auch anders zu handeln.

Der zweite Bezugspunkt für die verantwortliche Tat sind – so Kant – „gewisse praktische Gesetze". Verantwortung setzt voraus, dass man weiß, was sich gehört und was nicht. Die verantwortete Tat ist also keine reine Willkürtat, sondern sie geschieht unter der Berücksichtigung von praktischen sittlichen Gesetzen. Man könnte auch vereinfacht sagen: unter Berücksichtigung der zwischenmenschlichen Abmachungen, der gemeinsamen Werte oder Standards. Wer sie nicht kennt, handelt ohne Verantwortung. Deswegen gibt es so etwas wie ein Jugendstrafgesetz. Es berücksichtigt u. a., dass Kinder erst „lernen" müssen, Verantwortung zu übernehmen. Sie müssen erst „lernen", was sich gehört und was nicht. Deswegen nehme ich es meinem zweijährigen Sohn auch nicht übel, dass er in einem unbeaufsichtigten Augenblick mit einem Stein die gesamte Lackierung meines Autos verkratzt hat. Wäre er älter, wäre das vermutlich anders. Ich würde ihn zur Verantwortung ziehen und sagen, warum hast du das gemacht? Jetzt aber, im zarten Alter von zwei Jahren, sage ich – je nachdem, wie viel schon gelaufen ist, freundlich oder auch genervt – mahnend, dass ‚man' das nicht tut. Ich hoffe dabei, dass er das praktische Gesetz, das besagt, dass man dem anderen keinen Schaden und kein Übel zufügen soll und deswegen auch nicht sein Auto verkratzen darf, dass er dieses ‚praktische Gesetz' – um mit Kant zu reden – lernt, damit er in Zukunft verantwortlich mit Steinen (und Autos und Vätern) umgehen kann. Soweit die Theorie, die zunächst einmal auch intuitiv einleuchtet.

Zur Verantwortung fähig?

Das Problem, das wir heute haben, ist die Frage, ob es überhaupt Verantwortung in diesem Sinn gibt. Die beiden Eckpfeiler Kants – die Freiheit der Person und die praktischen Gesetze – sind ins Wanken gekommen.

Die Infragestellung des Subjektbegriffs durch die Hirnforschung

Insbesondere die Hirnforschung stellt die Freiheit des Menschen in Frage. Auf dem internationalen Kongress „Neuroworlds" in Düsseldorf sagte der Neurobiologe Hans Flohr voraus, „dass das Konzept des Subjekts, die Idee, dass ein ‚Ich' diejenige Instanz sei, die Träger mentaler Phänomene ist, fragwürdig und hinfällig werden wird."[82]

Geistige Prozesse wie Denken, Bewusstsein sind für die Hirnforschung Funktionen des Gehirns. Daher lässt sich von der Organisation des Gehirns auch auf Merkmale unserer geistigen Prozesse schließen. Deswegen kommen Gehirnforscher zu der Erkenntnis, dass unser Unterbewusstsein unser Bewusstsein strukturiert. Die eigentlich relevanten Vorgänge für das Bewusstsein finden im Hirnstamm bzw. im limbischen System statt, das ohne Bewusstsein arbeitet. Jede Sekunde fragt das limbische System ab, ob die jeweilige Handlung gut oder schlecht für seinen Organismus ist. Diese Bereiche arbeiten völlig unbewusst. Bewusst ist – nach Auskunft des Bremer Hirnforschers

---

[82] Hans Flohr, „Denken und Bewusstsein", in: J. Fedrowitz, u. a.(Hg.): „Neuroworlds. Gehirn – Geist – Kultur", Frankfurt 1994, Seite 335-352, hier 352.

und Philosophen Gerhard Roth – nur das, was in bestimmten Bereichen der Großhirnrinde abläuft. *Was* jedoch dort abläuft, das wird vom limbischen System bestimmt. Es aktiviert das Bewusstsein immer dann, wenn es um die Bewältigung von neuen, komplexen Aufgaben geht. Das Bewusstsein ist gewissermaßen das Vehikel des Gehirns zum Lösen von komplexen Aufgaben. Sind sie gelöst, werden die Ergebnisse vom limbischen System abgespeichert.[83]

Das Gehirn funktioniert demnach wie ein Autopilot, und das Ich ist ein virtueller Akteur, das nur in komplexen Situation hinzugeschaltet wird. Roths Fazit: „Das Bewusstsein ist ein ganz schmaler Saum auf dem Riesenozean des Unbewussten und entsprechend ist auch die Einflussnahme dieses schmalen Saumes auf dem Ozean sehr, sehr gering."[84] Wie will man da noch von Verantwortung reden?

Gene – die neuen Subjekte?!

Wenn der Mensch aber nicht mehr „Subjekt" ist, was ist dann die „oberste" Instanz, die unser Verhalten steuert? Die Antwort hierauf gibt die Soziobiologie, die in ihren Forschungen Evolutionstheorie und Verhaltensbiologie zusammenbringen will. Danach existieren alle Lebewesen – und damit auch der Mensch – nicht um ihrer selbst willen oder um der Arterhaltung willen, sondern zur Ausbreitung der eigenen Gene. Nicht das Ei existiert, um ein Huhn hervorzubringen, sondern umgekehrt: Die

---

[83] Gerhard Roth, „Das Gehirn und seine Wirklichkeit. Kognitive Neurobiologie und seine philosophischen Konsequenzen", Frankfurt 1994 ff.
[84] Gerhard Roth in: M. Kleer, C. Söling, „Wie böse ist der Mensch?", Paderborn 1999, Seite 107.

Hühner sind dazu da, um möglichst viele Eier, das heißt, um möglichst viele Kopien ihrer Gene zu produzieren. „Du bist nichts, deine Gene sind alles", sagt der Soziobiologe Richard Dawkins. Anstatt „mein Bauch gehört mir" muss man sagen: „Mein Bauch gehört meinen Nachkommen, den zukünftigen Generationen!" Das Individuum steht im Dienst der Reproduktion seiner genetischen Information. Wenn es überhaupt ein Subjekt als Referenzgröße für Verhalten gibt, dann sind es die Gene. Jegliches Verhalten steht im Dienst ihrer Ausbreitung.[85]

Das hat natürlich Konsequenzen, z. B. die Unterscheidung von Verwandten und Nicht-Verwandten – also dem Nepotismus. Da Geschwister und Verwandte zumindest teilweise über dieselben Allele verfügen (50 Prozent bei den Geschwistern und 25 Prozent bei deren Nachkommen), kann es unter Umständen biologisch sinnvoll sein, die eigenen Verwandten zu unterstützen. Dieser sogenannte „nepotistische Altruismus" reicht so weit, als er genetisch eigennützig ist. Mitglieder anderer Gruppen sind dagegen Konkurrenten um Ressourcen und werden bekämpft. Dieser Ansatz erklärt also nicht nur Aggression und Kämpfe, sondern weiterreichend auch so etwas wie „Nächstenliebe". Sie wird immer dann praktiziert, wenn der Profit für meine Verwandten nicht kleiner ist als das Risiko, das ich ihnen zugunsten eingehe.

Aber gelten diese Überlegungen auch für den Menschen? *Der Spiegel* berichtete jüngst über die auffallend hohe Kriminalität und Gewaltbereitschaft von Albanern und Kosovaren. Sie resultiere aus den extrem dichten Familienclans und erstrecke sich über ganz Europa. Um die dahinter stehende Ideologie zu erklä-

---

[85] Nach C. Vogel, „Vom Töten zum Mord", Wien 1989. Zur Soziobiologie vgl. E. Voland, „Grundriss der Soziobiologie", Jena 1993.

ren zitiert die Berlin Ethnologin Stephanie Schwandner-Sievers ein altes albanische Sprichwort: „Der Wolf leckt sein Fleisch, das fremde frisst er."[86] – Besser könnte man eine soziobiologische Aussage nicht auf den Punkt bringen!

Mit Hilfe der Soziobiologie lassen sich Verhaltensweisen wie Kriege oder Massenvergewaltigungen erklären. Männer und unfruchtbare Frauen werden getötet, während alle reproduktionsfähigen Frauen und Mädchen am Leben bleiben. Soziobiologisch gesehen eine sinnvolle Entscheidung, denn die Männer schalten einerseits ihre Konkurrenten aus und nutzen gleichzeitig deren Frauen als zukünftige Reproduktionspartner. Denkt man an Bosnien, Indonesien oder Peru mit ihren Massenvergewaltigungen, dann hat man den Eindruck, dass die Gene offenbar immer noch unser Verhalten beeinflussen. Heißt das, dass wir gar nicht in der Lage sind, in Freiheit unser Verhalten zu verantworten? Sind wir nur Opfer unserer Gene? Sind wir dazu verdammt, dass unsere genetische Veranlagung unser moralisches Sollen bestimmt?

Selbst die Soziobiologen räumen jedoch dem Menschen eine gewisse moralische Freiheit ein, weil sich ein Lebewesen mit einem starren Verhaltenskodex kaum auf neue Umweltbedingungen einstellen könnte und damit seine Vermehrung gefährdet. Eine größere Chance auf die Verbreitung der eigenen Gene hat hingegen ein Lebewesen, das äußerst flexibel auf seine Umwelt reagieren kann. Letztlich dient die sogenannte „menschliche Freiheit" also dem genetischen Überleben. Oder, in soziobiologischer Terminologie formuliert: Der Mensch ist insofern frei, als diese Freiheit der Verbreitung seiner Gene dient. Der Grad dieser Freiheit unterscheidet den Menschen vom Tier. Der

---

[86] *Der Spiegel*, 31/1999, Seite 51.

Biologe Hans Mohr schreibt: „Kein Tier kann für seine Taten moralisch verantwortlich gemacht werden. Denn eine Reihe entscheidender Voraussetzungen für Verantwortlichkeit sind im subhumanen Bereich des Lebens, also bei allen Tieren, nicht erfüllt. Das eigentlich Böse beginnt mit dem Menschen, der in Freiheit und Verantwortlichkeit (im theologischen Denken und Handeln) gegen Normen verstoßen kann. Vom Menschen verursachtes Leiden und Sterben ist unter keinen Umständen mehr wertneutral, sondern muss sittlich verantwortet werden; auch dann, wenn wir guten Grund haben, unsere Neigung zum Töten und Quälen und Foltern auf unsere Gene zurückzuführen."[87]

Ähnlich räumt auch der Soziobiologe Volker Sommer ein: „Das Naturwesen Mensch scheint keine natürlichen Vorgaben zu besitzen, die an der Artgenossentötung hinderten. Eine wirksame Gegenstörung können wir nur vom Kulturwesen Mensch erwarten."[88] Der Mensch als Kulturwesen schafft Bilder, eigene Bilder, Alternativbilder zu den Strategien der Natur. Diese Visionen sind von hoher Bedeutung, weil der Mensch auf Referenzgrößen für sein Verhalten angewiesen ist, wie auch Gerhard Roth eingesteht.[89] Er kann in seinem Gehirn Erfahrungen und Bilder speichern wie kein anderes Lebewesen. Das heißt auch, dass er kognitive Entwürfe behalten kann, die er ständig untereinander vergleicht und aus deren Vergleich heraus er sein Ver-

---

[87] Hans Mohr, „Natur und Moral – Ethik in der Biologie", Darmstadt 1987, Seite 105.

[88] M. Sommer in Kleer, Caspar Söling, „Wie böse ist der Mensch?", Seite 33.

[89] Gerhard Roth, „Ist böses Tun für den Menschen unvermeidlich?"; In: Kunst- und Ausstellungshalle der BRD (Hg.), „Das Böse. Jenseits von Absichten und Tätern oder: Ist der Teufel ins System ausgewandert?", (Schriftenreihe Forum, Band 1), Göttingen 1995, Seite 78-89, hier 87 f.

halten bestimmt. Selbst in der Biologie des Menschen also ist der Ort zu finden, wo Religionen und Kulturen ihren Platz haben. Die Kultur ist demnach nicht ein Gegenmodell zur Natur, sondern ergänzt sie, ohne dass es eine lupenreine, naturfreie Kultur geben könnte. Also im Sinn von Eckard Volands: Kultur via Natur[90].

Praktische Gesetze in der Postmoderne?

Das heißt, in einem modifizierten Sinn ist der Mensch das Wesen der Freiheit. Er erfüllt also doch in einem eingeschränkten Sinne zumindest den ersten Bezugspunkt der Verantwortung, wie sie Kant versteht. Aber nach Kant braucht der Mensch auch gewisse praktische Gesetze. Und auch dieser zweite Bezugspunkt für verantwortliches Handeln kommt in der Gegenwart ins Wanken.

Radikalindividualismus

Denn die gemeinsamen Bezugspunkte für möglichst viele Menschen werden rar. Der Individualismus hat längst auch die Ethik erfasst. In ihrem jüngst erschienenen Buch „Die Tugend der Orientierungslosigkeit" schreiben die Trendforscher Goebel und Clairmont: „Es sind so viele verschiedene Wertegebäude wie Individuen. Und jede dieser Moralkonstruktion stellt ihre spezifische Verpflichtungen und Verhaltensnormen an den je-

---

[90] Vgl. E. Voland, „Biologie oder Kultur? – Eine Jahrhundertdebatte entspannt sich", als Manuskript 1999.

weiligen Träger."[91] Die entscheidende Bezugsgröße für die Verantwortung ist jetzt nicht mehr der Mensch oder die Natur, die
Schöpfung, Gott oder die Gemeinschaft, sondern das Individuum. Und wie die beiden später erklären, meinen sie vor allem
das Bild, das jeder von sich selber macht. Das Wunschbild, das
er sein möchte, dem er sich verpflichtet fühlt und dem er nach-
zueifern hat. Verantwortung hat man damit nur noch gegenüber
sich selbst. Das macht einen gemeinsamen Codex schwer. Diese
Haltung ist keine kurzlebige Mode, sie wird zunehmend zentral
für die gegenwärtige Gesellschaft. Der Soziologe Gerhard
Schulze schreibt in seinem Buch „Die Erlebnisgesellschaft",
einer der bekanntesten Kultursoziologien der Gegenwart: „Die
Menschen erfahren sich nicht mehr als moralische Wesen, als
Kämpfer für ein weit entferntes Ziel, als Unterdrückte mit der
Vision einer besseren Welt, als Überlebenskünstler, als Träger
von Pflichten. Wissen, was man will, bedeutet heute wissen, was
einem gefällt."[92] Und Martin Walser, einer der bekanntesten
deutschsprachigen Literaten der Gegenwart, spitzt diese Option
noch weiter zu, wenn er schreibt: „Bloß keine zentralistischen
Visionen. Bloß keine Ethik für alle. Bloß keinen säkularisierten,
auf Demokratie frisierten Monotheismus. Statt Glaubensleistun-
gen nach oben, Genussfähigkeit unter uns. Gleichgültig, was
dadurch aus dem und jenem wird. Wir sind nicht dazu da, andere zu retten."[93]

---

[91] J. Clermont, C. Goebel, „Die Tugend der Orientierungslosigkeit", Berlin
      [3]1998, Seite 82.
[92] G. Schulze, „Die Erlebnisgesellschaft. Kultursoziologie der Gegenwart",
      Frankfurt 1992, Seite 67.
[93] Martin Walser, „Ich vertraue", Querfeldein, *Neue Züricher Zeitung*,
      10./11.10.1998.

Nur Natur?

Statt dessen möchte Walser „selbstbezogen leben, unmissionarisch, losgelassen, freiheitsbewusst, genussfähig."[94] Jeder Mensch darf darauf vertrauen, dass die anderen genauso sind wie er, weil der Mensch Natur ist: „Warum finden wir Natürliches schön? Warum sind wir, was Naturerlebnisse angeht, nicht zu sättigen? Warum können wir von allem anderen zu viel kriegen, von Natur nicht?"[95] Die Antwort: In der Natur gibt es nur „das Nächste, das Lokale, das Hiesige, den eigenen Gesichtskreis." Dieses Lokale ist der Gegenbegriff zu dem universalen Anspruch des biblischen Gottes. Walser empfiehlt, anstelle Gottes mit seinem universalen, den Menschen böse machenden Herrschaftsanspruch die reine Natur, in der es nichts Universales gibt, sondern nur viele Götter. Er beschwört dazu die heidnische Vergangenheit Europas: „Da war in jedem Baum, in jeder Quelle und in jedem Bach ein anderer Gott. Unvorstellbar, dass unterm Schirm einer über Wiesen und Wälder hingestreuten Göttervielfalt dem Planeten je hätte eine Gefahr drohen können." Noch krasser und noch weiter fortsetzend sind die Überlegungen der zum Glück wenig bekannten Schriftstellerin Maria Erlenberger, die in ihrem utopischen Roman „Singende Erde" schreibt: „Mich erleichtert, dass ich wie ein Tier funktioniere, und dieser Gedanke spült mir alle menschlichen Knoten aus dem Hirn. Ich fühle mich frei, ich stehe und strecke mich. Ich habe nichts zu denken, ich lebe. Das ist das Einzige, was ich habe,

---

[94] So der Alttestamentler Norbert Lohfink über Walser in: G. Lohfink, „Die Rückkehr der alten Götter. Beobachtungen zu einem Trend" in: „Das Aufdämmern einer neuen Naturmystik", in DT, 02.01.1999.
[95] Martin Walser, „Ich vertraue".

aber ich versuche, es nicht zu halten. Da ist nur mein Atem und ein warmes Gefühl auf meiner Haut... Ich bewege mich schon solange in der freien Natur, mehr oder weniger ungeschützt, und jetzt erst bin ich ein Stück Natur geworden, jetzt erst ist es mir eine Heimat geworden, dieses Leben. Jetzt, wo ich so überhaupt nichts mehr im Schädel habe, keinen Wunsch, keine Erinnerung, keine Hoffnung, jetzt erst bin ich ein Mensch, oder bin ich ein Tier oder Pflanze oder Stein? Mein Dasein hat den Charakter einer endgültigen Ergebung an die Natur angenommen."[96]

Im Grunde bedeutet eine solche Haltung die Verweigerung der Kulturfähigkeit des Menschen. Der Mensch, auf ein über sich hinaus verwiesen, verkürzt sich selbst zum Tier. Im Grunde weigert er sich, sich seines Verstandes zu bedienen. Hinter dieser schwülstigen Naturmystik steckt bequemer Optimismus, nach dem die Dinge sich irgendwie schon von selbst regeln werden. Angesichts der soziobiologischen Ergebnisse können wir ahnen, welche Konsequenzen das hat. Der Mensch braucht Referenzgrößen, die gerade nicht seiner Natur entspringen. Kosova lässt grüßen! Diese Naturmystik „verhüllt nicht nur die Dramatik der Gegenwart des Bösen, sondern löscht auch das Gespür dafür aus, dass das moralische Leben ein Kampf ist, eine Anspannung auf Leben und Tod, und dass der Friede nur um den Preis des erlittenen und überwundenen Risses zu gewinnen ist."[97] Ist es Zufall, dass gerade die Nazis mit ihrer Blut- und Bodenideologie die Naturromantiker des 19. Jahrhunderts ansprachen?

---

[96] Zitiert nach Lohfink.
[97] Martini in: C. M. Martini, U. Eco, „Woran glaubt, wer nicht glaubt?", Wien 1998.

Selbst, wenn wir auf die Natur rekurrieren wollten, so müsste man fragen, auf welche Natur wir uns denn besinnen sollten. Soll es die eines Baumes sein oder soll es die eines Raubtieres sein? Ist es die eines Lammes oder die von aggressiven Affen als unseren nächsten genetischen Verwandten? Eines ist deutlich: Natur an sich ist eine Illusion. Natur pur ist für den Menschen eine Sackgasse. Der Mensch ist ein Kulturwesen und das heißt, dass er seine Werte, seine sittlichen Gesetze erarbeiten muss. Ob ihm die Verwirklichung der Werte im Leben gelingt oder aber, ob die Werte an der genetischen Veranlagung des Menschen scheitern, das ist die Frage der gegenwärtigen Sloterdijk-Debatte. Sloterdijk vertritt ja die These, dass der Humanismus gescheitert sei, weil es ihm nicht gelungen sei, das Wilde im Menschen zu zähmen.[98] Statt dessen sollen jetzt neue Züchtungstechniken („Anthropotechniken", sagt Sloterdijk) dafür sorgen, dass die Menschen friedlicher und lieber werden. Abgesehen davon, dass Frauen eh die besseren Menschen sind, weil sie keine Kriege führen und schon rein hormonell weniger aggressiv ausgelegt sind, abgesehen davon stellt sich die Frage, ob man damit die Selbststeuerung des Menschen überhaupt überlisten kann. Die Aggressionsbereitschaft bei Männern wird nur zu geringen Teilen genetisch bedingt, andere Faktoren spielen mindestens eine ebenso große Rolle: maternale Prägung, Frustrationstoleranz, Soziales Umfeld usw.

Immer kommt es aber darauf an, dass der Mensch sich Alternativ-Bilder vor Augen führen kann. Dann hat auch der „Humanismus", was immer das ist, eine Chance. Lassen sie mich das an einem Beispiel erläutern:

---

[98] P. Sloterdijk, „Regeln für den Menschenpark", in: *Die Zeit* Nr. 38, 16.09.1999.

In ihrer Untersuchung „Prostitution in der römischen Antike" schreibt Bettina Stump[99]: „Es kam vor, dass sich aus der Aussetzung von Kindern Prostituierte rekrutierten. Sie wurden von Zuhältern oder Zuhälterinnen aufgezogen und von klein auf zur Prostitution ‚abgerichtet'". Die Möglichkeit dafür bot „die geringe Achtung des vorgeburtlichen und frühkindlichen Lebens sowie das alte Ius vitae necisque des Pater Familias, kraft dessen er das Recht hatte, sein Kind auszusetzen". Zusätzlich wird noch als derzeitiger Forschungskonsens zitiert, „dass in allen bislang untersuchten Gesellschaften die (Kindes-)Aussetzung immer vorrangig Mädchen betraf. Der Christ Laktanz „brachte das Schicksal ausgesetzter Kinder auf die griffige Formel: Vel ad servitutem (=Versklavung), vel ad lupanar (=Bordell)." Besonders erschreckend wirkt auf uns, dass es Kinder waren. „Kleine Sklavenkinder [...] wurden teils schon im Alter von drei Jahren verkauft [...], und manche wurden gewiss auch als sexuelle Spielzeuge betrachtet. Vor der Geschlechtsreife, zwischen sieben und zehn Jahren, begannen erotische Kontakte, was nicht ‚als abnorm' galt." „Gegen diesen uns horrend erscheinenden Befund bezeichnet die Autorin nur eine Gegenbewegung in der Antike: „Schon seit dem 1. Jahrhundert der Kaiserzeit erregt die Verschleppung ausgesetzter Kinder für eine ‚Karriere' im Bordell die harsche Kritik christlicher Autoren."

Sexueller Kindesmissbrauch ist erwiesenermaßen schwer schädigend für Leib und Seele der Betroffenen. Darum empören wir uns heute zurecht über Kinderpornographie im Internet oder in Ländern, die besonders arm sind. Allein in Thailand zur Zeit

---

[99] Die folgenden Überlegungen und Zitate stammen von A. Angenendt, „Vergangenheit für die Zukunft. Die vormodernen Ressourcen künftiger Humanität", als Manuskript 1999.

650.000 Kinder! Aber dass wir uns empören, das ist offensichtlich nicht selbstverständlich. Nicht immer und überall wurde das so gesehen. Wir müssen zur Kenntnis nehmen, dass es Kulturen und Gesellschaften gegeben hat, bzw. noch gibt, die hier noch ganz anders denken und handeln. D. h.: Unsere Empörung kommt nicht wie von selbst aus menschlicher Urtiefe, ist nicht selbstverständliche, angeborene Humanität, sondern historischer Erwerb, in unserem Beispiel sogar christlicher Erwerb, ein Moralen, das – obwohl geschichtlich erworben – heute essentiell zur Humanität zählt. Prostituierte gehörten damals in der Regel der *faex populi*, also dem Abschaum des Volkes an, um den man sich keine Gedanken machte. Dieser Abschaum war abgeschrieben, darüber lohnte kein Gedanke. „Es fehlt", so der Heidelberger Gräzist Albrecht Dihle, „der antiken Ethik die Würdigung der vorbehaltlosen Hingabe und der Selbstentäußerung zugunsten des Nächsten." Altersheime, Waisenhäuser, Krankenhäuser usw. sind Institutionen, die erst zur Zeit des Christentums eingerichtet wurden. Selbst ihre Namen sind im Griechischen und Lateinischen neu.

Wie Verantwortung entsteht

Die entscheidende Grundlage für dieses Engagement der frühen Christen war ihr Bild vom Menschen, also ihr spezifische Referenzgröße, die ihr Handeln bestimmte.

Gottes Ebenbild als Leitbild
Es gehört zu den entscheidenden Markierungen innerhalb der Kulturgeschichte des Menschen, dass das jüdische Bild vom

Menschen, wie es in Genesis 1 beschrieben wird, den Menschen als Ebenbild Gottes sieht. Der Mensch ist damit weder Marionette seiner Gene noch ist er Marionette der Götterwelt, die sich – wie in der griechischen Mythologie beschrieben – seiner bemächtigten. Er ist nicht verantwortlich gegen über dem Clan oder den Vätern. Er ist auch nicht gegenüber der Natur verantwortlich, sondern er soll sich in der Ebenbildlichkeit Gottes entwickeln. Diese Aussage ist Zusage und Verheißung zugleich. Sie erhält ihre Radikalität dadurch, dass sie für alle Menschen gültig ist. Denn die Ebenbildlichkeit ist grundlegend für alle Menschen, sie allein qualifiziert zum Menschen.

Sie meint, dass der Mensch nicht durch den Menschen bildbar oder fassbar ist. Kein Mensch hat das Recht, dem anderen das Mensch-Sein abzusprechen. Gottes Ebenbildlichkeit meint, dass der Mensch sich selbst entzogen ist. Sie ist eigentlich eine negative Umschreibung, die dem Menschen seine Freiheitsfähigkeit zuspricht. Oder in der Formulierung von Hans Jonas: „Achte das Recht jedes Menschenlebens, seinen eigenen Weg zu finden und eine Überraschung für sich selbst zu sein."[100]

Innerhalb der Geschichte der Religionen ist dieser Zuspruch revolutionär gewesen und von fundamentaler Tragweite für die ethischen Leitbilder, nach denen wir handeln. Wenn Gott den Menschen als sein Ebenbild geschaffen hat, dann bedeutet das, dass alle Menschen vor ihm gleichwertig sind. Gott beurteilt also den Menschen „ohne Ansehen der Person" (Jak 2,19), vor ihm gelten Juden, Freie und Männer nicht mehr als Heiden, Sklaven oder Frauen (Gal 3, 28). „Auf den Menschen übertragen

---

[100] Hans Jonas, „Lasst uns einen Menschen klonieren. Betrachtungen zur Aussicht genetische Versuche mit uns selbst", in: „Scheidewege" (H 3/4) 12, 1982, Seite 462-489.

hat der Personenbegriff wie kaum eine andere Vorstellung in der Folgezeit dafür gesorgt, die Unverletzlichkeit, die Unaustauschbarkeit und – anders als eine Sache – die mit unveräußerlichen Rechten ausgestattete Würde jedes einzelnen Menschen zu sichern.[101]

In diesem Zusammenhang scheint mir eines wichtig: Die Ebenbildlichkeit wird leicht als moralische Kategorie erfasst. Weil der Mensch Ebenbild ist, soll/darf man ihn nicht usw. Eine solche Beschreibung ist aber verkürzt. Die Ebenbildlichkeit meint nicht allein eine ethische Kategorie, sondern sie ist eigentlich eine Beschreibung des jüdisch-christlichen Menschenbildes. Sie meint eine Beziehungsdimension, die den Menschen spezifiziert. Der Mensch ist das Wesen, zu dem Gott eine besondere Beziehung eingeht und das auf Gott hin sich verhalten kann: liebend, annehmend, verweigernd, zweifelnd, suchend, hungernd, fragend oder anklagend. Wer das Christentum auf Moral verkürzt, der hat eigentlich nicht begriffen, worum es geht. Es meint eine gläubige Selbstinterpretation, eine spirituelle Beschreibung des Menschen. Das heißt auch, dass das Christentum primär keine Ethikreligion, keine Gesetzesreligion ist, wonach man nur sonntags in den Gottesdienst geht und damit basta, oder nur nach den Geboten leben muss, sondern das Christentum ist vor allem eine Religion, die aus der Beziehung lebt und so Verantwortung einfordert.

Sehr anschaulich wird dieser Wandel im Buch Jeremia. Dort heißt es: „Ich lege mein Gesetz in sie hinein und schreibe es auf ihr Herz." Und bei Ezechiel heißt es: (Ez 36,26): „Ich schenke euch ein neues Herz und lege einen neuen Geist in euch. Ich

---

[101] E. Dassmann, „Christliche Innovationen am Beginn der Kirchengeschichte", in: „Stimmen der Zeit", H. 7, 1999, Seite 435-446, hier 436.

nehme das Herz von Stein aus eurer Brust und gebe euch ein Herz von Fleisch."
Was das bedeutet, hat Paulus im Römerbrief anschaulich gemacht: „Sie zeigen damit, dass ihnen die Forderung des Gesetzes ins Herz geschrieben ist; ihr Gewissen legt Zeugnis davon ab." (Röm 2,15 15) Im Grunde geht es hier um die Entdeckung des Gewissens als personales Zentrum des Menschen. Henry Chadwick schreibt darüber: „Gerade die Ablösung des Gesetzes durch das Gewissen schafft Freiheit, erlöst von übertriebenem Skrupel und freudloser Besorgtheit um die Erfüllung genauer Vorschriften."[102]

Das heißt, dass die christliche Verantwortlichkeit aus einem Beziehungsgeschehen kommt. Es geht ihr nicht um praktische Gesetze à la Kant, also um Gesetzesgehorsam, sondern um Treue in einem Beziehungsgeschehen. Also ein ganzheitlicher Ansatz, der keine situative, kasuistische Ethik verlangt – und insofern hochmodern ist.

Die Grenzen der Freiheit

Allerdings ist die christliche Religion nicht fleischlos, weltfremd oder abgehoben. Im Gegenteil. Ihre inkarnatorische Sinnspitze provoziert ja gerade die Auseinandersetzung mit unseren Erfahrungen. Das hat zur Konsequenz, dass natürlich auch die Christen ihre eigenen Determinationen, Begrenzungen usw. erfahren und darum gewusst haben. „Wir haben ja nicht einen Hohenpriester, der nicht mitfühlen könnte mit unserer Schwäche, sondern einen, der in allem wie wir in Versuchung geführt

---

[102] Chadwick, „Gewissen" (Art.) in: RAC, zit. nach Angenendt.

worden ist, aber nicht gesündigt hat.", heißt es im Hebräer-Brief über Jesus (4,15).

Auf der Ebene der Körperlichkeit wird hierzu in der Tradition ein Begriff verwandt, der immer wieder missverstanden und geradezu leibfeindlich interpretiert wurde, obwohl er das in seinem innersten Kern gar nicht meint. Es ist der Begriff der Begierde, oder, lateinisch, der *concupiscentia*. Dieser Begriff reflektiert die Erfahrung der Körperlichkeit, wie sie von Seiten der Biologie wissenschaftlich aufgedeckt wird. Der Mensch, der Person und Subjekt sein soll, findet sich immer schon in der Natur vor, und insofern erfährt er sich nicht als vollkommen frei und losgelöst von jeglicher Wirklichkeit, sondern er erfährt die „Entzweiung von Vernunft und Sinnlichkeit, Freiheit und Leidenschaftlichkeit, Wesen und Existenz [...], die von der theologischen Anthropologie gleichwohl nicht als prinzipieller Antagonismus zwischen zwei gleichberechtigten Urmächten verstanden wird. [...] Der Begriff der Konkubiszenz dient gerade dazu, die im Menschen waltende Diastase zwischen Vernunft und Sinnlichkeit von ihrer dualistischen Deutung in außerbiblischen Kosmologien und manchen Strömungen der philosophischen Tradition abzugrenzen."[103]

In der Konkupiszenz kommt die Widerständigkeit der Natur zum Ausdruck. Sie ist weder gut noch schlecht – in einem sittlichen Sinne ist sie ganz neutral, aber sie bedarf – zumindest da, wo es möglich ist – der Steuerung bzw. der Integration. Gerade weil diese körperliche Seite vorgegeben ist, ist sie auch widerständig gegenüber der Freiheit des Menschen. Der Mensch ist also nicht frei an sich, sondern er unterliegt und erleidet sich als

---

[103] E. Schockenhoff, „Konkupiszenz" (Art.), in: LThK, Bd. 6, 1997, Seite 271 f..

geschichtliche Freiheit. Für die Art der Gestaltung dieser Begierden findet die Tradition das Wort der Integrität oder Integration.[104] Es meint nicht die Freiheit von Begierlichkeit, sondern ihre Sammlung und Gestaltung aus dem Innersten heraus. Teilhard de Chardin schreibt: „Ich werde mich hüten, die zerstörerische oder auflösende Macht der Leidenschaft zu leugnen. Ich gebe sogar zu, dass die Menschen die Liebe bis jetzt, außerhalb der Funktion der Zeugung, im Ganzen gesehen vor allem dazu benützt haben, um sich zu zerstören und zu betäuben. ‚Deshalb muss man sie meiden‘, sagen die Moralisten. ‚Deshalb muss man sie einfangen‘, sage ich. [...] ‚Je gefährlicher eine Sache ist, um so mehr ist seine Eroberung durch das Leben geboten.‘“[105]

Im Idealfall ist es der innige, gesammelte Mensch – wie ihn die Mystik bezeichnet – also der Mensch, der es schafft, eins mit sich zu sein. Ihm gelingt es, seine tief empfundene Entzweiung und Zerrissenheit zu überwinden und all seine Energien in ein Ziel zu integrieren.

Übertragen auf den biologischen Befund würde es bedeuten, dass, selbst wenn der freie Wille nur eine dünne Schicht auf dem Meer des Unbewussten ist, der Mensch doch die Gestaltungsmöglichkeiten hat, wie sie sich im Bild des Wellensurfers zeigen. Er kann auf den Wellen reiten, er kann die Energie nutzen und gestalten, denen er ausgesetzt ist – er kann freilich auch in ihnen untergehen.

---

[104] Vgl. hierzu K. Rahner, „Zum theologischen Begriff der Konkupiszenz“, in: ders., „Schriften zur Theologie“, Band 1, Einsiedeln u. a. 1959, Seite 377-414.

[105] P. Teilhard de Chardin, „Evolution der Keuschheit“, in: „Geist und Leben“, 1994, Seite 243-263, 253 f.

Paulus schreibt im Epheserbrief: „Wir sollen nicht mehr un-
mündige Kinder sein, ein Spiel der Wellen, hin und her getrie-
ben von jedem Widerstreit der Meinungen, dem Betrug der
Menschen ausgeliefert, der Verschlagenheit, die in die Irre führt.
Wir wollen uns, von der Liebe geleitet, an die Wahrheit halten
und in allem wachsen, bis wir ihn erreicht haben. Er, Christus,
ist das Haupt." (Eph 4,14)

Vielleicht lässt sich besser gar nicht zusammenfassen, wie
Verantwortung entsteht:

- in der Wahrnehmung der Kräfte, die uns treiben;
- in der Suche nach einem übergeordneten Ziel, auf das wir
  unsere Kräfte bündeln und das allen Menschen zu Gute
  kommt;
- in der Erkenntnis, dass dies ein Weg ist, den Leib und Seele, Gefühl und Geist nur zusammen bestehen können;
- in der Orientierung an konkreten Menschen, die Verantwortung wirklich gelebt haben;
- und schließlich im Wissen, dass dies ein individueller Le-
  bensweg ist.

Verantwortungslos wäre es dagegen, wenn wir mit Hilfe anderer Referenzgrößen zu Krieg und Streit erziehen: Dave
Grossman, ein amerikanischer Militärpsychologe, beschreibt in
einem Interview, wie Computerspiele die Menschen zum Krieg
konditionieren: „Viele Spiele werden, auch zu Hause, mit einem
Joystick gespielt. Die neueste Entwicklung bietet sogar den
Rückstoß, wie man ihn bei einer Pistole spürt. Die Anzeige dafür wirbt: ‚Psychiater sagen, es ist wichtig, etwas zu fühlen,
wenn man tötet. Wenn du ohne Gefühl tötest, bist du ein herzlo-
ser Soziopath.' In der neusten Version von *Quake* lassen sich
Fotos einscannen, so dass ich meine Lehrer virtuell abknallen

kann. Die Anzeige dafür zeigt einen Toten im Leichenschauhaus mit dem Text: ,Er trainierte am PC [...] Wir machen aus Killen Massenmord.' Und eine andere Anzeige: ,Bring deine Freunde ohne Schuldgefühle um'".[106]

Die Blutbäder auf den Schulhöfen von Arkansas, Kentucky und Mississippi haben gezeigt, welche Referenzbilder die Kids von heute haben bzw. nicht haben. Die Tränen der Betroffenen mahnen uns, welche wir vermitteln müssen. Wir brauchen nicht züchterische Anthropotechniken, damit Verantwortung entsteht, sondern wir sollten uns damit befassen, welchen Referenzgrößen wir uns und unsere Jugend aussetzen. Nur dann kann Verantwortung angesichts einer bedingten Freiheit entstehen. Ich bin zuversichtlich, dass unter diesen Umständen dann auch bei meinem zweijähriger Sohn eines Tages einmal Verantwortung entsteht.

* * *

---

[106] *Die Zeit* Nr. 39, 1999.

Wie entsteht Verantwortung?
Überlegungen zwischen Biologie und Theologie

– Diskussion –*

Hans-Ulrich Baumgarten:
Herr Söling, ich gebe Ihnen recht, wenn Sie einen Mangel an Begründung für moralische Normen feststellen. Insbesondere die Sloterdijk-Debatte hat das gezeigt. Nur ergibt sich für mich das Problem, dass Sie die Begründung von Moral an den Glauben binden. Da stellt sich mir Frage, ob das nicht ein dogmatischer Weg ist. Für Ihre Argumentation muss ich an einen Gott glauben. Wäre es nicht sinnvoller, wenn eine argumentative Begründung gelänge, die sich nicht auf den Glauben stützen muss?

Caspar Söling:
Ich würde unterscheiden. Das eine ist, dass wir eine Diskussion über Werte brauchen. Es gibt eine große Sprachlosigkeit in der Debatte darüber, was uns bestimmen soll. Oft wird dann gesagt: „Das musst du doch selber wissen!" Aber wie soll ich das wissen, wenn ich keine Vorstellung von Werten habe? Werte werden privatisiert, eine breite Debatte fehlt. Das ist der eine Punkt. Wie man nun diese Debatte führt, das ist der zweite Punkt. Ich gebe Ihnen vollkommen recht. Auch Nicht-Theologen können über Werte sprechen, das ist für mich gar

---

* Transkript der anschließenden Diskussion zum Vortrag von Caspar Söling am 02.10.1999.

keine Frage. Nur: Das ist nicht mein Standpunkt. Dass ich einen theologischen Standpunkt habe, das ist eine Option. Das ist meine Option. „Dogmatischer Weg" – das ist so ein Schimpfwort. Als ob jemand, der sich mit Dogmen auseinandersetzt, nicht nachdenkt. Oder als ob Dogmen das Resultat mangelnden Nachdenkens wären, sozusagen ideologische Sätze, die man übernimmt und fertig. Das sehe ich überhaupt nicht so, sondern für mich sind dogmatische Grundsätze – die übrigens in den wenigsten Fällen moralische Grundsätze sind – Leitmotive zur Auseinandersetzung mit mir selbst. Und dass ich mich auf die biblische Tradition begründe hat für mich zwei Gründe: Erstens ist sie geronnene Menschheitserfahrung, und zweitens weiß ich, wenn ich mich mit der Bibel auseinandersetze, womit ich es zu tun habe. Wenn ich mich mit Sloterdijk beschäftige, weiß ich es nicht.

Hans-Ulrich Baumgarten:
Ich hatte jetzt das Stichwort „Dogmatik" auch nicht als Vorwurf aufgefasst. Mir ging es um das Verhältnis von Glauben und Wissen. Was machen Sie, wenn Sie in einer Debatte hören: Ich glaube nicht an Gott!? Moralisches Sollen oder moralische Normen müssen doch auch für denjenigen gelten.

Caspar Söling:
Ich bestreite nicht einem Agnostiker oder Atheisten, dass er keine Werte hat. Aber der Agnostiker hat für mich das Problem, dass er, wenn er sich mit naturwissenschaftlichen Thesen ernsthaft auseinandersetzt, irgendwann an den Punkt kommt, an dem er eine Entscheidung treffen muss. Er muss irgendwann sagen: Die mein Verhalten bestimmenden Werte sind in einem be-

stimmten Punkt philosophisch-geistige Werte, die in meinem Verhalten zum Tragen kommen. Aus einer reduktionistisch-biologischen Sicht würde ich dann sagen: All das, was Sie denken, haben unsere Gene schon längst vorausstrukturiert. Ihr Denken liegt aus bestimmten Gründen im Interesse unserer genetischen Veranlagung. Wie soll er darauf antworten? Als Theologe kann ich anders argumentieren. Da habe ich einerseits das Wissen um meine Bedingtheit und auf der anderen Seite etwas Unbedingtes, was ich „Gott" nenne. Aus dieser Spannung heraus kann ich anders arbeiten als ein Agnostiker, dem hier der Referenzpunkt für die Freiheit fehlt.

Waldemar Molinski:
Ich bin ein bisschen überrascht. Wir altertümlichen Moraltheologen waren ja immer der Ansicht, dass die Moral ein Gegenstand der Vernunft ist und nicht der Offenbarung.

Caspar Söling:
Dazu nur kurz zweierlei: Erstens hat ein Gottesglaube immer auch Konsequenzen im Umgang mit mir und meiner Umwelt; zweitens müsste man nun ausführlicher auf das Verhältnis von Vernunft und Offenbarung eingehen. Es ist interessant, dass gerade das I. Vatikanum der Vernunft zugesteht, das „göttliche Licht", wie es dort heißt, zu erkennen.

Christian Eggers:
Mein Einspruch ist ein anderer: Wir müssen nicht die Werte diskutieren, sondern sie verwirklichen. Das ist das Dilemma unserer Zeit. Diesem Problem müssen wir uns jetzt endlich widmen, sonst gehen wir einer menschlichen Katastrophe ent-

gegen. Es wird zu dem Bürgerkrieg der Heranwachsenden gegen die Erwachsenen kommen, von dem Hans Magnus Enzensberger spricht. Als Kinderpsychiater sehe ich schon jetzt die Anfänge, weil die verantwortlichen Erwachsenen ihre Verantwortung nicht annehmen und die Werte – ob aus der Bibel oder dem Koran, von Buddha oder den alten Philosophen – nicht verwirklichen.

Caspar Söling:

Ein sehr wichtiger Punkt. Verantwortung entsteht nicht ohne gelebte Vorbilder. Ich hatte das zunächst auch im Vortrag eingebaut, musste es dann aber aus Zeitgründen herausnehmen. Das finde ich an den biblischen Überlieferungen das besonders Spannende oder Interessante, dass sie nie nur eine abstrakte Diskussion sind, sondern in den Taten Jesu immer auch die Rückkopplung im konkreten Leben haben. Sie lassen Werte real werden, sie führen den oft abstrakten Diskurs plastisch vor Augen. Meinem Eindruck nach hat das Christentum gerade deswegen Bestand, weil es stark auf die persönliche Verwirklichung dessen angelegt ist, was man glaubt. Im Zweifel wurde Jesus an seinen Taten erkannt.

Libor Schelhasse:

Aus meiner sicherlich schon länger zurückliegenden Zeit intensiverer Kontakte mit der Kirche, insbesondere mit den Jesuiten, ist mir vor allem ein Satz in Erinnerung geblieben. Komischerweise ist er in der Erinnerung sogar lateinisch, ein Paulussatz, der heißt: „Ergo fratris debitoris sungus non carni ut secundum carnan vivarus." – „Wir sind also nicht dem Fleisch verpflichtet, Brüder, so dass wir nach dem Fleisch leben müssten."

(Röm 12,8) Nach alldem, könnte man frei übersetzen, sind wir ja den Trieben nicht schuldig, dass wir den Trieben entsprechend leben. Das haben Sie mit anderen Worten sehr detailliert ausgeführt. Andererseits ist natürlich die Frage: Wie ist unser Umgang mit der Natur richtig oder menschlich, wenn wir uns nicht triebgerecht verhalten? Und da fällt mir das Buch von Ivan Illich ein: „Die Kunst, miteinander zu leben". Da sehe ich eigentlich den Grund, eine qualitative moralische Seite zu finden, also einerseits zu erkennen: Ich bin kein solches Naturprodukt, das dazu verurteilt wäre, sich rein triebmäßig zu verhalten wie sonst irgendwelche mehr oder weniger wilden Tiere – also dieser Freiheitsartikel – und andererseits die Verpflichtung, ein Zusammenleben bestmöglicher Art mit allen Lebewesen zu suchen, vor allem also mit anderen Menschen. Für mich als Architekt und Planer ist das sehr folgenreich, denn das bedeutet, dass ich mich bei jeder Sache, die mir vorschwebt fragen muss, wen sie eventuell auch beleidigt und bedrängt und verängstigt. Wen: d. h. welche Mitgeschöpfe, die Natur, Pflanzen und selbstverständlich Menschen. Ich sehe das, was Sie erläutert haben in dieser Zweiseitigkeit, in diesem Dialog, sehr anschaulich vor mir.

Waldemar Molinski:

Herr Söling, „Verantwortung" heißt phänomenologisch definitiv: „endgültig antworten". Worauf antworte ich eigentlich? Auf meine Natur? Kann ich überhaupt auf meine Natur antworten? Oder antworte ich dann auf mich, auf eine Person? Oder kann ich nur auf mich antworten – das ist meine Erfahrung –, mich selber als Ich wahrnehmen, indem ich mich im Spiegel meines Mitmenschen sehe?

Caspar Söling:
Es gibt natürlich eine Fülle von Vorstellungen, wem gegenüber ich mich zu verantworten habe. Ich habe eine spezifische
herangezogen, weil man daran gut die Problematik veranschau-
lichen kann, die in der Tagung steckt. Wenn ich z. B. im Sinne
von Jonas argumentiere, sehe ich die Verantwortung mit Blick
auf das Risiko, das ich erzeuge, wenn ich eine Handlung begehe.
Ich darf dann eine Handlung nicht vollziehen, wenn ich meine
Zukunft, die der Welt, der Menschheit oder der Natur gefährde –
das ist dann natürlich ein anderer Verantwortungsbegriff, der
aber sehr weit verbreitet ist. Die Referenzgröße hierzu ist „Zu-
kunftsfähigkeit". Allerdings setzt dieser Begriff der Verantwortung voraus, dass ich für mich kläre, was denn eigentlich die
Zukunft qualifizieren soll.

Ich nenne mal ein Beispiel: Wir erleben momentan eine starke Debatte über die Frage des Artenschutzes und der Arterhaltung und gehen davon aus, dass jede Art, die existiert, möglichst
nicht aussterben soll. Nach Jonas würde das zur Konsequenz
haben: Lebe so, dass Du nicht dazu beiträgst, dass in Zukunft
Arten aussterben. Aus evolutionsbiologischer Sicht muss man
aber sagen, dass es immer wieder Epochen gegeben hat – Stichwort „Sauriersterben" – wo ganze Arten durch eine Umweltka-
tastrophe, die in dem Fall sogar naturbedingt war, ausstarben
und neue entstanden. Das heißt also, selbst wenn ich einen solchen Begriff von Verantwortung habe, der auf die Zukunft aus-
gerichtet ist, muss ich trotzdem noch einmal nachfragen: Was
sind denn eigentlich die Werte, die ich für die Zukunft einsetze?
Im Christentum ist das anders. Dadurch, dass der Mensch als
Gottes Ebenbild gesehen wird – Mutter Theresa hat in jedem

Nächsten Christus gesehen –, bekommt dieser Mensch eine ganz andere Wertigkeit. Er bekommt eine Würde. Die Würde lässt sich nicht verwerten, sie ist unseren Maßstäben entzogen. Sie lässt sich nicht in Wertedebatten abwägen, sondern die Würde kennzeichnet das Undefinierbare des Menschen. „Der Mensch ist die zu sich gekommene Undefinierbarkeit." (Karl Rahner) Interessanterweise finden wir diesen Gedanken in diesen Tagen bei dem Psychologen Norbert Bischof wieder. Sie macht wesentlich das christliche Menschenbild aus. Gottesebenbildlichkeit ist ein Terminus aus der negativen Theologie, denn von Gott darf und kann ich mir kein Bildnis machen. Er ist uns entzogen. In einem gewissen Sinn gilt das auch für den Menschen.

Michael Piorkowsky:

Ich würde die Diskussion gerne noch einmal auf die Frage der Werte lenken. Es ist schön, Caspar Söling, dass Sie das gerade selber angesprochen haben: Welche Werte sind es denn, nach denen wir uns zu richten haben? Christian Eggers, Sie haben gesagt – und Herr Korczak hat das beklatscht – wir haben doch Werte. Die sind doch klar, nur wir müssen sie verwirklichen. Für mich ist das offen: Welche Werte sind es denn, nach denen wir uns zu richten haben?

Caspar Söling:

Ich sehe das ähnlich wie Sie. Nicht unbedingt aus Kulturpessimismus. Aber wir gelangen durch die technische Entwicklung zu Fragestellungen, wo die Werteabwägungen vollkommen unklar sind. Soll man einen 90-jährigen wiederbeleben, soll man im Mutterleib operieren, darf man die Keimbahn manipulieren. Oder denken wir nur an das künstliche Sterben im Krankenhaus.

Der Tod ist längst kein Naturvorgang mehr, sondern er wird von Ärzten, Angehörigen und Patienten entschieden. Wir sehen die Werte, um die es geht, längst nicht mehr so klar. Es wird immer schwieriger, vorauszusehen, was gut und was schlecht ist. Können wir dann aber sagen, wie verantwortliches Handeln aussehen muss? Das scheint mir insbesondere im medizinischen Bereich immer unklarer zu werden. Die Antwort auf diese Situation ist nur zur einen Hälfte die reklamierte Wertedebatte. Der andere Teil ist die emotionale Selbstauffassung. Ich habe ja gesagt, es geht nicht nur um den Kopf, nicht nur um die Gesetze, sondern auch um die Verankerung im Herzen und um das Selbstverständnis. In Situationen, wo man keine klare Antwort vorhersehen kann, ist die Bedeutung der Person, ihr Selbstverständnis und ihre Haltung zum Leben von besonderer Bedeutung.

Almut Baumgarten:

Herr Söling, ich bin wie Christian Eggers der Ansicht, dass wir unsere Werte schon kennen und es an der Verwirklichung fehlt. Die Werte sind im Grunde immer und überall offenbar, wenn wir nur hinsehen, was die menschlichen Bedürfnisse sind und was wir tun müssen, um sie zu erfüllen. Das sind – die Philosophin Martha Nussbaum hat dazu viel gearbeitet – Nahrung, körperliche Freiheit, auch körperliche Unversehrtheit und eine ganze Menge andere Werte, z. B. sexuelle Selbstbestimmung. Mein einziger Einwand gegen Ihren Vortrag betrifft die von Ihnen angesprochene Varianz der Werte innerhalb der Kulturgeschichte. Auch die Mädchen im alten Rom haben ja unter ihrer sexuellen Unfreiheit gelitten. Wer in ihre Gesichter geschaut hat, der konnte das immer schon sehen.

Caspar Söling:

Der Optimist in mir will ihnen zustimmen, der Realist nicht. Wie viel weinende Gesichter haben die Nazis gesehen? Und trotzdem... Ich habe bei Ihnen durchgehört, dass Werte als Abstrakta immer schon vorhanden seien. Das weiß ich nicht. Ich glaube, dass man bestimmte qualitative Sprünge im Laufe der menschlichen Entwicklung sehen kann, die fundamental das eigene Selbstverständnis und damit auch den eigenen Wertehorizont verändert haben. – Denken Sie z. B. an die Französische Revolution, denken sie an die christliche Revolution, an die jüdische gegenüber dem ägyptischen Staatsverständnis usw. Ich deute die Varianz der Empörung nicht als Hinweis, dass Werte immer schon da sind, sondern genau umgekehrt. Ich glaube, dass Werte jeweils immer neu entdeckt werden müssen. Z. B. die Umwelt. Wer in den 50er, 60er Jahren gelebt hat, für den war das kein Thema. Mein Schwiegervater kommt vom Bauernhof und sagt: Wir haben das alte Motorenöl auf den Acker gekippt und uns überhaupt nicht drum gekümmert. Das war für seine Generation überhaupt kein Thema! Heute sind wir aufmerksamer, d. h. wir haben offensichtlich neue Werte erkannt. Ich finde natürlich schon bei Hildegard von Bingen Ausführungen über das Gepest, das die Großstädte verursachen. Aber offensichtlich ist die breite Sensibilisierung erst später entstanden. Es gibt eine Entwicklung in der Entdeckung der Werte.

Christian Eggers:

Das zentrale Agens ist Antworten auf die Verantwortung. Das ist ein Prozess, der schon pränatal beginnt: Die Mutter antwortet auf die physische Signale in ihrem Mutterleib und danach auf die Signale, die das Neugeborene aussendet, die natür-

lich immer differenzierter werden, aber das ist ein interaktionel-
ler Prozess, praktisch ein dauerndes und sich immer differenzie-
rendes Frage-Antwort-Spiel zwischen Mutter und Kind oder
Vater und Kind, essentieller Bezugsperson und Kind. Hierdurch
werden, ganz praktisch, durch die konkrete Interaktion im affektiven Austausch von Geburt an Schemata beim Kind aufgebaut,
die ganz konkret sind und die im Grunde dahin münden, dass
das Kind in die Lage versetzt wird, durch die entscheidende Bezugsperson Verantwortung für den Anderen zu übernehmen.
D. h. den Anderen in seinem So-sein wahrzunehmen und zu
respektieren. Dies ist m. E. ein zentraler und ganz konkreter
Wert, der heute leider sehr stark unter die Räder kommt. Das
Gegenteil davon ist die Verdinglichung des Anderen, d. h. die
Benutzung des Anderen zu eigenen narzisstischen Bedürfnissen.
Da ist heute sehr weit verbreitet. In unserer täglichen Praxis stellen wir fest, dass das Kind mehr oder weniger bewusst benutzt
wird für die narzisstischen Bedürfnisse von Eltern oder narzisstischen Bedürfnisse von den Erwachsenen, für narzisstische Bedürfnisse von Kollegen, die ihren Machtbereich auf Kosten des
anderen ausdehnen. Und Machtausdehnung, Eigennutz, Wett-
bewerb, rigorose Durchsetzung sind „Werte", die heute sehr
stark applaudiert werden. Jeder Bundeskanzler muss durchset-
zungsfähig sein, sonst taugt er nichts. Da müssen wir sehr stark
dran arbeiten. Wenn es einen konkreten Wert gibt wäre es der,
dieser Verdinglichung des Anderen entgegenzuwirken und ihn
wieder in seinem spezifischen So-sein zu akzeptieren und auch
zu fördern, also letztlich auch zu lieben im Sinne der Moraltheo-
logie.

Caspar Söling:
Ich sehe das genauso. So, wie es diese Computerspiele gibt, so brauchen wir auch Bilder der Empathie. Sie vermitteln uns alternative Referenzen. Natürlich reichen dazu nicht Herzblattgeschichten im Fernsehen, sondern Erfahrungen im Leben.

Bernd Otto:
Mich regt diese Wertedebatte sehr an. Ich glaube schon, dass es einen Wertewandel gibt. Aber gab es nicht immer schon einen Wertestreit. Das ist vielleicht das, was Sie mit den Prostituierten im Altertum meinen. Wir sind ja hier gerade in Neuss und ich weiß nicht, ob jemand aus dem Kreis jetzt anwesend ist. Gartzweiler II ist das klassische Beispiel eines Wertekampfes. Heute wird er demokratisch ausgetragen, im alten Griechenland, bis ins Zeitalter des Absolutismus oder in den Diktaturen unseres Jahrhunderts wurden die Werte mit Macht durchgesetzt. Heute geht es darum, welcher Wert sich durchsetzt – der Wert, dass noch mehr Wohlstand kommt, damit alle so gut leben können, wie die im Kreis Neuss? Bruno Bettelheim, der berühmte österreichisch-amerikanische Psychiater, hat am Beispiel der Atomangst gesagt: Als im Ruhrgebiet Schlagwetter war, hat das die meisten nicht interessiert. Das traf ja nur die Kumpel. Aber bei den Atomkraftwerken, das interessiert mehr Leute, weil das mehr trifft. Ähnlich sehe ich das als Politologe: In der Demokratie wird sich der Wert durchsetzen, der die meisten Stimmen bekommt. Werte haben wir genug, es kommt darauf an, welcher Wert in der Demokratie mehrheitsfähig ist. Was der bessere Wert ist? Sie als Theologe wissen das vielleicht, aber die anderen wissen es nicht. Es sind Wertewidersprüche. Für alle Werte gibt es gute Argumente.

Hans-Ulrich Baumgarten:
Ich will mich noch einmal auf die Werte beziehen. Unsere
Empörung heute über die Zustände in der Antike bedeuten doch,
das war unmoralisch. Nicht: Das *empfinden* wir unmoralisch,
sondern das *war* unmoralisch, denn sonst könnte es ja passieren,
dass es morgen nicht mehr als unmoralisch angesehen wird.
D. h. es muss damals auch diesen Wert gegeben haben, nur er
wurde nicht erkannt, und meiner Ansicht nach ist das ein Hinweis darauf, dass die Werte eben gerade nicht relativ sind.

Caspar Söling:
Die Mentalitätsgeschichte sagt uns etwas anderes. Sie stellen
sich auf einen Thron der Überzeitlichkeit, aber wie werden wir
einmal beurteilt werden? Schon unsere Kinder werden über unser Verhalten den Kopf schütteln und sagen, wie konntet ihr
damals... Ich halte deshalb ihren Ansatz für ungeschichtlich. Ein
Beispiel: Der Begriff der „Euthanasie" stammt aus Platons Staat.
Er hatte die Vision eines gerechten, guten Staates vor Augen. Er
hatte gute Absichten, keine Frage! Aber welch fatale Konsequenzen! Ich maße mir ein Urteil aus heutiger Sicht an, aber ist
sie deswegen für uns heute undenkbar? Da habe ich mit Blick
auf das, was zum Beispiel die Pränataldiagnostik im Moment
leistet erhebliche Zweifel. Die Fakten bestätigen mich: Die
Mongolismusrate ist in den vergangenen Jahren von drei auf ein
Prozent gesunken. Das lehrt uns doch, dass Werte gefährdet
sind. Auch bei uns. Sie müssen ständig neu erarbeitet werden.
Erst dann erfährt sich der Mensch als mehr oder weniger frei.
    Ist nicht vielmehr das Triebhafte in uns universal? Wenn es
aber so ist, dann müssen Werte permanent erarbeitet, will Freiheit von jedem Menschen erobert werden. Madeleine Dêlbrel,

eine christliche Mystikerin, die in den 60er Jahren mitten in den Arbeitervierteln von Paris lebte, schrieb einmal: „Wir lieben niemals christlich, wenn wir das Böse außer Acht lassen." Verantwortung ist nicht das Produkt eines naivem Glauben an Werte, sondern von aufmerksamer, zur Distanz fähiger Selbstbetrachtung sowie kritischer Suche nach Idealen und vom Mut (und der Disziplin), sie im eigene Leben umzusetzen.

* * *

Der Geruchssinn: Das Tor zur Seele[*]

von Udo Pollmer

Wenn es um die Nase geht, dann denken wir meisten zuerst an Düfte, an Aromen. Der Gesetzgeber unterscheidet zwischen natürlichen, naturidentischen und künstlichen Aromen. Einen Zusatz von „natürlichen Aromen" zu Lebensmitteln begrüßen die meisten Verbraucher, schließlich gilt die Natur gesund. Die wenigsten haben eine Vorstellung, was das wirklich ist. Ein natürliches Aroma für eine Himbeer-Eiscreme wird natürlich nicht aus Himbeeren hergestellt, denn dann könnte der Hersteller gleich Himbeeren nehmen. Das wäre billiger, als aus reifen Himbeeren erst ein empfindliches Aroma abzudestillieren. Zugleich wäre es nicht einmal optimal an die technischen Erfordernisse der Speiseeisproduktion angepasst.

Heute stellt man Himbeeraroma aus Zedernholzöl her. Das stammt auch aus der Natur, womit der Definition Genüge geleistet wäre. Dann doch lieber einen Pfirsichjoghurt? Bitteschön, aber die Pfirsichnote wurde meist aus einer Schimmelpilzkultur extrahiert. Bekanntlich können Dinge, die verderben und verschimmeln, ziemlich stark riechen. Wenn man diesen Prozess intelligent steuert und dann die gewonnenen Stoffe ein bisschen fraktioniert, dann lässt sich von der Bratkartoffel über die Rose bis hin zu Kokos und Pfirsich ein breites Spektrum von Aromen gewinnen.

---

[*] Der Vortrag wurde in freier Rede gehalten. Die Druckfassung basiert auf dem Transkript des Vortrages und gibt so auch den Redestil wieder.

Diese Beispiele geben uns zugleich einen Einblick in die Sinnesphysiologie des Geruchs. Einfach deshalb, weil die Wahrnehmung des Pfirsichgeruchs automatisch das Bild eines Pfirsichs vor unserem inneren Auge entstehen lässt, nie und nimmer aber die Idee einer Schimmelkultur. Das, was wir über den Geruchssinn wahrnehmen, ist für uns unmittelbare Wahrheit, weil der Riechnerv, der *bulbus olfactorius*, direkt in das limbische System geht. Dort werden sozusagen die Wahrheiten generiert, ohne dass sie vorher von der Großhirnrinde, dem kritischen Bewusstsein gefiltert werden, wie das beim Sehnerv der Fall ist. Deshalb kennen wir auch den Begriff der optischen Täuschung, nicht jedoch den der sensorischen Täuschung, obwohl diese Art der Täuschung die Basis unserer modernen Lebensmittelproduktion darstellt.

Betrachten wir die naturidentischen Aromen einmal aus der Nähe. Auf dieser Folie sehen sie ein typisches Chromatogramm eines Kaffeearomas. Es ist eine Mischung von über hundert Aromastoffen, von denen aber kein einziger für sich alleine nach Kaffee riecht. Erst unser limbisches System kombiniert alle diese Stoffe zu einem einzigen typischen Geruchseindruck, egal ob es sich um Kaffee, Chanel oder Hühnermist handelt. Ein Geruchseindruck ist also gewöhnlich eine Mischung aus einer Fülle von Aromakomponenten, der uns keine weitere Differenzierung der einzelnen Stoffe erlaubt. Ganz im Gegensatz zur optischen Wahrnehmung, die uns eine differenzierte Darstellung zahlloser Einzelkomponenten aufnötigt.

Jeder Peak in dem Chromatogramm dieses echten Kaffeearomas zeigt an, dass eine Substanz am Detektor angekommen ist. In diesem Fall saß auch noch ein Chemiker am „sniff port", der schnüffelt an den „Peaks" und versucht, den wahrgenommenen Duft in Worte zu fassen: Was herauskam sind Gerüche nach Pfirsich, Raubtier-Urin, Sagrotan, Lebkuchen, Phenolen, Tabak, blumig, faulig, bitter, Liebstöckel, Röstzwiebel, frische Zwiebel, Gummi, Schwefelverbindungen, schweflig-süß, süßer Röstton, krautig, angebranntes Gemüse oder Bratfisch. Alles zusammen lässt das Herz eines Kaffeeliebhaber höher schlagen. Wenn alle diese Komponenten gleichzeitig auf sein Riechepitel treffen, dann glaubt er, einen Spitzenkaffee zu trinken.

Nun erahnen Sie wahrscheinlich, dass der Begriff „naturidentisch" vielleicht etwas anderes meinen könnte als der allgemeine Sprachgebrauch nahe legt. Denn sie können natürlich diese Bratfischkomponente, die das Kaffeearoma abrundet, synthetisch herstellen, um damit ein „naturidentisches" Bratfischaroma zu kreieren. Umgekehrt können sie genauso gut im Bratfisch nach Stoffen suchen, die nach Kaffee riechen, um daraus wiederum ein „naturidentisches" Kaffeearoma zu komponieren. Im rechtlichen Sinne bedeutet ein naturidentisches Kaffeearoma ja nicht, dass die Stoffe im Vorbild „Kaffee" auch wirklich vorkommen, sondern nur, dass es sich um (synthetisch hergestellte) Substanzen handelt, die irgendwo in der Natur „gesehen" wurden.

In einem naturidentischen Aroma muss also kein einziger Stoff drin sein, der im natürlichen Vorbild tatsächlich vorkommt. Wenn Sie also im hinterindischen Büffelmist einen Stoff finden, der von seinen Aromaeigenschaften hervorragend in einen löslichen Kaffee passt, und Sie gewinnen ihn daraus, dann ist Ihr Kaffeearoma „natürlich". Stellen Sie ihn synthetisch her, dann halten sie ein „naturidentisches Aroma" in den Händen und nicht etwa Büffelkot. Der Tatbestand, dass unsere Nase sinnesphysiologisch anders arbeitet als unser Auge erlaubt es, den Menschen ganz andere Aromakomponenten anzubieten, als sie normalerweise akzeptieren würden. Da diese Wahrnehmung unmittelbar umgesetzt wird in das Bild Kaffee, Pfirsich oder Erdbeere sind sich fast alle Menschen sicher, das Original erkannt zu haben.

Die künstlichen Aromen seien hier nur der Vollständigkeit halber erwähnt. Es sind Substanzen, die nicht in der Natur vorkommen sondern nur im Labor. Als künstliche Stoffe benötigen sie jeweils eine eigene Zulassung. Alle anderen bisher diskutierten Aromastoffe gelten juristisch als Nicht-Zusatzstoffe, die nicht zulassungspflichtig sind. Als Hersteller können Sie prinzipiell jeden Stoff, der irgendwo in der Natur vorkommt, für Aromen verwenden.

Wenn wir uns nun den biologischen Wirkungen von Aromen zuwenden, dann kommen wir an der bekannten „Aromatherapie" nicht vorbei. Vielleicht kann man mit Duftstoffen nebenwirkungsfrei und nichtinvasiv therapeutische Erfolge erzielen? Leider gibt es bisher heute kaum kontrollierte Untersuchungen zur Wirksamkeit. In den meisten Fällen ist eine wissenschaftliche Bewertung nicht möglich, weil sich die Autoren darauf beschränken, von „Rosenaroma" oder „Lavendelduft" zu sprechen, ohne zu sagen, was sie wirklich eingesetzt haben. Das kann ein Extrakt sein, ein naturidentisches Aroma, ein synthetisches Aroma, ganz zu schweigen von den zahlreichen Verfälschungen.

Prinzipiell sind drei Wirkungen denkbar, als da wären: der Placebo-Effekt. Der Placebo-Effekt ist die einzige Therapie, die wirklich wirkt und das ohne jede Nebenwirkung. Das zweite wäre: die Konditionierung. D. h. Lavendelduft löst angenehme Urlaubserinnerungen aus und damit Entspannung. Und das Dritte wäre eine pharmakologische Wirkung. Ein klassisches Beispiel stammt von Hildegard von Bingen, wohl die populärste

Aromatherapeutin des Mittelalters. Sie empfiehlt depressiven Menschen Muskatnuss, Zimt und Nelken, die zusammen mit Weißmehl zu Törtchen verbacken werden sollten: „Das dämpft die Bitterkeit des Herzens und macht den Geist fröhlich." Irgendwie erinnert die Rezeptur an unsere Weihnachtsplätzchen.

Im Falle der Muskatnuss ist das Geheimnis inzwischen gelüftet: Sie enthält einen Wirkstoff namens „Myristicin". Hier sehen Sie eine Publikation aus der Deutschen Medizinischen Wochenschrift von 1972. Aufgrund einer Theorie des inzwischen berühmten Alexander Schulgin konnten die Autoren zeigen, dass Myristicin in der Leber in ein Amphetamin umgewandelt wird, das seinerseits dem Mescalin nicht unähnlich ist. Schulgin beschreibt die Wirkung des Stoffes wie folgt: Er sei besser als das Mescalin, weil er weniger ein Gefühl von „Illness" auslöst. Stattdessen bewirkt er ein „sunday afternoon feeling", also Lässigkeit und Entspanntheit, und ein „luxurios feeling of lay back". Die physiologische Wirkung lässt erahnen, warum uns dieses Gewürz so gut schmeckt.

Myristicin ist allerdings nicht nur in der Muskatnuss, sondern auch reichlich in Cola-Getränken. Das ergänzt die serotonerge Wirkung von Saccharose und Coffein. Das Produkt schmeckt nicht deshalb so gut, weil hier jemand „den Geschmack getroffen" hat, sondern es schmeckt, weil die Kombination der pharmakologischen Effekte besonders wirksam und damit erfolgreich ist. Das Prinzip gilt für andere erfolgreiche Lebensmittel ganz genauso. Beispiel Bier: Wenn man zum ersten Mal Bier trinkt, schmeckt es nicht, weil es bitter ist. Aber nach einigen Gläsern Bier finden wir allmählich Geschmack daran. Die Bitterkeit stammt vom Hopfen, und der enthält ein bisschen Morphium. In dem Moment, in dem der Körper die physiologische

Wirkung kennen lernt und merkt, dass es ihm „gut tut", verlangt es ihn wieder danach. Dann ist auf einmal das, was ihm vorher überhaupt nicht schmeckte – die Bitterkeit – ein Qualitätsmerkmal.

Myristicin wirkt übrigens nicht nur über den Verdauungstrakt, sondern auch über das Riechepithel der Nase. Ob das ein pharmakologischer Effekt ist oder durch die Erfahrung beim Verzehr erlernt, ist bis heute nicht bekannt. Aber die Wirkung von Myristicin als Duftstoff ist patentrechtlich geschützt.

Das Erlernen einer physiologischen Wirkung durch Aroma- und Geschmackstoffe möchte ich an einem kommerziell erfolgreichen Beispiel erläutern. Grundlage ist der bedingte Reflex, auch als „Pawlow'scher Reflex" bekannt. Nachdem das Sowjet-Reich zerfallen ist, heißt er jetzt „cephalic phase response" oder auch „Kopfphasenreflex". Also: Wenn Sie regelmäßig Süßes essen, dann lernt der Körper das Signal „süß" auf der Zunge mit der alsbald ins Blut strömenden Glucose zu verknüpfen. Die Folge: Er schüttet bereits bei der ersten Wahrnehmung von süß auf der Zunge Insulin aus. Diesen Effekt nutzt man seit vielen Jahren in der Schweinemast, indem man den Tieren Süßstoffe gibt, um den Appetit zu stimulieren.

Dieses Mittel, das der Prospekt hier bewirbt, „verbessert die tägliche Futteraufnahme bei Ferkeln und Jungschweinen, auch bei Sauen mit gezügeltem Appetit wird die Futteraufnahme stimuliert". (Beim Menschen würde man vom „restrained eater" sprechen.) Das Wirkprinzip der Süßstoffe ist stets das gleiche: Durch den „Pawlow'schen Reflex" kommt es bei Wahrnehmung des Süßstoffes zur Insulinausschüttung. Dummerweise bleibt aber der erwartete Zucker im Blut aus. Die Folge ist, dass das reichlich vorhandene Insulin den bereits knappen Blutzucker

(nur wenn sein Spiegel niedrig ist, bekommen wir Hunger) be-
schleunigt abbaut. Und dieser Unterzucker löst Heißhunger aus.
Deshalb nimmt man Süßstoffe als Masthilfsmittel.

Diese Wirkung ist so bewährt, dass Süßstoffe per Rechtsnorm
(Futtermittelverordnung, Anlage 3) seit Jahrzehnten als „appe-
titanregende Stoffe", sprich: Masthilfsmittel, gelten. Saccharin
und Dihydrochalcon sind darin namentlich genannt, alle natürlichen Süßstoffe sind pauschal zugelassen. Auch aufgrund der
umfangreichen und sich über mehrere Jahrzehnte erstreckenden
experimentellen Befunde kann dies eigentlich niemanden, aber
auch wirklich niemanden, der sich als Ernährungsexperte betä-
tigt, entgangen sein.

Das Problem dieser Substanzen liegt weniger in der Toxicität
sondern darin, dass sie sozusagen durch Nutzung der Sinnesphysiologie eine ausgeprägte und beim Menschen unerwünschte
physiologische Wirkung entfalten. Damit haben wir zwar noch
nicht das „Tor zur Seele" aufgestoßen, aber schon mal eine breite Tür zum Essverhalten geöffnet, das ein bevorzugtes und bisher erfolgloses Ziel der Ernährungstherapeuten war.

Neben dem Pawlow'schen Reflex, den man auch wieder ver-
lernen kann, gibt es noch einen Lerneffekt, der ein ganzes Leben
lang erhalten bleibt: die Prägung durch die erste Nahrung eines
Menschen. Vor einigen Jahren haben wir dies in einem Experiment mit 130 Probanden, die Besucher einer Messe waren,
nachgewiesen. Die Probanden bekamen zwei fast identische
Tomatenketchups gereicht. Der eine Ketchup war knapp o-
berschwellig mit Vanillin aromatisiert, die andere Probe blieb
wie sie war. Oberschwellig aromatisiert bedeutet, dass man einen Unterschied schmeckt, aber nicht sagen kann, was wirklich
anders ist. Wir haben nun die überwiegend erwachsenen Ver-

suchspersonen entscheiden lassen, welche Probe ihnen besser schmeckt und außerdem erfragt, ob sie gestillt wurden. Das Ergebnis war ganz eindeutig: Ehemalige Flaschenkinder mochten das vanillinhaltige Produkt viel lieber als die Gestillten.

Der Grund: Man hat der adaptierten Säuglingsmilch jahrzehntelang Vanillin zugesetzt. Wer mit dieser adaptierten Säuglingsmilch versorgt wurde, läuft Gefahr, für den Rest seines Lebens auf Vanillin geprägt zu sein. Seitdem dieser Versuch durch die Medien ging, lassen die Hersteller das Vanillin weg. Aber die Folgen dieser Aromatisierung werden uns noch einige Jahrzehnte beschäftigen.

Das gibt uns eine Vorstellung davon, welche Konsequenzen es haben mag, wenn Bonbonfabrikanten oder die Hersteller von Fruchtjoghurts darüber entscheiden, welches Aroma, welchen Fruchtgeschmack Kinder als natürlich empfinden und welchen nicht. Wenn Sie Kinderprodukte mit Apfelgeschmack herstellen hat es wenig Sinn, „Apfelgeschmack" zuzusetzen. Erfolgversprechender ist es, stattdessen Apfel*saft*geschmack zu verwenden, weil viele Kinder auf Apfel*saft* geprägt sind. Logischerweise wird dann der normale Apfelgeschmack als unnatürlich empfunden. Die Aromatisierung von Nahrungsmitteln beeinflusst das Essverhalten von Menschen weitaus erfolgreicher als alle Versuche von Pädagogen und Ernährungsberatern zusammengenommen.

Nun lässt sich das Verhalten von Menschen nicht nur durch Aromen und Düfte beeinflussen, sondern auch durch das glatte Gegenteil: Durch die Entfernung von Gerüchen. Denn nichts anderes sollen die allseits beliebten Deos erreichen. Deosprays gehören wie Hundertmarkscheine oder Bücher zu den ganz wenigen Produkten, die für unsere Gesellschaft offenbar so wichtig und unangreifbar sind, dass sie sich bis heute nicht der Frage stellen mussten, ob die darin enthaltenen Chemikalien auch nachteilige Wirkungen haben könnten. Für fast alle anderen Waren haben wir die potentiellen Restrisiken chemischer Rückstände ja in aller Öffentlichkeit breitgetreten.

Deosprays sind weitaus anrüchiger als unsere empfindlichen Näschen wahrhaben wollen. Denn zwei Studien haben einen Zusammenhang zwischen dem Einsatz von Deosprays und dem Auftreten von Alzheimer gefunden. Eine der beiden ist publiziert, die zweite, die übrigens das gleiche Ergebnis erbracht haben soll, blieb bisher unter Verschluss. Der vermutete Mechanismus ist folgender: Viele Deos enthalten seit langem feine Aluminiumstäube, um Gerüche zu binden. Das fiel vor Jahren den Arbeitsmedizinern unangenehm auf und sie forderten, diese Stäube etwas gröber zu machen, damit sie nicht bis in die Lunge gelangen und eine Asbestose auslösen können. Daraufhin hat man die Stäube so konstruiert, dass sie bereits in der Nase d. h. am Riechepitel hängen bleiben. Nun weiß man aus Tierversuchen, dass Aluminiumstäube über den *bulbus olfactorius*, den Riechnerv, bis ins Riechhirn gelangen. Beim Versuchstier tritt dann Demenz auf, ebenso beim Menschen. Durch aluminiumhaltiges Wasser bei der Dialyse kam es in der Vergangenheit zu zahlreichen Fällen von Demenz. Zugleich ist die Alzheimer'sche Krankheit durch Aluminiumablagerungen im Gehirn gekennzeichnet.

Einige Jahre herrschte Funkstille, bis 1998 das Thema in einem führenden Fachblatt – in *molecular medicine today* – erneut auftauchte. Bei der publizierten Studie war es tatsächlich so, dass jene Menschen ein erhöhtes Alzheimer-Risiko aufwiesen, die nachweislich über einen längeren Zeitraum Deosprays verwendeten, die Aluminiumstäube mit der entsprechenden Partikelgröße enthielten, nicht jedoch bei anderen Sprays oder der Verwendung von Deorollern. Für diese Theorie spricht auch, dass der *bulbus olfactorius* tatsächlich ein Transportband ist, das unter Umgehung der Blut-Hirn-Schranke direkt das Gehirn erreicht. Das trifft nicht nur für Aluminiumverbindungen zu, sondern auch für zahlreiche andere Stoffe wie Lösungsmittel, Farbstoffe, Markerproteine oder gar Viren, wie ein Auszug aus *Neurosciene and Biobehavioral Reviews* belegt. Nebenbei bemerkt sind viele neurologische Erkrankungen mit Störungen und Schädigungen der Geruchswahrnehmung verbunden.

Zurück zu den Deosprays. Sie dienen ja vor allem dazu, Sozialgerüche zu beseitigen – also das, was wir von uns selber oder von anderen riechen, oder wo wir vermuten, dass andere von uns irgendetwas riechen könnten, was sie eigentlich nicht riechen sollen. Dieses Ansinnen wirkt auf mich manchmal etwas irrational. Denn die biologisch wirklich aussagekräftigen „Duftstoffe" sind bewusst gar nicht riechbar. Damit bin ich beim zweiten Teil angekommen, beim „Tor zur Seele". Denn in unserer Nase steckt nicht nur das Riechepithel, sondern noch ein zweites Riechorgan. In der Biologie ist dieses zweite Sinnesorgan wohlbekannt unter dem Namen „Jacobson'sches Organ" oder auch „Vomero-Nasal-Organ", kurz „VON". Dieses Organ ist von fast allen Tieren ab der Stufe des Reptils bekannt, nur dem offenbar unterentwickelten Menschen wurde es bis vor wenigen Jahren nicht zugestanden.

Auf dieser Folie sehen Sie das Schema eines Hamsterkopfes, in dem sowohl das Riechepithel zur Wahrnehmung von Duftstoffen eingezeichnet ist als auch das VNO, das dem Tier alle wichtigen Sozialinformationen zugänglich macht. D. h. die

Verwandtschaftsbeziehungen, die sexuelle Bereitschaft oder die soziale Hierarchie, aber auch Angst oder Stress. Bestimmte Schweißdrüsen bzw. die Haut produzieren diese Pheromone, die per Luftpost ihren Adressaten erreichen. Besonders reichhaltig ist der Urin mit solchen Markerstoffen – meist auf Eiweißbasis – gesegnet. Man könnte durchaus vermuten, dass ein Dackel beim Schnuppern an einem Laternenpfahl innerhalb weniger Sekunden erheblich mehr sozialpsychologische Informationen erhält, als ein Kaffeekränzchen beim Klatsch oder Studenten in einer mehrstündigen Psychologie-Vorlesung.

Nun gab es lange Diskussionen darüber, ob es dieses VNO auch beim Menschen gibt. Bereits vor über hundert Jahren hat es von Köllicker beschrieben, doch Anfang der Dreißiger Jahre verschwand es wieder aus den Lehrbüchern und der Mensch war eines wichtigen Sinnesorgans beraubt. So zog es sich bis heute durch die allermeisten Lehrbücher und Lexika. Im embryonalen Zustand war es gerade noch vorhanden, um sich bei der Geburt in Luft aufzulösen. Seitdem es jedoch ein kommerzielles Interesse an den Stoffen gibt, die dieses Organ wahrnimmt, insbesondere nachdem ein Patent die Experten auf Geld hoffen lässt, ist das Organ wieder Tagesgespräch. Prompt sehen es die Fachleute beim Blick in die Nasen wieder. So exakt können Naturwissenschaften sein.

Da ich trotz intensiver Suche kein Fachbuch gefunden habe, das eine entsprechende Darstellung beim Menschen enthalten hätte und ich auch nicht im Besitze der alten Arbeiten von Köllickers aus dem Jahre 1877 bin, kann ich Ihnen als fachlich korrekte Darstellung nur ein Bild aus einer Tageszeitung, der *New York Times* anbieten. Hier sehen Sie zwei kleine Vertiefungen links und rechts der Nasenscheidewand. Bei manchen Tieren ist das VNO nicht in der Nase, sondern in der Mundhöhle lokalisiert. Schlangen züngeln beispielsweise, um ihre Zunge mit den fraglichen Substanzen zu beladen. In der Mundhöhle haben sie zwei paarig angeordnete Taschen, in die sie ihre gespaltene (!) Zunge einführen, um die Substanzen mit dem VNO zu detektieren.

Mittlerweile kann es aufgrund von elektronenmikroskopischen Aufnahmen für den Menschen als gesichert angesehen werden, dass in seiner Nase einzigartige, spezialisierte Zellen vorliegen. Damit ist allerdings die Frage, ob das Organ denn auch eine biologische Funktion hat, noch nicht beantwortet. Solange unumstößliche experimentelle Belege noch ausstehen, müssen wir leider auf den gesunden Menschenverstand zurückgreifen: Es ist schwer vorstellbar, dass alle möglichen Lebewesen mit einem VNO gesegnet sind, das für sie ebenso wichtig ist wie Auge oder Gehör, und dies nun beim Menschen sang- und klanglos verschwunden sein soll, nur weil er sich des Organs nicht bewusst ist. Da das Organ vorhanden ist, darf eine Funktion angenommen werden, denn die Biologie tut nichts umsonst und nichts vergebens. Zentrale und vor allem evolutionär tief verankerte biologische Funktionen, lösen sich nicht so einfach in Nichts auf.

Das Problem liegt auf der Hand: Wenn wir diesem Organ eine Funktion zugestehen, hat das gravierendste Auswirkungen für eine Fülle von wunderbaren Theorien über das menschliche Sozialverhalten, die wir uns ausgedacht haben. Wenn es – salopp gesprochen – ein Organ zur Steuerung des Sozialverhaltens gibt, dann relativiert das einiges, was Grundlage des Broterwerbs von Psychologen und Psychiatern ist.

Dennoch ist auch in Sachen VNO etwas Skepsis angebracht. Denn die wichtigsten Arbeiten stammen von Berliner und Monti-Bloch, die als Patentinhaber und Firmengründer ein erhebliches kommerzielles Interesse an den menschlichen Pheromonen haben. Diese Signalstoffe hat Berliner, so wird erzählt, aus menschlicher Haut gewonnen. Dazu hat er in einem Skigebiet abgelegte Gipsverbände innen ausgekratzt. Anschließend extrahierte er diese Mischung aus Schweiß und abgeschilferten Hautzellen. Dabei, sagt er, hätten die geruchlosen Extrakte eine auffällige Wirkung auf die Mitarbeiter gehabt. Sie seien fröhlicher und umgänglicher als sonst gewesen. Nach Berliner führen die geruchlosen Humanpheromone (vor allem Steroid-Derivate) zur Depolarisation der Nervenenden im VON, nicht jedoch am Riechepithel, was er mit entsprechenden Elektroden gemessen haben will. Denkbar – und wahrscheinlicher – sind andere Wirkmechanismen, insbesondere über Proteine wie z. B. die Lipocaline.

Welche Rolle könnte dieses VNO beim Menschen spielen? Was weiß man darüber? Auch wenn uns unser Bewusstsein den Zugang zu den Informationen dieses Organs verweigert, so weisen zahlreiche Alltagserfahrungen auf seine Existenz hin. Dazu gehört nicht nur der Klassiker, dass man jemanden „nicht riechen kann", obwohl er sensorisch nicht einmal unangenehm auffällt. Das bringt uns auf die verführerische Idee, erklären zu können, warum der Kopf manchmal anders will als das Gefühl. Jeder kennt doch den Effekt, dass man einen potentiellen Partner einfach faszinierend findet, von dem alle Freunde rätseln, was an diesem Langweiler nur dran sein mag. Es gibt eine Fülle von emotionalen Handlungsweisen, von „Beziehungskisten", die völlig irrational erscheinen und die intelligenten Menschen ganz genauso passieren, wie solchen, die keinerlei akademische Bildung erhalten haben.

In der Tierwelt steuert das VNO vor allem die Fortpflanzung. Darüber finden Tiere ihre Sexualpartner. Die Spielregeln dafür hat man zuerst ausführlich an Nagetieren untersucht, später auch am Menschen. In beiden Fällen mit dem gleichen Ergebnis: Man findet die Partner am attraktivsten, die ein deutlich anderes Immunsystem haben, erkennbar an einem anderen MHC. Der MHC, der *major histocompatibility complex*, steuert die Parasitenabwehr. Und da es ungeheuer viele Krankheitserreger und Parasiten gibt ist es unmöglich, alle Abwehrstrategien aufs Genom zu packen. Deshalb ist bei jedem Lebewesen nur ein Teil der Abwehrprogramme drauf, die der gesamten Menschheit zur Verfügung stehen, um sich zu schützen.

Wenn die Immunsysteme der beiden Partner unterschiedlich sind, dann bekommt ihr Kind eine vielfältigere Mischung an Abwehrgenen mit auf den Weg. Sind die Abwehrstrategien sich zu ähnlich, besteht die Gefahr von Erbkrankheiten. Eigentlich hätten Erbkrankheiten aufgrund unserer Evolutionstheorie längst verschwinden müssen. Hier fand man eine Erklärung: Die Gene, die Erbkrankheiten verursachen, sind notwendig zur Abwehr von Parasiten. Menschen, die das entsprechende Gen nur von einem Elternteil erhalten haben (heterozygot) sind dann vor dem entsprechenden Krankheitserreger geschützt. Haben sie das gleiche Gen von beiden Elternteilen (homozygot), dann tritt bei ihnen die Erbkrankheit zutage. Deshalb ist diese Mischung so wichtig. So schützen die Gene der Sichelzellanämie vor Malaria. Und das Gen, das die cystische Fibrose verursacht, schützt die heterozygoten Träger vor Cholera.

Für die Natur ist es nicht wichtig, ob die beiden Partner von ihrem Charakter oder Bankkonto her gut zusammen passen. Sie will nur, dass das Kind in der freien Wildbahn, die voller Parasiten ist, eine reelle Überlebens-Chance hat. Das geht sogar so weit, dass bei zu ähnlichen MHC's der beiden Partner die Verbindung unfruchtbar bleibt. Im Falle von Unfruchtbarkeit liegt nicht selten ein sehr ähnlicher MHC vor. In einem sehr instruktiven Versuch gab man jungen Frauen T-Shirts zum Schnuppern, welche von Männer mehrere Nächte getragen worden waren. Dabei rochen die T-Shirts für die Frauen jeweils am attraktivsten, die von Männern stammten, deren MHC deutlich anders war.

Ein völlig anderes Ergebnis kam heraus, wenn die Frauen die Pille nahmen. Dann präferierten sie Männer mit gleichem MHC. Die Pille signalisiert Schwangerschaft, damit besteht kein Bedürfnis mehr an einen Erzeuger mit anderem MHC. Vielmehr steht die Sorge um das Kind im Vordergrund, ein Kind, das ja auch zur Hälfte den MHC der Mutter hat. Und so ändern sich während der Schwangerschaft, spätestens bei der Geburt, die Präferenzen der Frauen. Nun treten die Partner erst einmal in den Hintergrund. Männer merken das dann daran, dass sie plötzlich feststellen müssen, dass ihre Herzallerliebste auf einmal ganz anders zu ihnen ist. Und natürlich fehlt es nicht an psychologischen Plattitüden zur Erklärung des Phänomens.

Nun können Sie sich bereits ausrechnen, was passiert, wenn Sie sich als Frau einen Partner suchen, während Sie die Pille nehmen. Dann ist die Wahrscheinlichkeit recht hoch, dass Sie an einen Kerl gelangen, den Sie nicht mehr riechen können, sobald sie die Hormone absetzen. Aus psychologischer Sicht braucht das Paar dann natürlich eine Paartherapie. Angesichts der großen Fülle an immer neuen Therapieformen – ähnlich wie bei den Diäten – habe ich als Laie den Verdacht, dass keine so recht den gewünschten Erfolg zeitigt. Wäre das hier entworfene biologische Modell zutreffend, bräuchte man sich über Misserfolge nicht zu wundern – und man könnte vielen Menschen ohne großen Aufwand helfen, ihre missliche Situation zu verstehen. Vor allem, ohne seinen Mitmenschen oder sich selbst Schuld zuzuweisen. Mit diesem biologischen Verständnis lassen sich vielleicht schwierige seelische Situationen leichter meistern.

Wenn es Stoffe gibt, die unser Wollen nachhaltig beeinflussen – ohne dass wir die Chance haben, davon bewusst „Wind zu bekommen", dann eröffnet sich auch ein weites Feld der Manipulation. Als erstes hat man versucht, Parfums zu offerieren, angereichert mit Pheromonen, die einem die Damen- respektive Männerwelt zu Füßen liegen lassen. Ich hege große Zweifel an diesen Werbeaussagen, zumindest zum jetzigen Zeitpunkt, weil bei jedem Menschen ein anderer Pheromoncocktail wirkt.

Ein Einsatz von Stoffen, um die Kauflust zu verbessern, ist schon eher denkbar, beispielsweise mit Pheromonen, die für Entspannung sorgen. Automobilkonzerne arbeiten inzwischen daran, da Entspannung bei einer Probefahrt ein Gefühl von Sicherheit vermittelt. Am wirksamsten wären Pheromone für militärische Zwecke. So ließe sich mit Angstpheromonen Panik bei den gegnerischen Truppen auslösen. Panikpheromone müssen für alle Individuen einer Spezies gleich sein, damit sie ihre biologische Aufgabe, eine ungeordnete Flucht zu bewirken, erfüllen können. Vielleicht haben wir dabei so ganz nebenbei eine kleine Erklärung dafür, warum Panik auf Außenstehende stets irrational wirkt. Wenn wir als Auslöser ein Pheromon annehmen, dann hätten wir es eine plausible Erklärung.

So völlig neu ist die Idee des VNO und seiner Pheromone beileibe nicht. Noch bevor sich die Fachpresse der Fragestellungen annahm, waren sie in ihren Grundzügen bereits Gegenstand der Literatur. Im Roman „Das Parfüm" von Patrick Süßkind sind die Pheromone und ihre Wirkungen in sicher dramatisch überzogener Weise, aber in fachlich korrekten Grundzügen dargestellt. Ich habe mal spaßeshalber die Mengenangaben durchkalkuliert. Und das Ergebnis liegt – wenn man natürlich die dichterische Freiheit in Rechnung stellt – m Bereich plausibler Größenordnungen.

Was an dieser Idee mit dem VNO so irritiert, ist, da ist ein Organ da, mit dem wir riechen, aber wir wissen nichts davon. Schließlich halten wir uns für die Herren unserer Sinne. Aber warum fehlt uns der bewusste Zugang zu unserem VNO? Hierzu gibt die Neurologie interessante Antworten. Denn es gibt Menschen, die aufgrund von seltenen Erkrankungen wieder einen bewussten Zugang zu ihrem VNO haben, bei denen der Zensor im Freud'schen Sinne ausgeschaltet ist. Der Neurologe Oliver Sacks berichtet von einem solchen Patienten, dessen neuronale Netze offenbar durch das Experimentieren mit Drogen Schaden genommen hatten: „‚Ich ging in die Klinik, schnupperte wie ein Hund und erkannte alle zwanzig Patienten, die dort waren, bevor ich sie sehen konnte. Jeder von ihnen hatte seine eigene olfaktorische Physiognomie, ein Duft-Gesicht, das weit plastischer und einprägsamer, weit assoziationsreicher war als sein wirkliches Gesicht.' Er konnte ihre Gefühle – Angst, Zufriedenheit, sexuelle Erregung – wie ein Hund riechen." Das ist genau das, was auch ein Tier erschnuppert und sich dessen offenbar auch bewusst ist. In unserem Alltagsleben beeinflusst das VNO unsere Gefühlswelt – ohne dass wir davon wissen. Wir merken nur, dass unsere Gefühle manches Mal ganz anders wollen, als unser Verstand.

Vielleicht war die „Abschaltung" des VNO die entscheidende Voraussetzung dafür, dass wir Menschen kulturelle Leistungen erbringen können. Denn wenn wir mit jedem Atemzug über die Gefühle einschließlich des Sexuallebens unserer Mitmenschen informiert würden, ist zweifelhaft, ob wir noch zur Arbeit in einem Großraumbüro oder zum Kunstgenuss im Theater fähig wären. Sacks schreibt über seinen Patienten: „Vorher war er eher intellektuell orientiert gewesen und hatte zu Reflexionen und Abstraktionen geneigt. Jetzt dagegen stellte er fest, dass Nachdenken, Abstrahieren und Kategorisieren angesichts der übermächtigen Unmittelbarkeit einer jeden Erfahrung ziemlich unwirklich und schwierig geworden war."

Wir sind deshalb Menschen, weil unsere Sinne deutlich weniger leisten als die Sinne eines Tieres. Damit wird gleichzeitig verständlich, wie es so oft zum Widerstreit kommen kann zwischen Vernunft, der Ratio auf der einen Seite – und dem Gefühl, der Emotion, auf der anderen Seite.

* * *

Der Geruchssinn: Das Tor zur Seele

– Diskussion –[*]

Rolf Störring:

Herzlichen Dank, Udo Pollmer, für diese brisanten Ausführungen, die uns sicher ins Gedächtnis kommen werden im Alltag. Ich selber empfand so eine Mischung zwischen Bedrückung und Erheiterung, wie wir so an der Nase herumgeführt werden können.

Dieter Korczak:

Ich habe mir überlegt, dass ich eigentlich in der falschen Branche bin, ich sollte eine Eheanbahnungsinstitut aufmachen, den Frauen sagen, sie sollen die Pille nicht nehmen und sie dann alle schnüffeln lassen. Aber eine meiner Ausbildungen ist die des Familiensoziologen. Und als Familiensoziologe lernt man, dass die Entdeckung der Liebe ein relativ junges Phänomen ist und jahrhundertelang die Paare zusammengebracht worden sind nach Gesetzen der Großfamilie, des Clans, der Stämme – wie heute noch in der Türkei die Eltern die verschiedenen Familien führen, Sohn und Tochter zusammen – und offenbar hat dieses System ja über Jahrhunderte zu relativ stabilen Gesellschaftsverhältnissen geführt, die jetzt auch keine großen Reproduktionsprobleme hatten. Meine Frage ist die: So faszinierend, plausibel und einleuchtend das klingt mit dem VNO-Organ und dem

---

[*]　Transkript der anschließenden Diskussion zum Vortrag von Udo Pollmer am 02.10.1999.

Immunsystem des anderen, spricht denn nicht diese soziologische Wahrheit dagegen?

Udo Pollmer:

Soweit ich mich an meine Schulzeit erinnere haben wir Ovids „Ars amandi" übersetzt – und durch die Literatur ziehen sich seit Jahrtausenden als zentrales Sujet Liebesdramen. Das ist ein Zeichen dafür, dass die Liebe nicht eine Erfindung der vergangenen hundert Jahre ist, sondern dass es sie immer gegeben hat. Dass Gesellschaften versucht haben, diese Kraft kommerziellen Erwägungen unterzuordnen, steht auf einem anderen Blatt. Und ich glaube auch nicht, dass die Entwicklung zu unserer Gesellschaft eine kontinuierliche war, dass man von der Zwangsheirat stufenweise zu unserer Zeit kam, in der man sich den Partner aussuchen kann. Welche Probleme mit einer solchen Zwangsverheiratung verbunden sind ließ sich in Japan demonstrieren. Dort bekamen die Frauen T-Shirts zum Beschnuppern, die ihr Partner und andere Männer getragen hatten, um nun den Geruch zu bewerten. Meistens hielten sie den Geruch ihres Partners, mit dem sie zwangsverheiratet worden waren, nicht für sonderlich angenehm. Das ist bei deutschen Frauen ganz anders. Auch dazu gibt es Untersuchungen. Das ist ein Zeichen dafür, dass der hier vorgestellte Mechanismus der Sozialbeziehungen trotzdem funktioniert, auch wenn gesellschaftlich diesen Mechanismen manchmal Gewalt angetan wird.

Alexander Boeck:

Nur eine Anmerkung zu Ihren Ausführungen, was die Deosprays angeht, dass es also Alzheimer-Krankheiten ausgelöst hat. Das ist sehr bedrückend, wenn Sie so was sehen, da möchte ich doch mal ein bisschen ergänzen. Diese Aluminiumstäube, die Sie als Ursache angeführt haben, werden schon seit Jahren nicht mehr in Deosprays eingesetzt – das berühmte Aluminium-hydroxichlorid – und es war auch nur in ganz kleinen Teilen der Deosprays, und zwar in den Antitranspirants vorhanden. Meines Wissens ist die Alzheimer-Krankheit, nachdem diese wenigen Deosprays, die wirklich nur einen ganz geringen Prozentsatz ausmachten, deshalb nicht signifikant zurückgegangen, sondern eher gestiegen. Es ist also sehr schwierig, so was in den Raum zu stellen, man sollte es ein bisschen relativieren. Und Sie sagten ja Gott sei Dank, dass das Deo-Roller in Ihren Untersuchungen nicht ergeben haben. Der überwiegende Teil, 95 oder 98 Prozent der Deosprays, die auf dem Markt waren oder die auf dem Markt sind, enthalten keine Aluminiumstäube, haben nie Aluminiumstäube enthalten und können deswegen auch keinen Verdacht haben, Alzheimer-Krankheit auszulösen. Es ist sehr bedrückend, wenn Sie so was sagen, Alzheimer-Krankheit und Deospray-Verwendung ständen in Zusammenhang.

Udo Pollmer:

Es mag sein, dass diese Alustäube in Deutschland im Gegensatz zu unseren Nachbarländern keine Rolle gespielt haben, aber der springende Punkt ist der: Sind auf diesem Wege Alzheimer-Erkrankungen erreicht worden? Entscheidend ist doch, dass der *bulbus olfactorius* ein Transportsystem darstellt, und dass über dieses Transportsystem neurologische Erkrankungen entstehen können. Es wäre sehr wünschenswert wenn die Hersteller von Deos diese Zusammenhänge auch für andere Stoffe in ihren Sprays untersuchen würden. Das ist die eigentliche Botschaft und ich bedanke mich, dass Sie das hier ein wenig richtig gestellt haben.

-?-:

Es ist ja auch bekannt oder wurde diskutiert, dass von Antazida, die aluminiumhaltig sind, also Magenpräparate gegen überhöhte Magensäure, auch Alzheimer ausgelöst wird. Dafür brauche ich nicht das olfactorische Organ, es geht also auch über die Blutbahn. Aber meine Frage ist eigentlich rein technischer Art: Wie weit schätzt man etwa die Reichweite dieser Pheromone ein, also über welchen Abstand zu Mitmenschen? Welchen Abstand kann ich haben, dass ich noch beeinflusst werde? Und zum anderen: Gibt es auch Untersuchungen über Interaktionen zwischen Tier und Mensch, also Pheromone, die der Mensch aussendet und die das Tier eventuell zu Aggressionen verleiten?

Udo Pollmer:

Das Letztere kann man aufgrund von Beobachtungen annehmen. Tiere sind in der Lage, auch Humanpheromone wahrzunehmen. Dass wird jeder Hundebesitzer bestätigen. Es gibt dazu keine Untersuchungen, weil wir darauf nie geachtet haben. Wie weit reichen sie? – Vermutlich ungefähr so weit, wie ein Hund schnuppern kann. Vermutlich fällt das Ergebnis je nach Stoffklasse anders aus. Denn manchmal versuchen auch Hunde den Urin ihrer Kollegen aus nächster Nähe auf gewisse Details hin zu untersuchen. Der Patient von Oliver Sacks konnte die Duft-Physiognomie von Menschen bereits wahrnehmen, wenn er an einem Zimmer vorbeiging. Handelt es sich hier um flüchtige Steroidderivate, wäre dies durchaus denkbar. Andere Substanzen wie die Lipocaline in den Haaren oder im Urin, wirken mutmaßlich nur über kurze Distanzen – wenn sich zwei Menschen sehr nahe kommen. Da die Lipocaline praktisch zugleich Auslöser aller Allergien auf tierische Lebewesen und Lebensmittel sind, müsste sich die „Wirkdistanz" aus einem einfachen Versuch ableiten lassen: Wie nahe muss ein Katzenhaarallergiker einer Katze kommen, um zu reagieren?

Alexander Boeck:

Das war vielleicht etwas zum Schmunzeln: Sie haben das Buch von Patrick Süßkind zitiert, „Das Parfüm". Und Sie sagten, dass man ein bisschen dichterische Freiheit abstrahieren solle, aber ansonsten sei da ein Wahrheitskern drin. Der Höhepunkt in dem Buch ist, dass der Hauptdarsteller Jungfrauen getötet und dann extrahiert, und sie anschließend in Leinentücher mit Schweinefett eingewickelt hat, um den Menschenduft zu erhalten. Mir fällt ein bisschen schwer, da die dichterische Freiheit zu sehen – die ist, glaube ich, sehr groß. Und der Duft, der auf diese Weise gewonnen wurde, hat dann alle Menschen angezogen und sie haben ihm die Kleider vom Leib gerissen. Das ist doch ein Riesenunterschied zu dem, was Sie mit den Pheromonen erwähnten, wo sie sagten, dass Parfum plus Pheromone eben nicht den erwünschten Erfolg bringen, dass die Damen oder Herren den entsprechenden Personen zu Füßen liegen. Aber Sie haben auch gesagt, dass versucht worden sei, das zu vermarkten. Das stimmt, in Amerika ist es vermarktet worden. Aber da ist dann sicherlich die Werbung mehr der Erfolg gewesen als die tatsächliche Wirkung. In Deutschland gibt es keine seriöse Firma. Die Versuche sind seit 20, 30 Jahren immer wieder aufs Trapez gekommen, eventuell ein Parfum zu kreieren, was diese hervorragende Wirkung hat. Keine Firma hat es auf den Markt gebracht. Die einzige Firma, die das versucht

den Markt gebracht. Die einzige Firma, die das versucht hat, aber auch über die Werbung, ist Beate Uhse.

* * *

Wie Musik auf den Menschen wirkt

von Heiner Gembris

Wie Musik auf den Menschen wirkt ist eine Frage, auf die Musiker, Musikhörer und Musiktheoretiker vermutlich seit den Anfängen der Musik eine Antwort gesucht haben. Eine zeitlos gültige und unterschiedliche Kulturen umspannende Antwort gibt es nicht. Denn wie Musik wirkt, hängt nicht allein von der Musik und ihren kulturellen und historischen Voraussetzungen ab, sondern auch in hohem Maße vom individuellen Menschen, der sie hört, von seinem Geschmack, seinen Erwartungen und anderen Voraussetzungen, die er oder sie mitbringt, sowie auch vom situativen Kontext, in dem die Musik gehört wird. Mein Beitrag soll deshalb nicht nur die Seite der Musik beleuchten, sondern auch einige wichtige Aspekte auf Seiten der Rezipienten einbeziehen. Ich habe meine Ausführungen in drei Abschnitte eingeteilt. Zuerst geht es um Eigenschaften der Musik, die in Zusammenhang mit bestimmten Wirkungen stehen. Der zweite Teil befasst sich mit außermusikalischen Einflussfaktoren wie individuelle Dispositionen des/der HörerIn und dem situativen Kontext des Musikhörens. Im dritten Teil werden einige interessante Erkenntnisse vorgestellt, die man zu verschiedenen Aspekten musikalischer Wirkungen gefunden hat.

1. Musikalische Elemente und ihre Wirkungen

Bereits die antiken Philosophen Platon (427 – 347 v. Chr.) und Aristoteles (384 – 322 v. Chr.) haben Theorien darüber entwickelt, welche Tonarten und Instrumente welche Wirkung auf die Hörer ausüben. Platon schreibt zum Beispiel in seinem Werk „Der Staat", dass die lydische Tonart (c d e/f g a h/c) weich und schlaff sei und entsprechend wirke, die dorische (e/f g a h/c d e) dagegen sei aufrüttelnd und erwecke zusammen mit der phrygischen (d e/f g a h/c d) die Tapferkeit und Männlichkeit.[107] Deshalb sollte keinesfalls die lydische, sondern die dorische und phrygische Tonart zur Erziehung der Soldaten eingesetzt werden. Ob die antiken Tonarten tatsächlich jemals diese Wirkungen gehabt haben, wissen wir nicht. In jedem Fall ist die antike Ethoslehre – so heißt diese Theorie von den Wirkungen der Musik – ein bedeutendes kulturhistorisches Zeugnis, das dokumentiert, wie man schon von fast 2.500 Jahren die Wirkungen von Musik systematisch zu erfassen und für bestimmte Zwecke einzusetzen versuchte.

Eine andere, sehr einflussreiche Theorie über die Elemente der Musik und ihre Wirkungen wurde im Barockzeitalter entwickelt. Die sogenannte „Affektenlehre" war eine Art musikalische Handwerkslehre, die von Komponisten und Musiktheoretikern im 17. Jahrhundert entwickelt und verfeinert wurde. „Sie geht davon aus, dass es klar definierbare, elementare Gemütsbewegungen und Seelenzustände gibt, mit denen jeder Mensch gleichermaßen auf Erfahrungen der Außenwelt reagiert, und dass solche emotionalen Bewegungen und Zustände durch die

---

[107] Platon, „Der Staat", Buch III, übersetzt und erklärt von Karl Vretska, Reclam, Stuttgart 1958, Seite 172 f.

Bewegung der Töne objektiv dargestellt und im affektbereiten Hörer spontan ausgelöst werden können."[108]

Dur-Tonarten sollten danach lustig, frech, ernsthaft, erhaben wirken, Moll-Tonarten dagegen schmeichelnd, traurig, zärtlich. Konsonanzen sollten Ruhe und Zufriedenheit ausdrücken können, Dissonanzen hingegen Ekel, Verdruss, Schmerz.[109]

Schmerz zum Beispiel drückten die Komponisten aus durch kleine, vornehmlich abwärts gerichtete Intervalle, besonders durch Halbtöne und chromatische Gänge, durch Häufung von Dissonanzen, durch Sextakkorde der Dreiklänge, durch Synkopen, langsame Bewegung.

Freude sollte erregt werden durch große Intervalle, Bevorzugung von Dur-Tonarten, durch den sparsamen Gebrauch von Dissonanzen und Synkopen, schnelleres Tempo, gelegentlich auch durch tänzerische Dreiertakte.[110] Diese musikalischen Ausdrucksmittel orientieren sich stark an körperlichen Ausdrucksgesten, die mit den entsprechenden Affekten verbunden sind, indem die Musik versuchte, den Bewegungsgestus eines Affektes mit musikalischen Mitteln nachzuahmen.

---

[108] E. Kötter, „Zu Bezügen zwischen Benennungen von Affekten in der Barockmusik und Begriffen der heutigen Emotionspsychologie", in: „Musikpsychologie", Jahrbuch der Deutschen Gesellschaft für Musikpsychologie, hg. von K.-E. Behne, H. de la Motte-Haber & G. Kleinen, Band 12, Noetzel, Wilhelmshaven 1996, Seite 75-88.

[109] J. J. Quantz, „Versuch einer Anweisung die Flute traversiere zu spielen". 3. Auflage, Breslau 1789; Faksimile Bärenreiter, Kassel 1953. XI. Hauptstück, § 1 ff; XVII. Hauptstück, VI. Abschnitt, § 12 ff.

[110] H. H. Eggebrecht, „Musik im Abendland. Prozesse und Stationen vom Mittelalter bis zur Gegenwart", Piper, München 1991, Seite 353.

Ausdrucksmittel der Affektenlehre

Schmerz	Freude
• kleine, vornehmlich ab-wärts gerichtete Inter-valle • Halbtöne und chromati-sche Fortschreitungen • Häufung von Dissonan-zen • langsame Bewegung Synkopen	• große Intervalle • Bevorzugung von Dur-Tonarten • sparsamer Gebrauch von Dissonanzen und Syn-kopen • schnelleres Tempo • tänzerische Dreiertakte

Abbildung 1

Obgleich die Affektenlehre überholt und auch die Entwick-lung der Musik weitergegangen ist, wurden mit Beginn des 17. Jahrhundert grundlegende musikalische Ausdrucksprinzipien entwickelt, die nach wie vor prägend für den wohl größten Teil unserer heutigen westlichen Musik sind.

Die Frage, ob diese Ausdrucksprinzipien, die einzelnen mu-sikalischen Elemente, tatsächlich auch so wirken, wie die Kom-ponisten beabsichtigen, überhaupt die Frage, welche musikali-schen Parameter welche Wirkungen auslösen können, ist eines des wichtigsten Forschungsgebiete der *Musikpsychologie*. Be-reits im Jahre 1880 wurde die erste experimentelle Untersu-chung über die Wirkungen unterschiedlicher Tonhöhe und Lautstärke auf Blutdruck und Herzschlag veröffentlicht.[111] Seitdem ist eine kaum überschaubare Vielzahl von Experimenten zu physiologischen und psychologischen Wirkungen von Musik und ihren Elementen angestellt worden.

Es ist aber nicht ganz einfach, das Problem der Wirkung von Musik oder die bestimmter musikalischer Eigenschaften zu erforschen. Zum einen ist es schwierig, die durch Musik ausgelösten Gefühle, Stimmungsveränderungen oder sonstigen Wirkungen in zuverlässiger und aussagekräftiger Weise zu erfassen und zu messen. Ein anderes methodisches Problem besteht darin, exakt festzustellen, auf welche der musikalischen Elemente und Details mögliche Wirkungen zurückzuführen sind. Denn Musik ist ein ganzheitliches Gebilde, das sich in der Zeit entfaltet und man kann schlecht ein einzelnes Intervall, einen einzelnen Akkord, Rhythmus usw. aus dem Kontext lösen, um dieses Element isoliert auf seine Wirkung hin zu untersuchen.

Dennoch gibt es bestimmte musikalische Parameter, die zumindest gewisse Wirkungstendenzen aufweisen. Ein gutes Beispiel dafür sind solche musikalische Merkmale, die sich mit aktivierenden oder beruhigenden Wirkungen in Zusammenhang bringen lassen. Einen Überblick gibt folgende Übersicht:

---

[111] J. Dogiel, „Über den Einfluss der Musik auf den Blutkreislauf", Arch. f. Anatomie und Physiologie, Abt. Psychologie, 1880, Seite 416-428.

Wirkungstendenzen musikalischer Parameter

Aktivierende Wirkungen	Beruhigende Wirkungen
• große Lautstärke • häufige Lautstärkeveränderungen • schnelles Tempo • häufige Tempowechsel • weiter Ton- bzw. Frequenzumfang • mittlerer bis hoher Komplexitätsgrad	• geringe Lautstärke • keine oder wenig Lautstärkeveränderungen • langsames Tempo • wenig/keine Tempowechsel • enger Ton- bzw. Frequenzumfang • geringe Komplexität

Abbildung 2

Die musikalischen Parameter *Lautstärke* und *Tempo* sind wahrscheinlich von allen anderen musikalischen Merkmalen die einzigen, die eine unmittelbare physiologische Wirkung auf den Hörer ausüben können. Diese unmittelbare Wirkung hängt mit den neurophysiologischen Verschaltungen von Hörbahn, *Formatio Reticularis* und motorischen Nerven zusammen. Beispielsweise haben Schallreize ab einer Lautstärke von etwa 65 dB und höher eine unmittelbar physiologisch aktivierende Wirkung, die sich in Steigerungen der Herzfrequenz, Atmung oder Muskelanspannung äußern kann. Dieses Phänomen ist allerdings nicht musikspezifisch, sondern tritt allgemein bei Schallreizen oder Lärm größerer Lautstärke auf.

Wenn man bedenkt, dass an verschiedenen Messstellen im Orchester Schalldruckpegel bis zu 128 dB auftreten[112] und der Schalldruckpegel bei klassischer Musik im Konzertsaal zwischen 60 und 90 dB liegt[113], dann wird klar, dass dann schon allein aufgrund der Lautstärke physiologische Wirkungen auftreten können. Die Ursache für die unmittelbare Wirksamkeit der Lautstärke ist wohl darin zu sehen, dass die an den Sinneszellen des Cortischen Organ hervorgerufenen elektrischen Potentiale einen direkten Einfluss auf die *Formatio Reticularis* ausüben, einem Zentrum von Gehirnnerven, das u. a. bei der Regulation von Aktivierung, Wachheit und Emotionen eine wesentliche Rolle spielt. Ein ernstes Problem großer Lautstärke liegt darin, dass besonders bei höherfrequenten Schallen (1000 - 4000 Hz) ab 80 dB Hörschäden auftreten können. Besonders gefährdet sind Walkman-Benutzer und Besucher von Discos und Rockkonzerten, da sie Musik oft über eine längere Dauer mit Lautstärken von 110 dB und mehr hören. Hörschäden können aber auch bei langjährigen Orchestermusikern als Berufskrankheit auftreten.

Das musikalische Tempo ist ein weiterer Faktor, der relativ unmittelbare Wirkungen ausüben kann. Es konnte verschiedentlich nachgewiesen werden, dass das Hören schneller Musik phy-

---

[112] M. Haider & E. Groll-Knapp, „Psychophysiologische Untersuchungen über die Belastungen des Musikers in einem Symphonieorchester"; in: M. Piperek (Hg.), „Stress und Kunst", Wien und Stuttgart 1971, Seite 15-37.

[113] R. A. Rasch & R. Plomp, „The Listener and the Acoustic Environment"; in: D. Deutsch (Hg.), „The Psychology of Music", Academic Press, New York 1982, Seite 135-147.

siologische Erregung hervorrufen kann.[114] Die relativ unmittelbare Wirkung des musikalischen Tempos hängt damit zusammen, dass wir beim Hören von rhythmischen Impulsen dazu neigen, unwillkürlich mehr oder weniger starke Mitbewegungen auszuführen. Diese spontanen motorischen Reaktionen bleiben oft unter der Bewusstseinsschwelle. Sie sind aber notwendige Voraussetzung für die Auffassung von Rhythmen. Diese unwillkürlichen Mitbewegungen hängen wahrscheinlich damit zusammen, dass die akustischen Impulse der Hörbahn sich im sogenannten „Olivenkomplex" des Gehirns, einem Kerngebiet von Nervenzellen innerhalb der *Formatio Reticularis*, mit motorischen Bahnen kreuzen, verschaltet werden und so unwillkürliche Bewegungen auslösen.

Im Unterschied zu Lautstärke und Tempo bzw. Rhythmus rufen andere musikalische Parameter wie Tonalität, Harmonik oder Klangfarbe vermutlich keine direkten und keine unmittelbaren physiologischen Effekte hervor. Vielmehr sind die Wirkungen von Dur und Moll oder Konsonanz und Dissonanz stark durch musikgeschichtliche Entwicklungen und individuelle Lernprozesse beeinflusst. Dass die Wirkungen etwa von Dur und Moll nicht zwingend und naturhaft sind, sondern durch Lernprozesse entstehen, kann man an der musikalischen Entwicklung von Kindern beobachten. Erst ab etwa drei Jahren beginnen Kinder, Dur und Moll als fröhlich oder traurig zu unterscheiden. Kindern unter fünf Jahren unterscheiden auch noch nicht zwischen Konsonanz und Dissonanz, ihnen sind beide

---

[114] H. Gembris, „Psychovegetative Aspekte des Musikhörens", *Zeitschrift für Musikpädagogik*, Heft 4/1977, Seite 59-65.
H. Gembris, „Musikhören und Entspannung", Wagner, Hamburg 1985.

Klänge gleich lieb.[115] Interessanterweise hat sich auch im Laufe
der abendländischen Musikkultur das Empfinden von Konsonanz und Dissonanz mehrfach gewandelt.[116] Außerdem hängt
das Empfinden von Konsonanz und Dissonanz sehr stark vom
musikalischen Kontext ab. So kann ein Klang als mehr oder
weniger konsonant empfunden werden, je nach dem, welche
Akkorde ihm vorangegangen sind und welche ihm folgen. Deshalb kann man auch nicht sagen, dass ein bestimmter Akkord
diese oder jene Wirkung hat.

Ein anderes wichtiges Element der Musik ist die Melodie.
Hier kann man zwei Aspekte unterscheiden. Der eine ist die
Bewegung der Melodie, der andere ihre Tonalität. Der Aspekt
der Bewegung beinhaltet die Auf- und Abwärtsbewegung einer
Melodie, die sogenannte melodische Kontur. Mit der Auf- und
Abbewegung der Melodie, mit der Größe der Melodie-Intervalle
assoziieren wir automatisch entsprechende Bewegungen des
Körpers im Raum. Wenn wir z. B. einen Stummfilm sehen, in
dem jemand die Treppe herunterpurzelt, können wir sicher sein,
dass wir in der Klavierbegleitung eine Tonleiter abwärts hören.
In der Filmmusik wird das als „Mickey-Mousing" bezeichnet.

Beim Wiedererkennen oder Singen von Melodien orientieren
wir uns vorwiegend an den typischen Auf- und Abwärts-
Bewegungen einer Melodie, an der melodischen Kontur. Auch
wenn die einzelnen Töne einer Melodie nicht genau stimmen,
können wir Melodien wiedererkennen, wenn die melodische
Kontur einigermaßen stimmt. Bereits im ersten Lebensjahr kön-

---

[115] H. Gembris, „Grundlagen musikalischer Begabung und Entwicklung",
Wißner, Augsburg 1998.

[116] R. Eberlein, „Theorien und Experimente zur Wahrnehmung musikalischer
Klänge", Lang, Frankfurt 1990, Seite 20.

nen Säuglinge Melodien mit verschiedenen Konturen unterscheiden, während das Gefühl für die richtigen Abstände der einzelnen Töne, die Tonalität, sich erst ein paar Jahre später entwickelt. In dieser Entwicklungsphase des Menschen, in der die Sprache noch nicht entwickelt ist, verständigen sich der Säugling, seine Mutter und seine Bezugspersonen mit Hilfe von vorsprachlichen Vokalisationen, der sogenannten „Ammensprache" oder „baby talk", wie es im Englischen heißt. Es gibt in der Ammensprache offenbar prototypische Melodiekonturen, die in unterschiedlichen Kulturen die gleiche Bedeutung besitzen. Mechthild Papoušek[117], die viele Jahre auf diesem Gebiet geforscht hat, schreibt dazu: „Je nach kommunikativem Kontext, werden unterschiedliche melodische Konturen verwendet, die jeweils unterschiedliche Funktionen ausüben. Wenn Mütter einen Blickkontakt mit dem Kind herstellen wollen, benutzen sie melodische Konturen, die dem Kuckucksruf ähnlich sind. Um die Aufmerksamkeit des Säuglings zu erregen oder um ihn zum Dialog anzuregen, verwenden sie aufsteigende melodische Konturen. Langsame, fallende Melodien in tiefen Lagen werden eingesetzt, um einen übererregten oder ärgerlichen Säugling zu beruhigen. Wenn der Säugling erwünschte Verhaltensweisen, vielleicht ein Lächeln [...] zeigt, wird er, je nach Kontext, mit fallenden oder erst steigenden, dann fallenden Melodien belohnt."[118]

Es ist nicht geklärt, ob diese Melodiekonturen ihre Wirkungen aus sich heraus besitzen, oder ob sie erlernt werden. Die Tatsache, das diese kommunikativ-emotionalen Bedeutungen

---

[117] M. Papoušek, „Vom ersten Schrei zum ersten Wort. Anfänge der Sprachentwicklung in der vorsprachlichen Kommunikation", Huber, Bern 1994.
[118] Papoušek, nach Gembris 1998, Seite 311 f.

gleichermaßen in unterschiedlichen Kulturen anzutreffen sind, also universell sind, spricht jedoch dafür, dass es angeborene Grundlagen dafür gibt. Jeder Mensch verständigt sich in seiner frühesten Kindheit mit Hilfe solcher melodischer Konturen, aus denen sich dann später die Sprache und das Singen entwickeln. Wahrscheinlich sind auch grundlegende melodische Ausdruckswirkungen der Musik in solchen prototypischen Melodiekonturen zu suchen. Denn die primäre vorsprachliche Interaktion zwischen Mutter und Kind basiert auf Ausdrucksmitteln wie Melodik, Rhythmik, Klangfarbe und Tonhöhe, die auch der Musik zugrunde liegen.

Nach psychoanalytischer Auffassung ist die Tatsache, dass in dieser frühkindlichen Entwicklungsphase die Liebe und Zuneigung der Mutter zum großen Teil über den auditorischen Sinneskanal vermittelt wird, auch von Bedeutung für das spätere Erleben von Musik. Wenn ein erwachsener Mensch sich zurücksehnt nach dem verlorenen Paradies der frühesten Kindheit, nach der symbiotischen Mutterliebe, so könne die Musik ihn zurückbringen zu dieser primären Periode, in der er sich auf dem Weg des Hörens der Liebe seiner Mutter versichert fühlen konnte.[119] Möglicherweise sind die starken psychischen Wirkungen, die Musik bisweilen ausüben kann, zumindest teilweise auf diese Form von Regressionserlebnissen zurückzuführen.

---

[119] P. Noy, „The development of musical ability", *The Psychoanalytic Study of the child*, 23/1968, Seite 344.

2. Das Individuum, seine Disposition und der situative Kontext – die Rolle von außermusikalischen Faktoren

Wie Musik beim einzelnen Menschen wirkt hängt nicht nur von der Musik, sondern auch sehr stark von außermusikalischen Faktoren ab, z. B. vom situativen Kontext, von der gegenwärtigen Stimmung, Einstellungen, musikalischen Erfahrungen, momentanen Bedürfnissen und anderem mehr. Auch der musikalische Geschmack spielt ganz unmittelbar eine Rolle, denn wir lassen in der Regel nur Musik auf uns wirken, die in irgendeiner Weise unserem Geschmack entspricht.

Musikalischer Geschmack – oder besser gesagt: musikalische Vorlieben – entwickeln sich durch einen langjährigen Lernprozess, der besonders im Jugendalter heftigen Veränderungen unterworfen ist. Ein einflussreiche Rolle spielen dabei das soziale Umfeld, die Gruppe der Gleichaltrigen, die Medien, Einflüsse der Bildung, etwa der Schule, obgleich man manchmal den Eindruck gewinnen kann, dass der Einfluss der Schule im Vergleich zu dem der Medien oder der gleichaltrigen Jugendlichen relativ gering ist. Zwischen 20 und 25 Jahren stabilisieren sich normalerweise die musikalischen Vorlieben und bleiben für den Rest des Lebens weitgehend stabil. Da verschiedene Menschen, verschiedene Kulturen und soziale Gruppen ganz unterschiedliche musikalische Lernprozesse durchmachen und auch einen ganz unterschiedlichen Geschmack entwickeln können, kann man nicht erwarten, dass ein und dieselbe Musik bei allen Menschen die gleichen Gedanken, Empfindungen und Reaktionen auslöst.

Neben den musikalischen Vorlieben gibt es noch eine ganze Reihe von weiteren Faktoren, von denen die Wirkungen von

Musik abhängen. Ich möchte dies am Beispiel von Einstellungen und Erwartungen gegenüber Musik zeigen.

Einstellung und Wissen über Musik

Einstellungen und Erwartungen haben einen sehr starken Einfluss darauf, wie wir Musik erleben. Wir können unser Musikerleben auch nicht von dem trennen, was wir über die jeweilige Musik wissen. Ein Beispiel soll dies illustrieren:

Vor etwa 20 Jahren (am 31. Januar 1977) hat der WDR im Rahmen einer Sendung ein interessantes musikpsychologisches Experiment durchgeführt, dessen Ergebnisse den Hörern noch in derselben Sendung mitgeteilt wurden.[120] Und zwar wurden dreimal hintereinander die Finaltakte von Bruckners IV. („Romantischer") Sinfonie gesendet.

Die drei Ausschnitte dieser Musik, die den Radiohörern präsentiert wurden, stammten angeblich aus verschiedenen Einspielungen von Karl Böhm, Leonhard Bernstein und Herbert von Karajan mit jeweils verschiedenen Orchestern. In Wirklichkeit jedoch waren jedes Mal die Berliner Philharmoniker unter Karajan zu hören. Bevor nun diese Ausschnitte zu hören waren, wurde jeder der angeblichen Dirigenten mit einer kurzen Biographie und Beschreibung seines musikalischen Stils vorgestellt. Anschließend waren die Stücke zu hören. Die Hörer sollten die Interpretationen vergleichen und beurteilen, welche Interpretation ihnen am Besten gefallen habe. Sie wurden gebeten, beim

---

[120] K.-E. Behne, „Urteile und Vorurteile: Die Alltagsmusiktheorien jugendlicher Hörer"; in: H. de la Motte-Haber (Hg.), „Psychologische Grundlagen des Musiklernens", *Handbuch der Musikpädagogik* Bd. 4/1987, Bärenreiter, Kassel, Seite 221 – 272.

Sender anzurufen und ihre Lieblingsinterpretation oder auch ihr
unentschiedenes Votum mitzuteilen. Außerdem sollten sie noch
Alter und Geschlecht angeben und ihre allgemeine Einstellungen zu Musik kurz beschreiben. Innerhalb von 20 Minuten rie-
fen weit über 500 Hörer an. Noch während der Sendung wurden
die Ergebnisse ausgewertet und den Hörern vorgestellt.

Ein sehr bemerkenswertes Ergebnis ist zunächst einmal, dass
über 80 Prozent der HörerInnen meinte, unterschiedliche Interpretationen gehört zu haben, obgleich die Ausschnitte völlig
identisch waren. Es zeigte sich, dass die angebliche Karajan-
Interpretation die beliebteste war, gefolgt von Bernstein und
Karl Böhm. Weniger als 20 Prozent der Hörer (18,3 %) hatten
keine Unterschiede gehört oder gaben an, sich nicht entscheiden
zu können. Interessant ist dabei folgendes: je älter, je musiklie-
bender und deshalb vermutlich auch kompetenter die Hörer waren, desto eher erlagen sie den suggestiven, aber falschen Informationen.[121] Bemerkenswert ist auch, dass diese Manipulationen
des Erlebens nicht bei einer völlig unbekannten Musik, sondern
bei einem relativ bekannten und beliebten Stück möglich war.

Ich habe dieses Experiment des öfteren in ähnlicher Weise in
verschiedenen Lehrveranstaltungen mit Musikwissenschaftlern
und Musikpädagogen, also Fachleuten in Sachen Musik, wiederholt. Die Resultate sind regelmäßig dieselben: nur ein sehr
kleiner Teil der HörerInnen erkennt, dass sie absolut identische
Musikausschnitte gehört haben. Die meisten haben subjektiv
unterschiedliche Stücke gehört. Das Erstaunliche ist, dass viele
auf entsprechende Nachfrage genau begründen können, warum
sie die eine oder andere Interpretation vorziehen und sogar in
der Lage sind, die musikalischen Details zu benennen, durch die

---

[121] vgl. Behne 1987, Seite 265 ff.

sich für diese Hörer die eine Interpretation von der anderen unterscheidet. Wenn ich dann anschließend sage, dass ich ihnen dreimal denselben Ausschnitt vorgespielt habe, sind manche wie vor den Kopf gestoßen und wollen das kaum glauben.

Meine Absicht bei diesen Demonstrationen ist, die Hörer selbst erleben zu lassen, wie sehr unser Musikurteil und unser Musikerleben von den jeweiligen Erwartungen und Einstellungen abhängen und von dem, was wir über die Musik wissen. Unter bestimmten Umständen, nämlich dann, wenn reale oder suggestive Informationen glaubwürdig vorgebracht werden, ist es sogar relativ leicht, die Hörerwartungen und Einstellungen und dadurch das musikalische Urteil und Erleben zu beeinflussen. Wir können daran auch sehen, dass die objektiv vorhandenen akustischen Ereignisse auf der einen Seite und die psychische Realität des Musikerlebens auf der anderen Seite zwei ganz verschiedene Dinge sind.

Aber nicht nur durch verbale Information, sondern auch durch visuelle Eindrücke lässt sich die Wirkung von Musik auf uns verändern. Auch hierzu ein kurzes Beispiel: In einer Serie von Experimenten wurden den Versuchspersonen (Studenten und Musiklehrern) Videos gezeigt, auf denen verschiedene Pianisten und Sängerinnen dieselben Stücke vortrugen. Die Probanden wurden gebeten, die angeblich verschiedenen Interpretationen zu vergleichen und zu bewerten. Tatsächlich hörten sie immer wieder dieselbe Interpretation, die lediglich von verschiedenen Interpreten im Playback-Verfahren gedoubled wurde.

Selbst musikalisch Vorgebildete erkannten nur in Ausnahmefällen, dass sie identische Interpretationen gehört hatten. Die Urteile über die einzelnen „Interpreten", „klaffen stellenweise so sehr auseinander, dass es im Nachhinein kaum glaubhaft erscheint, dass jeweils die gleichen Akteure gemeint waren."[122] Interessant war dabei auch, dass das Klavierspiel der männlichen Interpreten eher als „präzis", das der weiblichen eher als „dramatisch" erlebt wurde. Zu besonders auffälligen Divergenzen in den Urteilen führten die optischen Eindrücke bei Musiklehrern, obwohl diese die identischen Interpretationen eher als andere hätten erkennen müssen, weil sie musikalische Fachleute sind. Solche Ergebnisse lassen stark vermuten, dass gerade auch die Urteile von Musikkritikern bei Pianisten oder Sängern stark durch die optische Komponente beeinflusst werden.

3. Forschungsergebnisse zu Wirkungen von Musik

Im dritten Teil möchte ich nun noch einige Beispiele aus der Forschung über Wirkungen von Musik vorstellen.

Hintergrundmusik

In sehr vielen Lebenssituationen werden wir mit Hintergrundmusik beschallt. Je nach Situation und Hörgewohnheiten wird sie als angenehm oder störend empfunden. Hintergrundmusik wird eingesetzt, weil man sich irgendwelche Wirkungen davon verspricht. Bereits aus den ersten Jahrzehnten des 20. Jahrhunderts gibt es vor allem aus den USA Darstellungen über den

---

[122] K.-E. Behne, „Blicken Sie auf die Pianisten?! – Zur bildbeeinflussten Beurteilung von Klaviermusik im Fernsehen"; in: K.-E. Behne, „Gehört – Gedacht – Gesehen. Zehn Aufsätze zum visuellen, kreativen und theoretischen Umgang mit Musik", ConBrio, Regensburg 1994, Seite 21.

Einsatz von Musik, um Arbeitsleistung und Arbeitsmoral günstig zu beeinflussen. So beispielsweise einen Bericht über eine „Ragtime Wäscherei" im Jahre 1916, in der die 300 Wäscherinnen neben ihrer Arbeit Musik von Grammophon-Platten hörten. Nach Ansicht ihrer Vorgesetzen arbeiteten sie dadurch schneller und waren zufriedener.[123]

Während des 2.Weltkriegs „entwickelte sich eine eigene Industrie, die speziell Musik für die Beschallung von Fabrikräumen, Büroarbeitsplätzen u. a. konzipierte, produzierte und vermarktete. Zugleich entstanden eine Fülle von Untersuchungen, die die Effekte der Musik entweder in natürlichen Kontexten, also am Arbeitsplatz selbst, oder aber im Labor studierten." Vielfach zeigten diese Studien, dass sich die Produktivität vor allem bei einfachen manuellen Tätigkeiten durch Hintergrundmusik verbessern ließ. Offen bleibt dabei die Frage, ob es sich tatsächlich um Wirkungen der Musik handelte, oder ob nicht ganz allgemein Veränderungen am Arbeitsplatz, die als angenehm empfunden wurden, auch zu einer Verbesserung der Arbeitsleistungen führen.

Wenn man jedoch die Untersuchungen zu Wirkungen von Hintergrundmusik aus unterschiedlichen Jahrzehnten genauer anschaut, stößt man auf ein interessantes Phänomen: Während die Studien aus früheren Jahrzehnten zum überwiegenden Teil eine Wirksamkeit von Hintergrundmusik nachweisen konnten, scheint das seit etwa 10 oder 15 Jahren nicht mehr so eindeutig

---

[123] R. S. Uhrbrock, „Music on the job: Its influence on worker morale and production", *Personal Psychology* 14/1961, Seite 9-38.
K.-E. Behne, (1995). „Wirkungen von Musik"; in: S. Helms, R. Schneider & R. Weber (Hg.), „Kompendium der Musikpädagogik", Bosse, Kassel 1995, Seite 333-348.

der Fall zu sein. Eine Reihe von Studien aus der jüngeren Zeit konnte keine oder keine eindeutige Wirkung von Hintergrundmusik nachweisen. Dazu einige Beispiele:

In einer österreichischen Taschenfabrik hatte man versuchsweise für mehrere Wochen eine Anlage installiert, über welche die ArbeiterInnen mit Hintergrundmusik einer kommerziellen Firma berieselt wurden. Untersucht wurde die Arbeitsproduktivität gegenüber der Zeit vor dieser Beschallung mit Hintergrundmusik. Es zeigte sich kein signifikanter Unterschied. Weder Produktivitätssteigerungen noch eine höhere Arbeitszufriedenheit, mit der die Vertreiber von Hintergrundmusik werben, ließen sich nachweisen. Im Gegenteil: den Angestellten war die Berieselung mit Hintergrundmusik unangenehm, sie beschwerten sich bei der Geschäftsführung, weil sie lieber wie vorher ihre Radios an den Arbeitsplatz mitnehmen wollten, um daraus ihre eigenen Musiksendungen zu hören.[124]

In den meisten Kaufhäusern wird Hintergrundmusik eingesetzt, weil man sich davon letztlich einen größeren Umsatz verspricht. In einer Reihe von wissenschaftlichen Untersuchungen wurde geprüft, ob sich dadurch die Verweildauer der Kunden im Kaufhaus beeinflussen und der Umsatz steigern lässt. Die Ergebnisse sind widersprüchlich und eher negativ. So auch in einer Studie, die vor einigen Jahren in einem Supermarkt in Münster durchgeführt wurde.[125] Über eine Dauer von 40 Tagen wurde

---

[124] S. Kunz, „Musik am Arbeitsplatz" (Fragmente als Beiträge zur Musiksoziologie, hg. von Elisabeth Haselauer), Doblinger, Wien 1991.

[125] G. Rötter & C. Plößner, „Über die Wirkung von Kaufhausmusik", in: „Jahrbuch Musikpsychologie", hg. von K.-E. Behne, H. de la Motte-Haber, G. Kleinen, Band 11/1994, Noetzel, Wilhelmshaven 1995, Seite 154-164.

während der einen Hälfte der Zeit Musik eingespielt, während der anderen nicht. Bei der Musik handelte es sich um typische Kaufhausmusik, die von kommerziellen Firmen vertrieben wird: Arrangements aus Pop- und Schlagermelodien, ohne ausgeprägte Rhythmen und ohne Gesang. Es wurde streng darauf geachtet, dass die üblichen Umsatzschwankungen an Wochenenden und normalen Wochentagen über beide Bedingungen gleichverteilt waren. Durch Beobachtung wurde die Verweildauer der Kunden erfasst, ferner wurden die Tagesumsätze registriert. Außerdem wurden die Kunden stichprobenartig nach ihrer Stimmung befragt. Die Ergebnisse zeigen weder Unterschiede in den Umsätzen noch bei der Verweildauer im Supermarkt. Auch Unterschiede in der Stimmung der Kunden konnten nicht ermittelt werden, gleichgültig, ob Musik abgespielt wurde oder nicht.

Eine anderes Einsatzgebiet der sogenannten „funktionellen Hintergrundmusik" ist die Werbung. Hier soll die Musik die Merkfähigkeit für die Produktinformation verbessern und das Produkt-Image in die gewünschte Richtung formen. Auch in diesem Bereich sind die Erkenntnisse längst nicht so eindeutig, wie die Werbung das gern hätte. Es gibt Studien, die einen Einfluss der Musik auf das Produkt-Image belegen[126] und andere, die diesen Effekt nicht nachweisen können.[127] Ob Musik tatsächlich die Behaltensleistung für die Produktinformation verbessern kann, ist ebenfalls sehr fraglich. Ein Experiment

---

[126] G. J. Gorn, „The effects of music in advertising on choice behavior: A classical conditioning approach", *Journal of Marketing*, Vol. 46/1982, Seite 94-101.

[127] J. J. Kellaris / A. D. Cox, „The effects of background music in advertising: A Reassessment", *Journal of Consumer Research*, Vol. 16 (1)/1989, Seite 113-118.

z. B., das sich mit der Wirkung von Werbung auf ältere Personen befasste, kam u. a. zu dem Ergebnis, dass die Unterlegung der Produktinformation mit Hintergrundmusik bei älteren Personen sogar zu Verschlechterungen im Behalten und Erinnern der Werbeinformationen führte.[128] Hier kann es also eher zu einem Interferenzeffekt, d. h. einer Störung der Verarbeitung der verbalen Information durch die musikalische Information kommen.

Welches Fazit können wir aus diesen Befunden ziehen? Zunächst kann man sagen, dass wir durch Hintergrundmusik längst nicht so manipulierbar sind, wie manche Firmen hoffen und Pessimisten befürchten. Im Gegenteil: Es scheint sogar, dass die Wirksamkeit von Hintergrundmusik über die Jahrzehnte abgenommen hat. Wie ist das zu erklären? Eine naheliegende Erklärung ist, dass wir uns an die ständige Anwesenheit von Musik so gewöhnt haben, dass wir sie nur noch oberflächlich wahrnehmen und gegenüber ihren Wirkungen abgestumpft sind. Dies ist sicher der Fall und stellt einen ganz normalen Prozess dar, der als „Habituation" bezeichnet wird. Die Habituation im Sinne von Abstumpfung gegenüber (Hintergrund-)Musik wird leicht als etwas Negatives betrachtet. Man kann es aber auch positiv sehen: „Wir haben gelernt, Musik nicht in jedem Fall an uns heranzulassen, weil wir natürlich überfordert wären, wenn wir Musik immer intensiv erleben wollten/ müssten".[129] Wir dürfen froh

---

[128] G. J. Gorn, M. E. Goldberg, A. Chattopadhyay & D. Litvack, „Music and information in commercials: Their effects with an elderly sample", *Journal of Advertising Research*, October/ November 1991, Seite 23-32.

[129] K.-E. Behne, „Zu einer Theorie der Wirkungslosigkeit von (Hinter-) Grundmusik"; in: „Jahrbuch Musikpsychologie", hg. von K.-E. Behne, H. de la Motte-Haber & G. Kleinen, Band 14, Hogrefe, Göttingen 1999, Seite 7-23.

sein, dass die Musik in den meisten Lebenssituation keine Wirkung auf uns ausübt. Denn es wäre schrecklich, wenn wir überall dort, wo Musik abgedudelt wird (Fußgängerzone, Kaufhaus, Kneipe etc.), einer starken Wirkung der Musik unterworfen wären. Wir wären bloß Marionetten an den Fäden der Musik, die irgend jemand spielt. Das ist glücklicherweise nicht der Fall.

Auf der anderen Seite erfahren wir im Alltag immer wieder das Gegenteil, nämlich überwältigend starke Wirkungen von Musik. Spektakuläre Beispiele sind die umwerfende Wirkung von Live-Konzerten einiger Boy-Groups, wo Teenager reihenweise in Weinkrämpfe ausbrechen und regelmäßig in Ohnmacht fallen. Oder denken Sie an die Abschieds-Hymne „Time to say good bye" von Andrea Bocelli, die selbst Boxern wie Henry Maske und einem Millionenpublikum Tränen in die Augen trieb, oder an das Abschiedslied von Elton John bei der Trauerfeier für die verstorbene Lady Diana, ein Song, der Welt bewegte und als der Hit des Jahrhunderts gilt.

Was demonstrieren *diese* Beispiele? Sie zeigen extrem starke Wirkungen von Musik. Und zwar dann, wenn Musik eingebunden ist in spezifische Kontexte und Rituale, die mit hoher subjektiver Bedeutung aufgeladen sind. Ich möchte sogar behaupten, dass es geradezu eine Sehnsucht nach starken emotionalen Wirkungen von Musik gibt. Bei Jugendlichen wird diese z. B. durch sehr hohe Lautstärke und schnelles Tempo befriedigt, etwa bei der Techno-Musik, die auch in spezifischen Kontexten zelebriert wird. Es sind die sozialen und situativen Kontexte, in denen Musik gehört wird, der subjektive Sinn, die soziale Bedeutung der Musik, die entscheidend für musikalische Wirkungen sind. Leider sind diese Aspekte bislang viel zuwenig untersucht worden.

Macht Musikhören intelligenter?

Im Jahre 1993 wurde in der renommierten Wissenschaftszeitschrift *Nature* eine Aufsehen erregende Studie veröffentlicht. Die drei amerikanischen Forscher Rauscher, Shaw und Ky gaben ihren Probanden Testaufgaben, die eine bestimmte Form der Intelligenz, nämlich das räumliche Denken, messen sollten.[130] Das Besondere an diesem Experiment war, dass die Testpersonen diese Aufgaben unter drei verschiedenen Bedingungen lösen sollten: Einmal hörten sie eine Klaviersonate von Mozart, bevor sie die Aufgaben bearbeiteten. Bei der zweiten Bedingung erhielten sie vorher eine Anleitung zur Entspannung. Bei der dritten Bedingung hörten sie vorher nichts, sondern erlebten Stille. Was waren die Ergebnisse? Es zeigte sich, dass die Probanden die Aufgaben signifikant besser lösen konnten, wenn sie vorher Mozart gehört hatten. Umgerechnet auf IQ-Punkte, erreichten die Probanden unter den Mozart-Bedingung 8-9 IQ-Punkte mehr als unter den anderen beiden Bedingungen.

Diese Verbesserung der räumlichen Intelligenz durch Musikhören wurde als „Mozart-Effekt" bezeichnet und hat viele, auch kontroverse Diskussion ausgelöst. Kann Musikhören wirklich intelligenter machen? Lassen sich womöglich auch in anderen Intelligenzbereichen Leistungsverbesserungen durch Musikhören erzielen? Nicht zuletzt: Wie ist dieser merkwürdige Effekt zu erklären?

Aufgrund von neuropsychologischen Forschungen gehen die Autoren, die den Mozart-Effekt beschrieben haben, davon aus, dass sowohl visuell-räumliches Denken als auch musikalische

---

[130] F. H. Rauscher, G. L. Shaw & K. N. Ky, „Music and spatial task performance", *Nature*, Vol. 365/1993, Seite 611.

Fähigkeiten insbesondere in der rechten Gehirnhälfte lokalisiert sind. Der Mozart-Effekt wird nun so erklärt, dass das Hören der Musik eine Aktivierung von neuronalen Bahnen bewirkt, die sowohl für die geistige Verarbeitung von musikalischen Strukturen als auch für das Lösen von bestimmten räumlichen Aufgaben wichtig sind. Durch die vorherige Aktivierung durch die Mozart-Musik könnten diese neuronalen Bahnen so vorbereitet worden sein, das die folgenden Testaufgaben besser gelöst werden konnten.

Andere Wissenschaftler haben bald darauf den Einwand gemacht, dass dieses spektakuläre Ergebnis möglicherweise durch methodische Fehler zustande gekommen ist. So wurde das Experiment mehrfach repliziert, beispielsweise in einer Studie von Wilson & Brown.[131] Auch in diesem Versuch gab es drei verschiedene Hörbedingungen, die jeweils zehn Minuten dauerten. Eine Bedingung bestand darin, dass die Probanden vor der Bearbeitung der Aufgaben einen Ausschnitt aus einem Mozart-Klavierkonzert hörten. Bei den anderen Versuchsbedingungen hörten sie eine sehr einfache, anspruchslose Entspannungsmusik oder gar nichts. Die Überlegung bei dieser Musikzusammenstellung war, dass eine gewisse Komplexität der Musik notwendig ist, um bestimmte Gehirnareale so zu aktivieren, dass sie leistungsfähiger sind. Anhand der beiden verschiedenen Musikbedingungen konnte man prüfen, ob diese Vermutung stimmt. Hören Sie einen kleinen Ausschnitt aus dem Mozart-Klavierkonzert, das in diesem Experiment verwendet wurde. Tatsächlich konnten die Probanden signifikant mehr Test-

---

[131] Th. L. Wilson & T. L. Brown, „Reexamination of the Effect of Mozart's Music on Spatial-Task Performance", *The Journal of Psychology*, 1997, 13 (4), Seite 365-370.

Aufgaben lösen, wenn sie vorher Mozart gehört hatten. Außerdem machten sie nach der Mozart-Musik auch signifikant weniger Fehler als nach den anderen beiden Hörbedingungen. Soweit bestätigen diese Ergebnisse also die Hypothese, dass die Leistungen im räumlichen Denken durch das Hören der Musik verbessert werden können.

Allerdings muss man hier auch zwei Einschränkungen festhalten: Erstens trat dieser Effekt nur bei einem Teil der Messungen, nämlich bei zwei der vier gemessenen Variablen auf. Zweitens konnte die Vermutung, dass die Verbesserung des räumlichen Denkens auf die Komplexität der Mozart-Musik zurückzuführen ist, nicht ganz bestätigt werden, denn auch die Entspannungsmusik bewirkte eine leichte Verbesserung bei einem der gemessenen Leistungsaspekte. Aus diesen Gründen lässt sich die Wirksamkeit eines Mozart-Effektes nicht ohne weiteres verallgemeinern.

Leider ist der Mozart-Effekt nicht von langer Dauer. In weiteren Studien hat man festgestellt, dass die Verbesserungen der räumlichen Intelligenz nur etwa eine halbe Stunde andauerten.[132] So müssen wir die Hoffnungen auf eine dauerhafte Intelligenzverbesserung durch Mozart-Musik einstweilen aufgeben.

Vor kurzem (im August 1999) veröffentlichte wiederum die Wissenschaftszeitschrift *Nature* einen Artikel, in dem alle zwanzig bislang veröffentlichten Studien zum Mozart-Effekt einer kritischen Meta-Analyse unterzogen wurden.[133] Die Er-

---

[132] R. Jourdin, „Das wohltemperierte Gehirn. Wie Musik im Kopf entsteht und wirkt", Spektrum Akademischer Verlag, Heidelberg 1998, Seite 239 f.

[133] Chr. F Chabris, „Prelude or requiem for the ‚Mozart effect'?", *Nature*, Vol. 400/1999, 26. August 1999, Seite 826-827.

gebnisse sind ernüchternd. Sie entziehen denen, die vorschnell den angeblich intelligenzfördernden Wirkungen der Mozart-Musik das Wort geredet haben, weitgehend den Boden. Insgesamt stellt diese Untersuchung fest, dass – wenn man all diese Untersuchungen insgesamt betrachtet – die gemessenen Leistungsverbesserungen sehr gering sind und keinerlei allgemeine Veränderung in der Intelligenz oder allgemeinen Denkfähigkeit nachweisen. Die Verbesserungen, die nach dem Hören von zehn Minuten Mozart im abstrakten und räumlichen Denken beobachtet wurden sind, insgesamt betrachtet, nur ein Viertel so groß, wie ursprünglich in der ersten Mozart-Effekt-Studie von Rauscher berichtet wurde. Zweitens sind sie insgesamt statistisch nicht signifikant. Drittens sind sie auch kleiner als die durchschnittliche Schwankungsbreite, die auftritt, wenn eine einzige Person einen Intelligenztest zweimal hintereinander ausführt.

Nicht nur die Ergebnisse der Mozart-Effekt-Studien, sondern auch die theoretische Erklärung des Mozart-Effektes und seine praktische Relevanz bedürfen der kritischen Betrachtung.

Unter den Studien zum Mozart-Effekt befindet sich beispielsweise eine Untersuchung, in der man gefunden hatte, dass sowohl nach dem Hören von Mozart-Musik als auch nach dem Hören einer Geschichte von Stephen King leichte Verbesserungen bei räumlichen Aufgaben wie Papierfalten oder Papierschneiden auftraten, aber nur dann, wenn das zuvor Gehörte den Probanden gefiel. Ein anderes Experiment, an dem über 8.000 britische Schulkinder teilnahmen, hatte ergeben, dass auch das Hören von Popmusik im Vergleich zu einer Kontrollgruppe, die der Diskussion eines wissenschaftlichen Experimentes zuhörte, bessere Leistungen in einigen räumlichen Aufgaben erbrachte. Diese Ergebnisse zusammen mit anderen Befunden lassen sich auch dahingehend interpretieren, dass allgemein Reize, die zu einer rechtsseitigen kognitiven Aktivierung führen und als angenehm empfunden werden, zu leichten temporären Verbesserungen in räumlichen Aufgaben führen können. Es muss also nicht Mozart sein.

Man sollte dabei aber noch zwei weitere Aspekte berücksichtigen, welche die theoretische Begründung und die praktische Bedeutung des Mozart-Effektes weiter relativieren: Erstens ist die Vorstellung der Hemisphärentheorie, dass hauptsächlich die rechte Gehirnhälfte beim Musikhören tätig ist, eine sehr grobe und in vielen Fällen unzutreffende Verallgemeinerung. So eindeutig sind die vorliegenden Ergebnisse nicht, denn sie zeigen eher, dass je nach Hörweise und musikalischer Lerngeschichte beide Gehirnhälften involviert sind und dass der Musikverarbeitung eher eine Interaktion beider Hirnhälften als eine Funktionstrennung zugrunde liegt. Die theoretische Erklärung des Mozart-Effektes steht also auf sehr wackligen Füßen.

Zweitens muss man sich auch fragen, von welcher praktischer Relevanz leichte und sehr kurzzeitige Verbesserungen in der Fähigkeit, Papiere zu räumlichen Figuren zu falten oder zu schneiden oder in der Fähigkeit, mit dem Bleistift Wege aus einem Labyrinth aufzumalen, tatsächlich sind. Sie werden mir zustimmen, dass sich die praktische Relevanz von kurzfristigen Verbesserungen in diesen Fähigkeiten sehr in Grenzen hält.

Dennoch wird uns der Mozart-Effekt weiter beschäftigen, denn die Frage, welche Mechanismen überhaupt einer Verbesserung des räumlichen Denkens durch Musikhören zugrunde liegen, lässt den Forschern keine Ruhe. Interessanterweise hat man in Experimenten mit jungen Ratten festgestellt, dass diese Tiere besser lernen, sich in einem Labyrinth zurecht zufinden, wenn sie klassische Musik hören. Diese Verbessung in der räumlichen Orientierung trat nicht ein, wenn sie statt klassischer Musik eine sehr einfach strukturierte Musik bzw. weißes Rauschen hörten oder Stille als Versuchsbedingung hatten. Die Wissenschaftler planen, das Gehirngewebe dieser Ratten daraufhin zu untersuchen, ob die Anatomie des Gehirn in den Teilen, die für die räumliche Orientierung zuständig sind (speziell des Hippocampus) in irgendeiner Weise durch diese musikalischen Erfahrungen beeinflusst worden sein könnte.[134]

Abgesehen vom Problem der Wirkungen von Musik, werfen solche Untersuchungen auch ganz allgemeine und grundlegende anthropologische Fragen auf. So zum Beispiel die Frage, ob die Fähigkeit, Musik zu erleben, etwas spezifisch Menschliches ist, wodurch sich der Menschen vom Tier unterscheidet. Oder können Tiere oder Pflanzen ebenso wie der Mensch Musik erleben, kann Musik auf sie einwirken?

Man hört immer wieder von Untersuchungen, nach denen Pflanzen besser gedeihen und Kühe mehr Milch geben sollen, wenn sie mit der richtigen Musik beschallt werden. Häufig findet man solche Behauptungen in esoterischen Schriften, gelegentlich berichtet auch die Tagespresse über entsprechende Untersuchungen, die irgendwo stattgefunden haben. Wenn man dann genauer hinschaut muss man feststellen, dass diese Behauptungen letztlich mit Wissenschaft wenig zu tun haben, weil es sich entweder nicht um wissenschaftliche Experimente han-

---

[134] F. H. Rauscher, M. Spychiger & A. Lamont, Responses to Katie Overy's Paper, „Can music really ‚improve' the mind?", *Psychology of Music*, 26/1998, Seite 197-210;
Rauscher, Shaw & Ky 1993.

delt oder die Untersuchungen, auf die man sich beruft, merk-
würdigerweise nicht auffindbar sind.

Sofern es tatsächlich wissenschaftliche Untersuchungen zu
Wirkungen von Musik beispielsweise auf Kühe gibt, sind die
mir bekannten Ergebnisse negativ: So finden wir in der *Berliner
und Münchner Tierärztlichen Wochenschrift* 1985 einen Bericht
über Experimente, die Tierärzte der Technischen Universität
München an Kühen vorgenommen haben. Man spielte den Tieren ein Werk des italienischen Komponisten Manfredini unter
der Leitung von Herbert von Karajan vor und ein Rockmusik-
stück der Gruppe *Police*. Die Autoren schreiben „Ein signifikanter Einfluss der Musik [...] ließ sich weder insgesamt noch isoliert für das Morgen- oder Abendgemelk nachweisen."[135]

Dennoch gibt es Untersuchungen die zeigen, dass unterschiedliche Musik von Tieren wahrgenommen und erkannt werden kann und dass Musik tatsächlich bestimmte Wirkungen auf
Tiere ausüben kann. Durch ausgeklügelte Experimente mit Sta-
ren konnte man nachweisen, dass diese Tiere in der Lage sind,
einfache Tonkonturen und Tonhöhenrelationen wahrzunehmen
und zu unterschieden.[136] In einem anderen Experiment[137] konnte
sogar gezeigt werden, dass Tauben in der Lage sind, verschiedene Musikstile (Bach/ Strawinsky) zu unterscheiden. Fast schon
kurios muten Ergebnisse einer Studie an, nach denen Musik das

---

[135] H. H. Sambraus & P. A. Hecker, „Zum Einfluss von Geräuschen auf die
   Milchleistung von Kühen", *Berliner und Münchner Tierärztlichen Wochenschrift* Band 98/1985, Seite 298-302.
[136] S. H Hulse & S. C. Page, „Towards a comparative psychology of music
   perception", *Music Perception*, Vol. 5, No. 4/1988, Seite 427-452.
[137] D. Porter & A. Neuringer, „Music discrimination by pigeons", *Journal of
   Experimental Psychology, Animal Behavioral Processes*, Vol. 10
   (2)/1984, Seite 138-148.

Sozialverhalten von Mäusen beeinflussen kann.[138] Klassische Musik übte im Vergleich zu vier anderen Musikarten (Country, Jazz/ Blues, Easy Listening, Rock'n'Roll) den größten Einfluss aus, indem die Mäuse z. B. mehr soziale Verhaltensweise zeigen und eine gesteigerte sexuelle Aktivität an den Tag legten. Eine Erklärung für diese merkwürdigen Ergebnisse gibt es im Augenblick nicht.

Welches Fazit kann man aus Tier-Untersuchungen ziehen? Offenbar kann Musik tatsächlich Wirkungen auch auf das Verhalten bei Tieren ausüben. Warum das so ist, weiß man im Augenblick nicht genau. Vermutlich hat dies etwas mit der physikalisch-akustischen Struktur der musikalischen Reize zu tun. Im Unterschied zum Menschen aber können Tiere wohl nicht den geistigen Sinn und die emotionale Bedeutung wahrnehmen, die wir Menschen in der Musik erleben und durch die Musik erst zur Musik wird. Denn geistiges und emotionales Erleben von Musik setzt ein Bewusstsein voraus, Kenntnis der musikalischen Grammatik und Regeln sowie die Fähigkeit zum Denken in Tönen. Dies ist aber bei Tieren wohl nicht vorhanden. Ohne diese Bewusstseinselemente können Töne nicht als Musik erkannt werden, ist Musik keine Musik, sondern nur eine Abfolge von strukturiertem Schall, der allenfalls eine mechanische Wirkung ausüben kann.

---

[138] P. O. Peretti & H. Kippschull, „Influence of five types of music on social behaviors of mice, Mus musculus", *Psychological Studies*, Vol. 35 (2)/1990, Seite 98-103.

Schlussbemerkungen

Zum Abschluss meiner Ausführungen möchte ich einen bedeutenden Forscher des 19. Jahrhunderts zu Wort kommen lassen, dessen Einfluss weit über die Wissenschaft hinausgeht. Charles Darwin spricht in seiner Autobiographie an einer Stelle auch über seine Erfahrungen mit Kunst und Musik. Er berichtet, dass ihm bis zum Alter von dreißig Jahren die Poesie großes Vergnügen und die Musik ein sehr großes Entzücken bereitet habe. Dieses Vergnügen ist dann durch die Arbeit in der Wissenschaft völlig verdrängt worden. Nun, im Alter habe er diese Vorliebe und das Vergnügen beinahe verloren, was er als beklagenswerten „Verlust des höheren ästhetischen Empfindens" beschreibt. Er erklärt sich das so, dass die entsprechenden Gehirnteile sich zurückgebildet haben, athrophiert seien, und bemerkt dazu: „Wenn ich mein Leben noch einmal zu leben hätte, so würde ich es mir zur Regel machen, wenigstens jede Woche einmal etwas Poetisches zu lesen und etwas Musik anzuhören; denn vielleicht würden dann die jetzt athrophierten Teile meines Gehirns durch Gebrauch tätig erhalten worden sein. Der Verlust dieser Geschmacksempfindung ist ein Verlust an Glück und dürfte möglicherweise nachteilig für den Intellekt, noch wahrscheinlicher für den moralischen Charakter sein, da er den emotionalen Teil unserer Natur schwächt."[139]

Ich glaube, dass Darwin den Nagel auf den Kopf getroffen hat. Aus der Entwicklungspsychologie wissen wir, dass Fähig-

---

[139] Ch. Darwin, „Erinnerung an die Entwicklung meines Geistes und Charakters"; in: „Charles Darwin – ein Leben. Autobiographie, Briefe, Dokumente", hg. von Siegfried Schmitz, dtv, München 1876/1982, Seite 17-114.

keiten, die nicht durch Gebrauch in Übung gehalten werden, nachlassen und sich zurückbilden. In der neueren Emotionsforschung ist gezeigt worden, dass die brillanteste Intelligenz ohne emotionale Fähigkeiten orientierungslos ist.[140] Die emotionalen Wirkungen der Musik sind ein angenehmes und gutes Mittel, um das emotionale Erleben zu bereichern. Diese Wirkungen stellen sich allerdings nicht ein bei Hintergrundmusik, sondern beim bewussten und aufmerksamen Zuhören.

* * *

---

[140] A. R. Damasio, „Descartes' Irrtum. Fühlen, Denken und das menschliche Gehirn", 2. Auflage, dtv, München 1997.

Wie Musik auf den Menschen wirkt

– Diskussion –[*]

-?-:

Ich habe eine Frage zum Ersten: Sie hatten die unterschiedlichen Möglichkeiten der Einwirkung auf uns dargestellt – diese beiden Spalten – aber Sie hatten dabei nicht das Instrument berücksichtigt. Eine Laute kann, wenn sie leise ist, sehr wohl beruhigend sein, aber sie kann einen grässlich strapazieren, wenn sie in einer sehr großen Lautstärke dargeboten wird. Soweit die erste Frage. Das Zweite: Ich habe Probleme – wir sprechen in der Medizin von einer „univariaten Analyse" – wenn Sie die verschiedensten Aspekte in einer multivariaten Analyse zusammenführen. Dann werden Sie nachher vielleicht auch ratlos sein, denn Sie werden dann nicht mehr wissen, welcher Effekt hebt sich auf und was bleibt letztendlich übrig.

Heiner Gembris:

Zum ersten Aspekt: Natürlich sind keine Instrumente berücksichtigt worden, sondern diese Darstellung wollte eine Übersicht über musikalische Strukturen geben, rein musik-immanente Strukturen, die möglicherweise bestimmte Effekte ausüben. Es ist natürlich richtig, dass unterschiedliche Instrumente auch unterschiedliche Effekte ausüben können. In den Ausdruckslehren, die es in der Geschichte gibt, in der Antike oder der Barockzeit,

---

[*] Transkript der anschließenden Diskussion zum Vortrag von Heiner Gembris am 02.10.1999.

werden auch bestimmten Instrumenten bestimmte Wirkungen zugeschrieben. In empirischen Untersuchungen ist es schwierig, solche Wirkungen von bestimmten Instrumenten festzustellen, weil die Vorlieben für Instrumente auch sehr stark von der persönlichen Lerngeschichte abhängen können. Es ist sehr schwierig, zu sagen, dass bestimmte Instrumente bestimmte Wirkungen haben. Bezüglich der Laute oder Gitarre gibt es allerdings Untersuchungen die tatsächlich zeigen, dass Gitarrenmusik z. B. beruhigend wirken kann.

Die nächste Frage war die Frage nach den multivariaten Aspekten. Man hat in einschlägigen Untersuchungen, in denen man versuchte, Wirkungen von Musik zu untersuchen, auch versucht, multivariate Versuchsanordnungen herzustellen. Allerdings ist es ein Problem, diese dann hinterher auszuwerten oder zu interpretieren, weil es sein kann, dass im Laufe eines Musikstückes an einer Stelle vielleicht die Posaunen eine besonders starke Wirkung hervorrufen – die Bläser z. B. bei Bruckner – an einer anderen Stelle ist es vielleicht ein harmonischer Wechsel. Es ist sehr schwer, das zu isolieren, zumal dann die Versuchsanordnungen, die dazu verwendet werden, häufig sehr unnatürlich und begrenzt sind.

Heinrich Nassenstein:

Ich hätte eine Frage, die liegt etwas am Rande Ihres Themas. Es erschienen vor einigen Jahren Berichte über die gute Wirkung von Musikerziehung bei Kindern, z. B. Kinder, die Klavier spielen gelernt hatten, waren hinterher signifikant – angeblich signifikant – intelligenter oder sogar bei mathematischen Aufgaben fähiger. Gibt es auf diesem Gebiet weitere Entwicklungen oder Untersuchungen, die das bestätigen oder was können Sie dazu sagen?

Heiner Gembris:
Das sind die sogenannten Transfereffekte, die sehr häufig auch in der Musiktherapie herangezogen werden, um den Einsatz von Musik zu legitimieren oder auch die Musikpädagogik zu untermauern. Es gibt tatsächlich eine Reihe von solchen Studien aus der Schweiz, aus Deutschland, den USA. Die Ergebnisse sind insgesamt gesehen nicht so ganz eindeutig. Es gibt Untersuchungen, die Verbesserungen in einzelnen Leistungsbereichen nachweisen. Aber typischerweise sind das meistens sehr schwache Veränderungen, es sind keine gravierenden Veränderungen. Manche Untersuchungen können sie auch nicht nachweisen. Gegenwärtig befindet sich eine groß angelegte Studie, die über sechs Jahre lief, in der Auswertung, die der Kollege Bastian an Berliner Grundschulen durchgeführt hat mit erweitertem Musikunterricht und nicht-erweitertem Musikunterricht. Von dieser Studie liegen im Augenblick erst vorläufige Ergebnisse[141] vor. Diese vorläufigen Ergebnisse zeigen, dass vor allem bei den Kindern, die im Vergleich zu anderen Nachteile hatten, also die in ihren Leistungen schlechter waren als der Durchschnitt, Verbesserungen festzustellen sind. Dann hat sich gezeigt, dass im ersten Jahr dieser intensivierten musikalischen Erziehung bei den Musikklassen Leistungsverbesserungen auftraten, die aber hinterher von den anderen Kindern eingeholt wurden. Nun weiß man nicht genau, wie die Endergebnisse dieser Studie aussehen

---

[141] Inzwischen liegen die Ergebnisse dieser Studie in einer Publikation vollständig vor: Hans Günter Bastian, „Musik(erziehung) und ihre Wirkung"; Schott-Verlag Mainz 2000.

werden, aber allgemein kann man wohl sagen, es gibt diese
Transfereffekte, das ist das Erste. Zweitens sind diese Transfereffekte um so günstiger, je ungünstiger die Voraussetzungen bei
den Kindern sind. Und das Dritte ist: Diese Effekte sind relativ
schwach. Nun muss man dabei auch bedenken, es handelt sich
um groß angelegte Untersuchungen, die mit sehr groben Mess-
instrumenten arbeiten, die wichtige Veränderungen oft nicht
erfassen. Alltagserfahrungen oder Alltagsberichte von Sozialarbeitern oder Lehrern zeigen, dass sehr wohl Verhaltensänderun-
gen, Verbesserungen in bestimmten Bereichen der Schule, Leistung, auftreten können. Die Frage ist, ob das durch Musik her-
vorgerufen wird oder ob es nicht die Konzentration auf eine
Aufgabe wie Klavierspielen oder eine andere musikalische Tätigkeit ist, die allgemein die Konzentration übt, was dann auf
andere Bereiche übertragen wird.

Werner Gülden:

Ich habe eine Frage zur Musiktherapie: Prof. Grote hat vor
vierzig Jahren eine Musiktherapie eingeführt und hat später im
Schwarzwald ein Sanatorium eröffnet und dort Musiktherapie
angewandt. Sind Ihnen da Ergebnisse bekannt?

Heiner Gembris:

Auf dem Gebiet der Musiktherapie gibt es eine Unzahl von
vielen unterschiedlichen Ansätzen. Wenn Sie auf ältere Untersuchungen wie von Herrn Grote ansprechen, dann sind das meines Wissens Untersuchungen, die in der Frühphase der bundes-
republikanischen Musiktherapie stattgefunden haben, wo noch
sehr viel auch mit rezeptiver Musiktherapie gearbeitet wurde,
auch mit Kombinationen, mit bestimmten Farben und allem

Möglichen. Das ist in der Musiktherapie etwas aus der Mode gekommen. Der Anteil der rezeptiven Musiktherapie in der Musiktherapie ist sehr gering geworden. Heute ist der größte Teil meistens aktive Musiktherapie. Es gibt viele Gründe, die da eine Rolle spielen. Zu den Untersuchungen über die Effektivität der Musiktherapie muss man sagen, dass es in einer großen Psychotherapiestudie nur ein, zwei Studien gab, die ernst zu nehmen waren und die Effekte gezeigt hatten. Ansonsten mangelt es an Studien, die Ergebnisse von Musiktherapie beschreiben.

Reinhard Schydlo:
Ein großes Problem in unseren kinder- und jugendpsychiatrischen Praxen sind die „auditiven Wahrnehmungsstörungen", die bei Kindern z. B. Interaktionsstörungen schon als Säugling hervorrufen können, später rezeptive Wahrnehmungsstörungen, Sprachstörungen und im Schulalter Legasthenie und andere Folgen auch im Verhalten. Ich selber habe in unserer Praxis eine rezeptive Musiktherapie versucht als eine Möglichkeit, bin u. a. nach Paris zu Tomatis gefahren, der sich schon früh mit diesen Sachen beschäftigt hat, und wir haben direkt von Anfang an versucht, eine Studie mit der Universität Köln zu machen, zusammen mit Prof. Lehmkuhl, um die Sache zu verfolgen. Leider musste diese Studie nach kurzer Zeit aus Geldmangel abgebrochen werden. Aber was wir am Ende gesehen haben und was für uns schon sehr beeindruckend war auch als kritische Beobachter, dass dieses rezeptive Hören von Mozart-Musik über etwa durchschnittlich fünfzig Stunden, verteilt auf etwa drei Monate, dass das bei den Kindern zu einer erheblichen Verbesserung der Konzentrationsfähigkeit führte, dass Kinder, die ohne eine Stunde Legasthenieunterricht, Kinder von einer Benotung durch-

schnittlich zwischen fünf und sechs, in bestimmten Fällen plötzlich auf zwei kamen. Und dass vor allem – was ich anschließend auch aus eigenem Interesse gemacht habe – bei zehn Kindern noch mal den IQ nachprüfte, der sich durchschnittlich um mindestens zehn Punkte verbessert hatte. Was für mich erstaunlich war, dass ohne eine motorische Therapie eben die motorischen Bahnen, der motorische Quotient, sich um durchschnittlich zwanzig Punkte verbesserte. Das sind Dinge, die, meine ich, und da spreche ich Christian Eggers direkt persönlich an, dass uns die Universitäten auch auf diesem Feld unterstützen sollten. Denn ich denke, dass hier Möglichkeiten liegen, die Kinder in diesen Hirnfunktionen zu unterstützen und zu verbessern.

Christian Eggers:

Bestehen Zusammenhänge zwischen dem Erkennen oder Nicht-Erkennen von verschiedenen oder gleichen Interpretationen, wie es im WDR gemacht worden ist oder im Rundfunk, und dem absoluten Gehör, oder ist es ausschließlich eine Frage der Suggestibilität?

Heiner Gembris:

Es gibt keine systematischen Untersuchungen über solche Experimente im Zusammenhang mit dem absoluten Gehör. Aber ich kann Ihnen aus meiner eigenen Erfahrung dazu etwas sagen: Ich habe ein solches Experiment im vergangenen Semester in einem Seminar in Halle durchgeführt, und in diesem Seminar ist ein Student, der über ein absolutes Gehör verfügt und der auch sonst musikalisch sehr beschlagen ist. Und ausgerechnet dieser Student hat am heftigsten und am genauesten begründen können, warum und in welchen Punkten sich seine Lieblingsinter-

pretation von anderen unterscheidet. Insofern glaube ich, dass es
da keinen Zusammenhang gibt.

* * *

Wie können die Erkenntnisse der Hirnforschung sinnvoll umgesetzt werden?

– Podiumsdiskussion –[*]

Dieter Korczak:

Reinhard Werth ist Hirnforscher und hat ein Buch geschrieben, durch das ich auf ihn gestoßen bin: „Hirnwelten". Nachdem ich es gelesen habe, habe ich festgestellt, dass es für einen Wissenschaftler ein relativ ungewöhnliches Buch ist, weil Sie damit anfangen, über Ihre persönlichen Erfahrungen in der Hirnforschung zu schreiben. Sie beschreiben, wie Sie in der Pathologie Frösche oder Katzen aufgeschnitten haben und wie man sich dann fühlt, wenn man das Gehirn freilegt. Würden Sie sagen, dass das auf Dauer zu einer Art „professionellen Deformation" führt?

Reinhard Werth:

Also zur Deformation ganz sicher nicht. Diese tierexperimentelle Zeit liegt lange zurück, über zwanzig Jahre. Aber meine heutige klinische Tätigkeit – sie besteht vor allem in der Entwicklung neuer diagnostischer und therapeutischer Verfahren für hirngeschädigte Kinder – beruht zum ganz großen Teil, vielleicht zum größten Teil, auf den Ergebnissen tierexperimenteller Forschung. Ohne die tierexperimentelle Forschung wäre die

---

[*] Transkript der abschließenden Podiumsdiskussion mit Reinhard Werth, Bernd Otto, Reinhard Schydlo, Alexander Boeck und Eva Ohlow am 03.10.1999.

Wie können die Erkenntnisse der Hirnforschung
sinnvoll umgesetzt werden?

neurobiologische, neurologische oder neuropsychologische Arbeit, wie wir sie heute durchführen können, überhaupt nicht möglich.

Ich will ein einfaches Beispiel aus einem meiner Hauptprojekte nennen, an dem ich im Moment arbeite. Dabei handelt es sich um die Erforschung bestimmter Nebenwirkungen von Antiepilektika, und zwar solcher Nebenwirkungen, die sich auf das Sehsystem auswirken. Es gibt überhaupt keine andere Möglichkeit, die Mechanismen, wie diese Mittel wirken, aufzudecken, als durch das Tierexperiment. Insofern ist das keine Deformation. Auf der anderen Seite werden natürlich für die wirklich medizinisch angewandte experimentelle Forschung eine ganze Reihe von Tieren geopfert. Ich weiß nicht mehr, wie viele das jedes Jahr sind, Unmengen jedenfalls. Andererseits essen die meisten Leute Fleisch. Warum soll es ethisch vertretbarer sein, ein Tier nur deshalb zu töten, weil man es aufessen will, als es für die medizinische Forschung zu opfern? Wenn Sie die Zustandsbilder bei unseren Patienten sehen, denen wir wirklich aufgrund unserer Forschung helfen können, kann ich einfach nur sagen, dass das ethisch vertretbar und notwendig ist.

Dieter Korczak:
Ich habe die Möglichkeit der professionellen Deformation eher in dieser Richtung gesehen, wie sie auch Architekten und Lehrer, und wir eigentlich alle erfahren: dass man als Neurowissenschaftler dadurch, dass man eine Distanz zu dem, was man pathologisch macht, gewinnen muss, sehr nüchtern wird Was ich meine ist: Werden Sie durch Ihre Arbeit nicht in gewisser Weise emotionslos und ist da nicht eine Kohärenz auch mit dem Gegenstand, mit dem Sie sich befassen?

Reinhard Werth:

Emotionslos würde ich überhaupt nicht sagen, im Gegenteil. Ich selbst habe einen Hund, den ich über alles liebe, ich bin überhaupt nicht emotionslos meinem Hund gegenüber, ganz im Gegenteil, das beruht aber auf Gegenseitigkeit. Was die Patienten angeht, so ist die emotionale Haltung der Ärzte ihnen gegenüber sehr unterschiedlich. Es gibt eine ganze Reihe von Leuten, oft jüngere Kollegen, wo es zu einem gewissen Nimbus gehört, sich über ethische und menschliche Aspekte einfach hinwegzusetzen. Der Patient ist dann nur noch der Schlaganfall, der Mediainfarkt auf Zimmer soundsoviel. Da wird dann vom Menschen völlig abstrahiert. Aber das ist etwas, was hoffentlich nicht die Regel ist, was man nicht akzeptieren kann und was überhaupt nicht zu einer vernünftigen Medizin gehört. Im Gegenteil. Ich glaube es ist eine angemessene Haltung, sehr wohl zur Kenntnis zu nehmen, wie es den Patienten geht, wie die Patienten sich fühlen.

Ich betreue z. B. Kinder, die ein paar hundert epileptische Anfälle pro Tag haben. Diese Kinder erleiden alle paar Minuten einen Anfall, so dass sie kaum zu untersuchen sind. Die Kinder fallen bei einem solchen Anfall nicht plötzlich in Bewusstlosigkeit, aus der sie nach wenigen Minuten wieder erwachen. Es treten oft Vorboten auf, von denen man nicht weiß, welche grauenhaften emotionalen Zustände dabei entstehen können. Diese Zustände kennen wir bei diesen schwer hirngeschädigten Patienten zum großen Teil überhaupt nicht, weil die sich nicht entsprechend äußern können. Man sollte das sehr wohl auch mit einer entsprechenden Empathie zur Kenntnis nehmen. Man muss aber auch sehen, dass es überhaupt keinen Sinn macht, in Emotionen zu zergehen und dann handlungsunfähig zu werden.

Man sollte sehr wohl Empathie mitbringen, diese Realität so weit wie möglich zur Kenntnis nehmen und sich dadurch vielleicht auch dazu motivieren lassen, sich in der Forschung intensiv zu engagieren. Aber man darf sich natürlich nicht von den Emotionen überwältigen lassen und dann handlungsunfähig werden. Das wäre sicher eine völlig falsche Haltung.

Dieter Korczak:

Wir haben uns die vergangenen Tage sehr intensiv über Bewusstsein, Freiheit, Verantwortung, Wille unterhalten, und ich habe jetzt in Ihrem Buch gesehen, dass Sie auch ein Vertreter der klassischen neurowissenschaftlichen Auffassung sind. Sie sagen: Bewusstsein ist die Gesamtheit der Einzelleistungen des Hirns und dass eine exakte Unterscheidung zwischen bewusster und unbewusster Wahrnehmung unmöglich ist. Könnten Sie das noch etwas ausführen?

Reinhard Werth:

Es gibt seit mindestens zweieinhalbtausend Jahren Bewusstseinsforschung und es ist möglich, dass sich sogar vor mehr als 30.000 Jahren schon die Neandertaler Gedanken darüber gemacht haben, was das Bewusstsein sein könnte. Es gibt zumindest Hinweise für Beerdigungsriten bei Neandertalern. Blumensamen in ihren Gräbern könnte Anlass zu der Vermutung geben, dass Neandertaler sich überlegt haben, was nach dem Tod geschieht. Das hängt sehr eng mit der Frage zusammen, was das Bewusstsein überhaupt ist und was ,nach dem Tod' für das Bewusstsein bedeutet. In der langen Zeit der Bewusstseinsforschung hat man immer wieder neurobiologische und psychologische Aussagen gemacht über „Das Bewusstsein".

Es hat aber keinen Sinn, über Bewusstsein zu sprechen, wenn man überhaupt nicht weiß, worüber man spricht und wenn man nur eine ganz intuitive Vorstellung vom Bewusstsein hat. Diese Erkenntnis ist schon sehr alt und hat um die Jahrhundertwende zum Positivismus in der Psychologie geführt und dann auch zu bestimmten Spielformen des Behaviorismus. Man hatte die Erkenntnis gewonnen, die Watson schon 1913 in einer Arbeit formuliert hat, dass das Bewusstsein eigentlich ein Begriff ist, in den jeder hineininterpretiert, wozu er gerade Lust hat, und dass es sich dabei um einen völlig amorphen und wissenschaftlich überhaupt nicht fassbaren Begriff handelt. Wenn ich keinen wissenschaftlich exakten Bewusstseinsbegriff habe sind damit keine intersubjektiv exakt nachprüfbaren Aussagen über das Bewusstsein möglich Man kann dann über das Bewusstsein behaupten, was man will. Dann lassen sich auch keine neurobiologischen Grundlagen des Bewusstseins exakt erforschen, weil unklar bleibt, wessen neurobiologische Grundlagen zu erforschen sind.

Mein Punkt war es – und das habe ich das erste Mal 1983 in dem Buch „Bewusstsein" veröffentlicht – zu zeigen, wie man diesen Begriff des Bewusstseins überhaupt naturwissenschaftlich exakt rekonstruieren kann, so dass man bei einem Patienten quantitativ nachmessen kann, zu welchem Grade bestimmte visuelle Wahrnehmungen nach Hirnschädigungen noch bewusst sind. Einige Neuropsychologen behaupteten, bestimmte visuelle Leistungen bei Patienten mit einer Schädigung des Sehsystems seien unbewusst, während andere doch noch einen Rest bewusster Leistungen erkannten. Es stellte sich die Aufgabe, experimentell genau zu bestimmen, was man mit „Bewusstsein" meint. Dazu musste man die Begriffe „bewusst" und „unbewusst", die ja in der Wissenschaft völlig vage vagabundierten,

erst einmal exakt festlegen. Ich habe eine solche Begriffsrekon-
struktion durchgeführt und bei entsprechenden hirngeschädigten
Patienten experimentell gezeigt, wie man das, was man „bewusst" und „unbewusst" nennt, messen kann. Dazu braucht man
Methoden und Erkenntnisse aus der Neurobiologie und Experi-
mentalpsychologie und ein wenig formale Logik Damit lässt
sich der Begriff des „Bewusstseins" festlegen und die neurobiologischen Grundlagen lassen sich erforschen.

Dieter Korczak:

Wir sind durchaus auch für komplizierte Sachverhalte auf-
nahmefähig, ich würde Sie doch noch mal bitten, vielleicht etwas näher zu sagen, wie Sie „Bewusstsein" und „Unbewusstes"
in Ihren Arbeiten voneinander getrennt haben, also so definiert
haben, dass es Ihrer Forschung dann zugänglich ist.

Reinhard Werth:

Als „Bewusstsein" kann man die Gesamtheit all dessen verstehen, was uns innerhalb eines bestimmten Zeitintervalls bewusst ist. Also z. B. die Gesamtheit dessen, was einer Person
innerhalb der nächsten fünf Minuten bewusst ist, ist das Bewusstsein dieser Person innerhalb dieses Zeitintervalls. Jetzt ist
die Frage: Was ist „bewusst" und was ist „unbewusst"? Ich abs-
trahiere jetzt von den wirklich durchgeführten Experimenten,
sonst muss ich zu weit ausholen, aber wir nehmen jetzt ein fiktives Experiment an: Wir haben eine Versuchsperson und dieser
Versuchsperson zeigen wir visuelle Muster, z. B. ein Schachbrettmuster, wie man es z. B. bei der Untersuchung visuell evo-
zierter Potentiale verwendet. Dabei werden die dunklen Felder
des Schachbrettmusters auf einmal hell und die hellen Bereiche

werden dunkel. Wir registrieren dann auf der Kopfhaut ganz bestimmte elektrische Phänomene, vom Gehirn generierte Summenpotenziale. Nehmen wir an, wir hätten folgendes festgestellt: Nur wenn ich einen ganz bestimmten Reiz (z. B. das beschriebene Schachbrettmuster, dessen Felder von hell zu dunkel umschlagen) mit einer ganz bestimmten Intensität und mit einer ganz bestimmten Zeitdauer biete, dann bekomme ich ganz bestimmte elektrische Phänomene. Wenn ich keinen Reiz biete und wenn der Reiz zu schwach ist, erhalte ich diese Phänomene nicht.

Wie kann ich jetzt feststellen, ob eine bestimmte Hirnregion, die mit dem Sehen sehr eng in Verbindung steht, z. B. der Oktizipallappen, in einer bestimmtes Weise aktiviert wurde? Als Experimentator kann ich das nur feststellen, indem ich überprüfe, welche Reize ich geboten und welche elektrischen Phänomene ich festgestellt habe. Die Versuchsperson selbst braucht hingegen nichts über die registrierten elektrischen Phänomene zu wissen. Sie kann das Ergebnis des Experimentes voraussagen, ohne die elektrischen Potentiale überhaupt zu kennen. Das fiktive Experiment, das ich soeben beschrieben habe, muss logisch und experimentell natürlich genauer präzisiert werden, da gehe ich jetzt nicht drauf ein.

Ich habe diese Voraussage, welche die Versuchsperson selbst trifft, ohne Kenntnis der registrierten elektrischen Phänomene, die wir über ihrem Gehirn gemessen haben, eine „mentalistische Bestimmung" oder „mentalistische Voraussage" genannt. Die Versuchsperson geht nämlich ganz anders vor als der Experimentator. D. h. die Versuchsperson hat zu den Ergebnissen dieses Experimentes einen anderen Zugang als jede andere Person außer ihr. Darüber haben die Vertreter der analytischen Philosophie, wie z. B. der späte Wittgenstein und vor allem G. Ryle philosophiert. Ryle meinte, niemand habe einen privilegierten Zugang zu sich selbst (eine sehr primitive Art des Behavorismus). Man kann experimentell zeigen, dass diese Behauptung nicht zutrifft. Durch die Untersuchung der Fähigkeit zur mentalistischen Bestimmung lässt sich nicht nur feststellen, ob eine Versuchsperson überhaupt richtige mentalistische Voraussagen machen kann, sondern man kann auch experimentell feststellen, zu welchem Grade sie zu solchen mentalistischen Voraussagen fähig ist. Damit hat man ein quantitatives Maß.

Es ist alles weitaus komplizierter, als ich das jetzt beschrieben habe, doch ich wollte Ihnen nur ein intuitives Verständnis vermitteln. In einer solchen Untersuchung lassen sich dann zwei oder drei quantitative Parameter bestimmen, die besagen, dass etwas zum Grade „Alpha", „Beta", „Gamma" bewusst ist. Und jetzt ist immer noch die Frage: Wie bezeichne ich denn das „Bewusst-sein"? Ich habe dazu mit ganz bestimmten, bereits bestehenden Logiksystemen gearbeitet, der sogenannten „Logik der Abstraktionen". Das ist wie ein Kalkül, mit dem ich ausdrücken kann „Alpha von ..." bezeichnet den bewussten Zustand vom Grade „Alpha", „Beta", „Gamma" einer Person. Dann kann man genau feststellen, welche neuronalen Grundlagen dem so Bezeichneten entsprechen. Diese Untersuchungen habe ich dann an Patienten durchgeführt, bei denen sich nach Hirnschädigungen zwar Reststrukturen im Gehirn erhalten haben, wo sich aber die Frage stellt, ob die durch diese Reststrukturen vermittelte visuelle Restfähigkeit noch bewusst ist.

Dieter Korczak:

Ich möchte auf einen zweiten Bereich kommen, zu dem Sie ja ganz dezidiert sagen, Sie haben sehr viele Tote gesehen, aber nie gesehen, dass die Seele nach oben steigt – sinngemäß – das genaue Zitat ist: „Die Vorstellung eines Weiterlebens ohne funktionsfähige Hirnstrukturen ist eine Metaphysik, der alle wissenschaftlich fundierten Erkenntnisse der Neurobiologie und Neuropsychologie widersprechen." D. h., Sie glauben auch persönlich und privat nicht an das, was man allgemein als „Seele" bezeichnen würde oder an ein Weiterleben nach dem Tode oder Sie sagen nur, ich kann es nicht messen, und das, was ich nicht messen kann, dazu äußere ich mich nicht.

Reinhard Werth:

Ich habe da schon eine dezidiertere Meinung. Es ist auch weniger eine Frage des Glaubens, sondern die wissenschaftlichen Ergebnisse zeigen dies. Ich untersuche Patienten, und zwar Kinder, bei denen nach Hirnschädigungen ganz bestimmte Hirngebiete ausgefallen sind und damit ganz bestimmte Leistungen, vor allem Sehleistungen, verloren gegangen sind. Die Frage ist, ob die Funktion der ausgefallenen Hirnstrukturen von anderen Hirnstrukturen übernommen werden kann? Es fragt sich, ob noch ohne ganz bestimmte funktionsfähige Hirnstrukturen eine ganz bestimmte Sehleistung aufrecht erhalten werden kann.

Wenn ein erwachsener Mensch große Teile seines Sehsystems verloren hat, dann ist auch die von diesen Hirngebieten aufrechterhaltene Sehleistung verloren, dann erblinden die Patienten. D. h. sie sehen dann nicht schwarz sondern sie sehen gar nichts. Sehfunktionen sind nur dann durch entsprechende therapeutische Maßnahmen wieder herzustellen, wenn noch Hirngewebe vorhanden ist, das diese Funktionen übernimmt. Wenn das nicht der Fall ist, dann fällt diese Leistung unwiederbringlich aus und ist für immer verloren. Beim Hirntod fallen alle Leistungen des Gehirns, und zwar nicht nur des Großhirns, sondern auch des Hirnstamms, unwiederbringlich aus. Wenn alle sensorischen Leistungen und alle motorischen Leistungen, die Gedächtnisleistungen und auch alle anderen Leistungen des Gehirns ausfallen, dann haben Sie kein Gedächtnis mehr, dann haben Sie keine Wahrnehmungen mehr, dann können Sie nichts mehr wollen. Es ist nichts mehr übrig. Nur können wir uns das nicht vorstellen. Man könnte höchstens sagen, was nach dem Tod ist, ist das, was vor der Geburt war. Die „subjektive Zeit" existiert nicht mehr! Sie vermissen nichts, der Tod ist nichts Erlebbares!

Der Tod ist auch nichts, was eigentlich existiert. Man kann nicht sagen, es gibt den eigenen Tod. Für diejenigen, die viel jünger sind als ich, gibt es meinen Tod, weil der Reinhard Werth irgendwann nicht mehr da ist, und nur noch die Leiche übrig bleibt. In diesem Sinne gibt es den Tod eines anderen Menschen, weil *dessen* Bewusstsein nicht mehr existiert. Der eigene Tod existiert nicht, genauso wie der vorgeburtliche Zustand nicht existiert.

Dieter Korczak:

Es gibt eine neue Untersuchung, in der ein deutscher Wissenschaftler tausend Personen befragt hat, die „tot" waren und dann wieder reanimiert worden sind, und er hat sie gefragt, was sie empfunden haben. Ein Teil davon, 20 oder 40 Prozent, haben dann von Phänomenen berichtet, dass sie aus sich herausgetreten, sich dort selbst haben liegen gesehen, beobachtet haben, wie

die Ärzte mit ihnen umgegangen sind oder besonders helle
Lichtphänomene gesehen haben. Können Sie das als Hirnforscher interpretieren?

*Reinhard Werth:*Diese Leute waren nicht hirntot. Wenn der
Hirntod eingetreten ist, wenn alle Zellen des Gehirns sicher abgestorben sind, dann können Sie nicht mehr erfolgreich reanimieren. Dort, wo sie reanimieren können, und wo die Leute
wieder ins Lebens kommen und wieder Bewusstsein erlangen,
da sind die Zellen nicht tot gewesen, sie waren nicht endgültig
abgestorben. Im Gegenteil, die Hirnzellen waren sogar noch
sehr. gut erhalten, sonst könnten die Patienten sich überhaupt
nicht an ihre Erfahrungen erinnern.

Dieter Korczak:
Aber wie kommen dann diese Bilder?

Reinhard Werth:
Wie sie zustande gekommen sind weiß man nicht, aber sie
entstehen vermutlich dadurch, dass Hirngewebe sich in einem
pathologischen Zustand befindet, z. B. sauerstoffunterversorgt
ist. Das sind Zustände, in denen die Hirnzellen in ganz schlim-
men Fällen auf einem sehr reduzierten Stoffwechselniveau noch
weiter existieren, aber nicht tot sind.

Dieter Korczak:
Kann es sein, dass diese Bilder durch Endorphine entstehen?

Reinhard Werth:

Die Endorphine werden dabei möglicherweise eine Rolle spielen, aber es sind nicht nur die Endorphine. Wir kennen weit über einhundert Überträgerstoffe des Gehirns, die in den genannten Zuständen noch aktiv sind. Deswegen kommen überhaupt noch Bilder zustande und deswegen kann man sich an sie erinnern.

Dieter Korczak:

Sie haben sich sehr dezidiert auch über Triebtäter geäußert. Wie würden Sie die Freiheit des Willens bei Triebtätern sehen?

Reinhard Werth:

Man muss da sehr genau differenzieren. Nehmen wir an, Sie haben einen Psychotiker mit ausgeprägten Wahnideen. Dieser ist völlig anders zu beurteilen als jemand, der rational handelt, der die Folgen seines Handelns korrekt einschätzen kann und der auch wirklich weiß, was er tut, wenn er vergewaltigt, wenn er mordet. Das Problem dabei ist dies: Sie können die Gefährlichkeit dieser Täter – dazu haben wir kein adäquates Werkzeug – nicht mit hinreichender Sicherheit, einschätzen. Dazu fehlt uns das geeignete Diagnosewerkzeug.

Stellen sie sich vor, sie fliegen mit einem Piloten, der, wie so viele Menschen, an Epilepsie leidet, aber die Epilepsie ist nicht völlig unter Kontrolle. Sie würden sich doch nie ins Flugzeug setzen mit einem Piloten, der an dieser Erkrankung leidet und jederzeit einen Anfall bekommen kann. Ich würde, wenn ich selber die Erkrankung hätte oder mal bekommen sollte, auch nicht Autofahren, das ist selbstverständlich. Auf der anderen Seite gab es gerade in Deutschland bei vielen Leuten, die einfach die Realität nicht zur Kenntnis nehmen wollen, die Einstellung, wenn die Straftäter sich im Gefängnis recht nett äußern und der Pfarrer und der Psychologe sich für sie einsetzen, und der Pfarrer ist ja normalerweise ein anständiger Mensch, auf dessen Urteil man sich verlassen sollte, dann kann man die Täter freilassen. Die Täter versuchen natürlich alles mögliche, um ein mildes Urteil zu erwirken und den Hals aus der Schlinge zu ziehen. Nur: Das garantiert in keiner Weise, dass diese Leute nicht mehr rückfällig werden.

Man muss zur Kenntnis nehmen, dass es Leute gibt, die potenziell gefährlich sind. Es kann sein, dass diese im Einzelfall nicht mehr gefährlich sind, aber dies weiß man nicht. Für mich steht die Sicherheit der möglichen Opfer en erster Stelle. Indem man Täter, deren Gefährlichkeit nur sehr begrenzt einschätzbar ist, freilässt, geht man das Risiko ein, dass Opfer, vor allem Frauen und Kinder, vergewaltigt und ermordet werden. Für mich gibt es da überhaupt keine Frage: Die Sicherheit der potenziellen Opfer steht ganz oben an.

Dieter Korczak:

Vielen Dank, Reinhard Werth, das war eine schöne Überleitung zu dem Thema von Bernd Otto. Sie sind Professor an der Fachhochschule in Braunschweig für Pädagogik und Politik und haben ein Buch geschrieben: „Ist Bildung Schicksal?" In diesem Buch referieren Sie die Gehirnforschung und überlegen sich, was man als Pädagoge daraus für verschiedene Bereiche lernen kann. Darf ich Sie jetzt summarisch bitten: Wo würden Sie die Anwendung der Gehirnforschung für die Pädagogik sehen? Kann man z. B. Kinder trainieren, dass sie Sexualstraftäter erkennen bzw. dass sie sich generell schützen?

Bernd Otto:

Auf so komplizierte Dingen wollte ich nicht antworten. Wir haben einen Experten hier, und nach meinen Erkenntnissen, die ich aufgrund der Hirnforschung gewonnen habe, ist das auch meine Position, die ich vertrete, was Reinhard Werth zum Schluss vorgetragen hat. Für mich war die Überlegung, was ich aus pädagogischer Sicht gewonnen habe, das ist vor allem nicht so sehr in dem Sinne mit Trainierbarkeit und konkreten Lernergebnissen, sondern eine größere Toleranz im pädagogischen Arbeiten. Zufällig war ich 1992 in Düsseldorf, als ich das erste Mal auf einem Gehirnkongress John Eckles traf – den alten berühmten Hirnforscher, der inzwischen gestorben ist – und das war nur wenige Kilometer von hier entfernt. Seitdem habe ich mich damit intensiv beschäftigt und bin immer toleranter geworden in meiner Rolle als Lehrer oder als Ausbilder von Sozialarbeitern im Sinne von: Dass Pädagogik nicht zwischen Allmacht und Ohnmacht hin- und herpendeln darf.

In der Pädagogik werden unerhörte Ansprüche gestellt, eben Allmachtsansprüche. Wenn irgend etwas schief läuft in der Gesellschaft wird die Pädagogik zitiert. Die hat versagt, die muss besser werden. Oder anders herum: es ist mal irgend was schlecht gelaufen, und man glaubt, Erziehung hat da mitgespielt, Beispiel „antiautoritäre Erziehung". Diese Kinder der Sechziger, Siebziger Jahre, die angeblich antiautoritär aufgewachsen sind, die sind jetzt an der Macht, sind im Erwachsenenalter und bringen das nicht so, wie es manchen gefällt, da muss ja wohl die antiautoritäre Erziehung schuld gewesen sein. Mit diesen beiden Polen kann ich lockerer umgehen, seitdem ich mich mit der Hirnforschung beschäftige, mit dem, was Reinhard Werth gesagt hat, und was viele hier gesagt haben, die hier als Fachleute

gesprochen haben, nicht die Philosophen, die haben hier eine andere Position vertreten, nämlich dass es die Freiheit des Willens nur in ganz eingeschränktem Maße gibt im Sinne von: Wenn ich einem Kind zum hundertsten Mal sage „Du sollst nicht hauen!", dann weiß ich, dass ich es noch hundertmal sagen kann und es wird wenig bewirken. Da werde ich gelassener, weil ich weiß, es liegt am Adrenalin und diesem Kind kann man natürlich schon helfen, aber nicht einfach durch Hinweise. Wie gestern Udo Pollmer so schön gesagt hat: Beratung ist umsonst, vor allem Ernährungsberatung. Erziehung ist ja oft Beratung, Propaganda, Appell, das bewirkt sehr wenig. Was mehr bewirkt ist die Veränderung der Umweltverhältnisse, d. h. langsamer, steter Tropfen höhlt den Stein.

Ich habe ein gutes Beispiel: Tommy Haas, der heute im Finale steht beim Grand Slam Cup in München – nicht bei allen Kindern wird das gelingen – aber der ist seit dem 6. Lebensjahr ganz bewusst auf dieses Ziel – er wird sicher auch noch mal Wimbledon-Sieger werden, erinnern Sie sich an meine Aussage – auf dieses Ziel vorbereitet worden, durch Training, also durch Erziehung. Aber da muss so vieles zusammenkommen, dass jemand zur Steffi Graf oder zu Tommy Haas wird. Nick Bolittieri, einer der berühmtesten Tennistrainer, hat den aufgenommen, aber wen nimmt der auf? Nur hochtalentierte Kinder, d. h. die werden vorher getestet, wenn die mit acht oder neun Jahren in die Tennisakademie in Florida kommen, und die sind dann schon hochtalentiert. Dann gibt der pädagogische Prognosen ab und sagt: der wird mal ein ganz erfolgreicher Tennisspieler. Andre Agassi ist aus dieser Tennisakademie gekommen, viele andere auch, aber es gibt auch Tennisspieler wie Boris Becker, die kommen nicht aus dieser Akademie.

D. h. vieles ist trainierbar auf der Basis eines Talentes. Das weiß ich alles durch die Gehirnforschung etwas besser, dass man nicht aus jedem einen Mozart machen kann, dies wird aber in der Pädagogik immer wieder behauptet, dass man aus allen Kindern alles machen kann und was abbauen kann, was schief gelaufen ist, das wird immer der Pädagogik anheim gestellt – das stimmt alles nicht. Der letzte Artikel von Dieter E. Zimmer in der *Zeit* der vergangenen Woche heißt so schön: „Man kann an Kindern nicht sehr viel verderben." Das ist das Vorteilhafte!

Auch die Pädagogik kann an Kindern nicht sehr viel verderben, weil die mit einem Gehirn ausgestattet sind, das unerhört anpassungsfähig ist und das wird's schon richten. Das ist auch das, was ich durch die Gehirnforschung gelernt habe: Dass unsere Gehirne selbstständig arbeiten und manchem pädagogischen Zugriff gar nicht zugänglich sind. Es ist vergebene Liebesmüh', ich ackere mich ab und es kommt nichts dabei raus. Das weiß ich jetzt auch besser als ich es vorher wusste. Manchmal verzweifelt ja ein Pädagoge, wenn er sagt, mit dem läuft da nichts. Nun, da werde ich gelassener, indem ich sage: Das hat andere Gründe, da bin ich als Pädagoge nicht zuständig.

Dieter Korczak:

Das erstaunt mich. Ich habe in Ihrem Buch gelesen , dass Sie sagen, das Gehirn organisiert sich selbst d. h. die Position der Hirnforschung übernommen haben. Und ich frage mich, wo liegt denn dann die pädagogische Aufgabe? Ich hätte im Moment Schwierigkeiten, das nachzuvollziehen, dass man an Kindern nicht sehr viel verderben kann. Ich glaube, auch wenn ich mich umschaue und wenn ich die familiensoziologische Forschung betrachte – die natürlich völlig ohne Gehirnforschung erstellt worden ist – dass man an Kindern ungeheuer viel verderben kann und dass Kinder zwar relativ robust sind, was ihren Überlebenstrieb und Überlebensdrang angeht.

Ich habe dieser Tage von einem Fall in Frankreich gehört, in dem eine Familie ein Kind bestialisch behandelt hat, permanent geschlagen, zu den Schweinen gesperrt hat, fast verhungern ließ, und das ist Gott sei Dank – anders als in Belgien – durch einen aufmerksamen Polizisten entdeckt worden. Dieses Kind ist seit drei Jahren bei Pflegeeltern, zusätzlich in psychotherapeutisch begleitender Behandlung gewesen, und dieses Kind hat am Anfang nur mit Aggression auf seine Eltern reagiert, weil es überhaupt kein anderes Muster kennen gelernt hat. Jetzt ist es offenbar wieder einigermaßen im Lot. Ich würde Sie bitten, dieses „Man kann an Kindern nichts verderben" vielleicht noch etwas näher zu erläutern, wie Sie das konkret meinen.

Bernd Otto:

Eben im Durchschnitt, d. h. also den Müttern, was auch in dieser Tagung eine Stelle war, wo es die Gefahr war, dass Mütter beschuldigt wurden, dass sie nicht die richtige Zuwendung und Bindungsfähigkeit ihren Kindern gezeigt haben. Das gibt es natürlich. Aber gerade so ein Beispiel, wie Sie eben sagen, das sind Extremfälle. Und auch wahrscheinlich die Kinder, die Sie in Ihrer Praxis in München haben, sind glücklicherweise Extremfälle. Der Alltag ist so, dass die meisten Eltern freundlich und liebevoll zu ihren Kindern sind und Fehler machen. Und diese Fehler machen die Kinder nicht kaputt, da muss es schon ganz dicke kommen. Da muss der ganze Tag ein einziger Fehler sein und das ist glücklicherweise selten. Nur in diesem Falle würde so was eintreten und wenn dann noch entsprechende

Hirnstrukturen vorhanden sind. Aber es gibt viele Beispiele, es gibt die Hawaii-Studie, eine Studie die über zwanzig Jahre durchgeführt wurde, dass es solche „Non-vulnerable"-Kinder gibt, also schwer verletzbare Kinder, selbst bei denen kann es ziemlich dicke kommen und die kommen zurecht. Wenn natürlich ein leicht verletzbares Kind, was ein starker genetischer Faktor ist, in eine unangenehme Umgebung kommt, dann kann da schneller Unheil passieren. Das ist auch eine Erkenntnis der Hirnforschung und deswegen ist der Pädagoge jetzt nicht entlassen.

Das ist immer die Gefahr, wenn ich meinen Studenten diese beiden Alternativen vorstelle, einerseits, so viel kann die Pädagogik nicht erreichen und so viel Fehler kann sie auch nicht machen, denken sie: „Aha, auf Wiedersehen!" So einfach ist es nicht. Wir können natürlich eine Menge mit Kindern machen. Ein ganz berühmter Tennistrainer hat gesagt: „Alle Kinder, die den Weg vom Auto, vom Parkplatz, bis zum Tennisplatz ohne Hinfallen schaffen, denen bringe ich das Tennisspielen bei." Natürlich werden die nicht alle ein Jimmy Connors oder McEnroe – zu der Zeit ist das gesagt worden – aber die werden das Tennisspielen hinreichend gut lernen. Da hat Pädagogik ihren Stellenwert und so geht es mit vielen Sachen. Jedem Kind kann ich Rechnen beibringen und Klavierspielen im Rahmen seiner Anlagen. Von daher bleibt Pädagogik in ihrem Amt, aber sie ist durch die Hirnforschung vor der Hybris bewahrt, alles erreichen zu können. Praktiker wissen das längst: Man kann eine Menge machen durch entsprechende Lernarrangements, aber man muss auch immer darauf achten: Wen hat man da vor sich, welches Kind.

Dieter Korczak:

Ich würde gerne auch Ihr Statement, dass man mit Beratung nichts oder wenig erreichen kann, noch mal näher erläutert haben, denn das würde ja bedeuten, dass die zahlreichen Mittel, die in Deutschland für alle möglichen Formen der Beratung – Schwangerschafts-, Ehe-, Konflikt-, Schuldnerberatung – eingesetzt werden, völlig sinnlos sind. Für mich ist das auch vor dem Hintergrund der Gehirnforschung nicht ganz nachvollziehbar, denn das, was in der Beratung normalerweise passiert, ist die Vermittlung von neuen Informationen, der Versuch, alte, eingefahrene Muster umzustrukturieren. Nun müsste eigentlich, wenn ich die Gehirnforschung richtig verstanden habe, sich da sofort eine neue Landkarte verdrahten, auftauchen, und das auf fruchtbaren Boden fallen.

Bernd Otto:

Soll ich persönlich werden? Wir brauchen hier nur eine Pause machen und dann sehen wir da draußen schon die Süchtigen stehen, sie sind mitten unter uns. Alle wissen heute und hier, das ist mein Paradebeispiel – an einer Fachhochschule für Sozialwesen mache ich mich da auch immer unbeliebt –, in Amerika werden die sogar mit Prozessen belegt, die Zigarettenfabriken, das ist ganz besonders verrückt: Alle Raucher wissen, dass sie sich vergiften und langzeitlich krank werden davon, Lungenkrebs, Raucherbein und alle ähnlichen Herz-Kreislauf-Geschichten. Und trotzdem rauchen die Menschen weiter. Die Informationen sind da und es gibt auch Therapien, die Rückfallquote liegt bei 80 - 85 Prozent, so wie bei ihren Triebtätern, da ist sie noch höher. Auch bei Diäten, das ist auch ein tolles Beispiel, es gibt so viel Literatur – deswegen ging mir das, was Udo

Pollmer sagte, wie Öl runter – das wird bei uns auch gelehrt, weil Diätberatung, Ernährungsberatung auch ein sozialarbeiterisches Thema ist. Es ist relativ erfolglos, erfolgreich nur für die Verlage, die Diätbücher verlegen. Und die Berater haben einen Erfolg: sie werden davon besoldet. Beratung hat vor allem den Effekt, dass es den Beratern hilft, nämlich dass sie wenigstens einen Arbeitsplatz haben. Die werden auch nie arbeitslos, weil es so viel Beratungsresistente gibt, die kommen immer wieder zur Beratung. Da habe ich ein relativ pessimistisches Menschenbild. Was nicht heißt, dass sie mit dem Rauchen nicht doch eines Tages aufhören können. Mark Twain hat das gesagt: „Mit dem Rauchen kann man sein ganzes Leben lang aufhören", er hat es auch sein ganzes Leben lang versucht. So pessimistisch braucht man nicht zu sein, aber mit Beratung, das wendet sich doch nur an das kognitive, an das gerade eben im Bewusstsein befindliche. Und alle wissen, dass Rauchen ungesund ist, zu viel essen, das fette Essen und die Liste ist unendlich lang, was wir alles wissen, was ungesund ist und wir tun es. Ich z. B. mit fast 60 spiele Tennis, das ist ganz ungesund für meine Knie, macht aber Spaß.

Dieter Korczak:

Aber das ist doch ein schönes Beispiel. Ich habe mich auch eine Zeit lang mit Suchtforschung beschäftigt, auch mit der Frage, warum Menschen rauchen, und die Forschungsergebnisse – so wie ich sie kenne – sagen, dass Rauchen das Ergebnis einer individuelle Nutzenabwägung ist. Wenn man die Leute fragt: Wissen sie, dass Rauchen gesundheitsschädlich ist, dass sie ihre Lebenszeit damit verkürzen?, sagen 96 Prozent der Befragten: Ja, das wissen wir. Und wenn man dann fragt: Warum rauchen sie trotzdem?, dann lautet die Antwort: Ich brauche das zur Stressbewältigung usw. Den Schluss, den die Suchtforscher daraus ziehen ist, dass individuelle Nutzenabwägungen passieren, das Risiko zu erkranken wird dem empfundenen Genuss gegenübergestellt. Die Hirnforscher können sicherlich auch begründen, warum Nikotin im limbischen System Genuss erzeugt. Also scheinen da doch zwei interessante Sachen aus der Hirnforschung zusammenzukommen: zum Einen der Wille, zum anderen das in den Hirnvorgängen ausgelöste Wohlgefühl. So gesehen denke ich mir, liegt es vielleicht nicht an der Beratung, sondern an den falschen Beratungs*konzepten*. Sie sagen, das Milieu ist entscheidend. Liegt es also möglicherweise daran, dass Beratung mit den falschen Ansätzen operiert und im falschen Milieu stattfindet?

Bernd Otto:
Da ist natürlich was dran. In der Kur gelingt ja manches. Da können Menschen eine Weile ihr Verhalten ändern unter Beobachtung, unter Kontrolle, oder wenn ganz massive Beratungskomponenten eingesetzt werden. Heute früh steht in der *Welt am Sonntag*: Monica Lewinsky bekommt eine Million Dollar, wenn sie von 101 Kilogramm auf 55 Kilo abspeckt. Dreißig Pfund hat sie schon geschafft. Die war immer nicht dünn, war immer schon mollig, deswegen wurde sie ja von Clinton geliebt, das hat sie selbst gesagt. Sie hat jetzt 101 Kilo, das ist natürlich eine Diätmittelfirma, die so was herstellt, womit man abnimmt. Ich vermute trotz meines Beratungsansatzes, das wird vielleicht gelingen. Die hat mit ihrem Buch nicht genug verdient, vielleicht nur 400.000 Dollar oder noch nicht mal, aber mit dieser Million ist sie vielleicht für den Rest ihres Lebens saniert. Das könnte

sein, dass das sie umsteuert. Mit freiem Willen würde ich da immer noch nicht vorgehen, dieses Geld ist ein Steuerungsmechanismus, ein Bestechungselement, das uns umpolt. Wenn wir das in der Beratung einsetzen würden... – leider gibt es niemanden, der uns das zahlt. Da haben Sie recht, bei entsprechendem Beratungseinsatz wird man vielleicht sogar dünn, wenn man dick war, das könnte sein, kann ich mir gut vorstellen – und da sehen Sie die Utopie einer solchen Praxis.

Trotzdem, es gibt veränderte Umwelten. Berühmtes Beispiel – ich habe es in meinem Buch zitiert – sind die heroinabhängigen Vietnamsoldaten. Viele waren im Krieg in Vietnam heroinabhängig, um das durchzustehen, und das wurde da auch ganz billig angeboten, und die sind zu 80 bis 90 Prozent völlig clean zum Teil ohne Therapie zurückgekommen und sind clean geblieben. Einen größeren Umweltwechsel gibt es nicht: aus dem Dschungel Vietnams in den Dschungel New Yorks – das war vielleicht nicht die Umwelt, die so förderlich war, aber Amerika ist groß. Die meisten sind nicht drogenabhängig geblieben und sogar meistens ohne Therapie. Wenn das kein Beweis für Umwelt ist! Nur können wir uns immer eine Umwelt bauen, wie wir sie gerne hätten? Das ist fast noch schwerer als genetische Manipulation. Das wird ja von Pädagogen immer gewünscht, dass die Umwelt schuld ist für ein schlechtes Verhalten, die könnten wir ja ändern. Ändern Sie mal die Umwelt, probieren Sie es mal in Ihrer Familie.

Dieter Korczak:

Jetzt habe ich noch eine abschließende Frage zu den pädagogischen Konzepten: Es müsste doch aus der Gehirnforschung ein neues pädagogisches Konzept kommen. Ist das jetzt ein

Konzept, das anders ist als Steiner, Montessori oder Janusz Korczak? Sind Sie dazu gekommen, jetzt neue Empfehlungen für neue pädagogische Konzepte zu geben, sollte das Milieu, in dem gelernt wird, anders konstruiert werden?

Bernd Otto:

Das ist vielleicht das Banale, auch da kann ich eigentlich nur empfehlen, was große Pädagogen, die erfolgreich waren, dass man beobachten konnte, dass die natürlich gehirnmäßig schon richtig gehandelt haben, sonst hätte die Menschheit nicht überlebt. Die haben ihre Kinder richtig behandelt, die haben mitunter sogar geschädigte Kinder richtig behandelt, und bei uns gelingt ja auch das meiste, die Kinder werden ja doch meistens erfolgreiche Erwachsene, so viel braucht man da nicht umzustellen. Von Schulformen, dreigliedrig, möchte ich lieber nicht anfangen, das würde den Tag brauchen und wir würden uns nicht einigen können. Das ist von Land zu Land so unterschiedlich, aber überall sind die Menschen in den Ländern relativ erfolgreiche Erwachsene. Da gibt es Nuancen, Studien über Erfolg in der Schule, da würde ich aus der Sicht der Gehirnforschung nicht sehr viel Gewicht drauf legen und so viel neue Konzepte gibt es nicht. Es gibt sehr viele bewährte Konzepte, aber die zu praktizieren ist immer so schwer, weil das Menschen sind, und das sind fehlerhafte Wesen, wie man auch am Beispiel der Suchtentziehung sehen kann. Deswegen werden auch pädagogische Konzepte nicht immer in die Praxis umgesetzt, weil es Menschen sind. Die sind manchmal müde, manchmal erschöpft, die haben manchmal keine Zeit und keine Lust, da spielen so viele Komponenten eine Rolle. Neue Konzepte biete ich nicht an, eher ziehe ich den alten Konzepten den Zahn im Sinne von: dass sie glauben, damit etwas zu erreichen. Auch Lehrer, die in der heutigen Zeit natürlich ganz mit dem Rücken zur Wand stehen, angesichts der modernen Medien – auch diese Lehrform hier ist nicht gerade die modernste – aber wir haben es ja schon genutzt, das Internet, man kann sich schon vorbereiten. Diese modernen Medien liefern so viel Information, dass Lehrer es heute natürlich ganz schwer haben, auch noch etwas anzubieten, was Kindern was bringt. Das wäre vielleicht eher ein Thema: Wie können die neuen Medien den Lehrer ergänzen oder ersetzen? Vielleicht ist er noch ein Motivator, aber das denke ich, ist auch nicht so neu. Er wird eher durch die Gehirnforschung gestützt, dass er nicht so viel Unheil anrichten kann.

Dieter Korczak:
Vielen Dank, Bernd Otto. Reinhard Schydlo brauche ich den Anwesenden nicht groß vorstellen, er ist langjähriges Mitglied der Gesellschaft, niedergelassener Kinderarzt, Kinder- und Jugend-Psychiater und Psychotherapeut in Düsseldorf.

Sie haben gestern in einer Diskussion gesagt, dass Sie gerade in Ihren Therapiekonzepten zum Thema Legasthenie von der Gehirnforschung sehr profitiert haben und dort auch neue und eigene Dinge entwickeln. Könnten Sie uns das noch näher erläutern, weil das auch ein Thema ist, das viele Eltern interessiert?!

Reinhard Schydlo:
Die Legasthenieforschung und viele der Veröffentlichungen beschäftigten sich vor zehn Jahren überwiegend mit visuellen Wahrnehmungsverarbeitungsstörungen. Man ging davon aus, dass es hauptsächlich *visuelle* Wahrnehmungsstörungen waren, die an der Legasthenie ursächlich beteiligt sind, aber das ent-

sprach nicht meiner täglichen Praxis. Ich habe gesehen, dass überwiegend *auditive* Störungen im Vordergrund standen. Anhand einer Statistik mit einhundert schwersten Legasthenikern konnte ich feststellen, dass etwa 70 Prozent massive *auditive* Verarbeitungsstörungen hatten, eine ähnlich große Zahl der Kinder mit Legasthenie hatte auch fein- und grobmotorische Störungen – das war interessant für mich und ich wusste es zunächst nicht zu deuten – und nur 14 Prozent *visuelle* Wahrnehmungsstörungen. Daneben bestanden auch Lateralitätsstörungen, d. h. Rechts-Links-Unsicherheiten auf verschiedensten Ebenen. Fünf Jahre später wurde von Galaburda und anderen Legasthenieforschern in den Vereinigten Staaten durch Hirnschnitte bestätigt, dass der wesentliche Umschaltpunkt in der zentralen Hörbahn vor der Hörrinde, der *nucleos genicolates mediales*, bei Legasthenikern eine verminderte Vernetzungsstruktur und auch verminderte Nervenstrukturen zeigte. Ich selber habe mich seit dieser Zeit besonders mit Therapiemöglichkeiten für Kinder mit auditiven Wahrnehmungsstörungen beschäftigt, wobei es hier vor allem pädagogische Ansätze von Wahrnehmungstrainings gab, die wir in der Praxis jedoch meist ohne größere Erfolge ausprobierten. Bis mir einige Arbeiten von Tomatis, einem französischen HNO-Arzt, der in Deutschland immer noch ziemlich angegriffen wird, zufällig in die Hände kamen. Ich bin zu ihm nach Paris gefahren und habe mir seine Arbeit angesehen und war beeindruckt von dem, was er entdeckt hat, was aber auch unseren langjährigen Praxiserfahrungen entsprach.

Und zwar hat er als einer der ersten gesehen, welche Einflüsse pränatale Wahrnehmungsfunktionen schon auf Feten haben. Ein Fetus kann bereits ab dem vierten Schwangerschaftsmonat hören, er kann das Gehörte umsetzen, verarbeiten und

Vernetzungen der Hörbahn im Gehirn entwickeln. Und wenn
hier Störungen, z. B. pränatale Noxen – von Stressfaktoren an-
gefangen bis zu Wehenhemmern oder anderen Medikamenten,
Alkohol, Nikotin u. a. das Kind – schädigen, dann kann es in
erster Linie auch zu Schädigungen dieser Hörverarbeitungsfunk-
tionen kommen. Diese äußern sich nicht unbedingt schon in

Legasthenie, sondern zunächst darin, dass die Kinder schon als Säugling nicht adäquat reagieren, z. B. sehr lautempfindlich sind, später als Kleinkind meist Sprachentwicklungsstörungen haben – denn ein Kind kann nur sauber und deutlich sprechen, wenn es sauber und deutlich hört – und als Schulkind dann Aufmerksamkeitsstörungen und verschiedene Lernstörungen auftreten können. Tomatis hat dann – ausgehend von diesen Theorien – ein sogenanntes „Elektronisches Ohr" entwickelt, das praktisch die Situation der Kinder im Mutterleib nachahmt, d. h. man versucht, dem Kind die Stimme der Mutter so zu vermitteln, wie es sie das Kind in der Schwangerschaft hört. Man filtert sämtliche niedrigen Frequenzen weg und vermittelt ihm vor allem die hohen Frequenzen, daneben Mozartmusik, aber auch nicht in reiner Form, sondern so gefiltert, dass die höheren Frequenzen verstärkt, die niedrigen weggefiltert werden.

Das hören selbst extrem hyperaktive Kinder wirklich gerne, sie sind ruhig dabei und können sich innerhalb dieser Stunde recht gut konzentrieren. Wir haben ganz phantastische Erfolge mit dieser Methode gehabt. Nur fehlen mir, und das wollte ich Christian Eggers gestern vermitteln, die Forscher, die mir hierbei wissenschaftlich durch Begleitstudien den Rücken stärken. Was unser Nachteil ist: Wir können in der Praxis eine Menge Erfahrungen sammeln mit den Kindern, aber uns fehlt der Zugang zu den Forschungseinrichtungen, die das, was wir an neuen Einsichten gewinnen, dann auch durch wissenschaftliche Studien bestätigen, damit es glaubhaft ist.

Dieter Korczak:
Das ist für mich persönlich ein faszinierendes Ergebnis und eine faszinierende Umsetzung von Gehirnforschung in die Pra-

xis. Ich finde es bedauerlich, dass die Kombination Klinik/ niedergelassener Bereich oder Forschung kaum stattfindet. Was
passiert, um die Kinder aus dieser Legasthenie herauszubringen?
Oder anders herum formuliert: Ich habe Manfred Spitzer so verstanden, dass, wenn man nur kräftig übt, die entsprechenden
Areale im Hirn wachsen und man kann es dann. Man wird dann
vielleicht kein Boris Becker, aber ein ganz passabler Tennisspieler, und im Fall der Legasthenie müsste das dann ähnlich sein.

Reinhard Schydlo:
Man muss natürlich bei diesen Störungen – wie bei allen kinderpsychiatrischen Erkrankungen – zunächst sagen, dass an den
Anfang eine eingehende Diagnostik gehört, d. h. man muss sehen, sind es in erster Linie auditive Verarbeitungs- und Wahrnehmungsstörungen, die hier mitspielen, und wenn ja, welche:
Sind es Selektivitätsstörungen, also Störungen, die nur die Kinder hindern, Nebengeräusche wegzufiltern. Oder ist es eine
Verminderung der Ordnungsschwelle, so dass Kinder kurz und
knapp aufeinander folgende Konsonanten, wie: „Hast Du gehabt?", dieses kurze und knappe „s"-„t" oder „p"-„t", überhaupt
nicht wahrnehmen können, weil sie diesen kurzen Stakkatolau-
ten nicht folgen können. Oder sind es andere Formen von Wahrnehmungsverarbeitungsstörungen. Und man muss danach einen
entsprechenden Therapieplan aufbauen, der natürlich dann auch
zusätzlich ein entsprechendes LRS-Trainingsprogramm beinhaltet.

Es ist also nicht so, dass man mit dem Wahrnehmungstrai-
ning allein alle Störungen wegzaubern kann, sondern dieses
Training ist, wenn Sie so wollen, die Basis, um die für die
Wahrnehmung bestimmter Laute notwendigen Funktionen zu

verbessern. Frau Tallal, auch eine Neuroforscherin in Amerika, hat z. B. zusammen mit Herrn Merzenich einen Computer entwickelt, der gerade bei der herabgesetzten Ordnungsschwelle diese Stakkatolaute entzerrt, also den Kindern die langsamere Wahrnehmung dieser Laute ermöglicht. Die Entzerrung wird dann immer mehr verkürzt, bis die Kinder am Ende auch den kürzeren Frequenzen folgen können. So ähnlich ist es auch bei anderen Entwicklungstherapien. Man muss also verschiedene Funktionen nacheinander oder zumindest parallel aufbauen. Nur diese auditiven Wahrnehmungsfunktionen sind z. B. die Basis dafür, dass die Kinder dann den anderen Anforderungen wie Diktaten folgen können.

Wenn – was ja bei 14 Prozent der LRS-Kinder auch der Fall ist – visuelle Wahrnehmungsstörungen vorliegen, dann muss man eben auch diese durch entsprechende Förderprogramme auszugleichen versuchen. Aber es ist nicht so, dass wenn ein Kind mit LRS ausschließlich fünfzig Stunden Mozartmusik hört, es dann plötzlich Lesen und Schreiben kann, sondern die Förderung dieser auditiven Bahnen ermöglicht es dem Kind, besser und sauberer zuzuhören, besser und aufmerksamer unterscheiden zu lernen. Dann lassen sich auch die anderen Rechtschreibdefizite mit entsprechenden Übungen ausgleichen, wobei auch der emotionale Aspekt nicht zu vernachlässigen ist; denn die Kinder kommen ja deswegen zum Kinderpsychiater, weil sie in erster Linie psychische Probleme haben.

Die Aggressionen in der Schule nehmen zu, daneben psychosomatische Erkrankungen, das sind vor allem die Vorstellungsgründe, weshalb die Kinder in unsere Praxen kommen. Wir machen als erstes eine körperliche, neurologische und psychiatrische Diagnostik und sehen, welche Ausfälle die Kinder haben,

z. B. welche Entwicklungsstörungen, um dann einen entsprechenden Therapieplan aufzustellen. Die emotionale Seite der
Kinder steht bei uns als Therapeuten immer im Vordergrund,
d. h. in welcher Rolle befindet sich das Kind innerhalb seiner
Familie? Ist es da auch schon das schwarze Schaf geworden,
ähnlich wie in der Schule? Ist es in einer Außenseiterfunktion?
Wir versuchen also, parallel zu den eventuell notwendigen Entwicklungstherapien, diese Rolle des Kindes zu verändern, indem
wir den Eltern die Befindlichkeit ihres Kindes bewusst machen.

Oft ist es schon durch eine Beratung möglich, den Teufelskreis aufzulösen; denn wenn die Eltern sehen, das Kind *kann* ja
überhaupt nicht richtig zuhören, es muss ja fast verrückt werden,
wenn es in lauten Räumen, in geräuschgefüllter Umgebung keinerlei Nebengeräusche wegfiltern kann, sondern bis zu zehnmal
lauter hört als andere Kinder, es muss ja hyperaktiv werden, es
kann sich gar nicht anders verhalten. Wenn wir den Kindern und
den Eltern dieser Kinder dieses Aha-Erlebnis vermitteln: Das
Kind kann letztlich für seine Verhaltensauffälligkeiten nicht
primär verantwortlich gemacht werden, sondern zu diesem Verhalten haben das Unverständnis der Umgebung, unsere ständi-
gen Kritiken und unsere Negativhaltung ihm gegenüber beige-
tragen, dann kann das schon relativ schnell diesen Teufelskreis
auflösen.

Dieter Korczak:
Das sind spannende Ausführungen. Ich erinnere mich – ich
glaube, Christian Eggers hat das gestern gesagt – das Kind sieht
sich in den Augen der Mutter und das ist sehr wichtig. Werden
diese Kinder in erster Linie von ihren Eltern gebracht oder gibt
es einen Austausch – und das wäre auch die Verbindung zu

Bernd Otto – zwischen Schule und Arzt? Ich habe mal gelesen, dass mittlerweile zwanzig Prozent der Kinder in den Anfangsklassen Legastheniker sein sollen. Was wird mit denen in der Schule gemacht und wie sind Ihre praktischen und wichtigen Erfahrungen damit verknüpft?

Reinhard Schydlo:

Die Prävalenz von Legasthenie liegt immer noch zwischen fünf und sieben Prozent. Diese von ihnen erwähnten zwanzig Prozent beziehen sich eher auf Verhaltensauffälligkeiten im weitesten Sinne, d. h. bis zu zwanzig Prozent der Kinder zeigen in den Klassen irgendwelche Formen von Verhaltensauffälligkeiten. Davon sind fünf Prozent mit Sicherheit behandlungsbedürftig, aber davon kommen noch nicht einmal ein Prozent in Behandlung zu qualifizierten Kinder-Therapeuten. Hier besteht noch ein starkes Defizit.

Aber es gibt auch noch zu wenig Therapeuten und vor allem zu wenig niedergelassene Kinderpsychiater. Die Überweiser zu uns sind mittlerweile in erster Linie Lehrer. Während wir vor zwanzig Jahren die Kinder noch meist von Kinderärzten überwiesen bekamen, rufen heute in erster Linie die überforderten Lehrer an und fragen, ob wir diesen Kindern helfen können. Manchmal müssen sie auch die Eltern etwas unter Druck setzen indem sie sagen: ‚Wenn sie das Kind nicht endlich mal fachärztlich untersuchen lassen, dann schicken wir es in eine Sonderschule für Erziehungshilfe‘. Manche Eltern kommen leider nur unter diesem Druck und lassen eine Diagnostik machen. Wobei zu sagen ist, dass in unseren Praxen diese „neurogenen Lernstörungen" immer mehr im Vordergrund stehen, d. h. also nicht nur Legasthenie, die eine der bekanntesten ist, sondern es gibt ja auch noch z. B. die „isolierte Dyskalkulie" oder andere Teilleistungsschwächen.

Dieter Korczak:
Was ist eine „isolierte Dyskalkulie"?

Reinhard Schydlo:
Die isolierte Rechenschwäche.

Was uns heute in der kinderpsychiatrischen Praxis weiterhin und zunehmend beschäftigt, sind alle möglichen Formen von Hyperaktivität, die dann oft in die allgemeine Schublade „Hyperkinetisches Syndrom" gesteckt werden – wobei ich hier auch davor warnen möchte, das einfach als feststehende Diagnose mit nur einer Ursache zu sehen, sondern jede Form ist auch wieder anders verursacht. Aber bestimmte Verhaltens-Auffälligkeiten, vor allem die Aufmerksamkeitsstörungen mit Hyperaktivität und Impulsivität, welche die Lehrer oft an den Rand der Verzweiflung bringen, nehmen heute sicherlich zu. Darüber wissen manche Lehrer zum Teil noch zu wenig, genauso wie über neurogene Lernstörungen. Vor allem bei unverständigen Lehrern, die es ja auch gibt, können die betroffenen Kinder schneller in diesen psychischen Teufelskreis kommen.

Es geht uns also darum, nicht nur die Eltern zu beraten, z. B. in Form einer Familientherapie, sondern auch in die Schulen zu gehen, möglichst schon in die Kindergärten. Ich bin sehr froh, dass es uns gelungen ist, nicht zuletzt mit Hilfe unserer Praxis, die zweimal Modellpraxis des Bundesgesundheitsministeriums war, die sogenannten „Sozialpsychiatrieverträge" mit den Krankenkassen abschließen zu können, die es uns ermöglichen, dass wir z. B. Heilpädagogen und Sozialarbeiter in die Praxis integrieren können, die auch familientherapeutisch ausgebildet sind, die aber auch rausgehen können in die Schulen, um z. B. das Lehrerkollegium über ein hyperkinetisches Kind aufzuklären, die auch schon in Kindergärten gehen können, und die vor allem „Home-treatment" machen können, z. B. bei sozial schwachen Familien, welche die übliche „Komm"-Struktur in eine Praxis gar nicht bewältigen und regelmäßige Behandlungstermine nicht einhalten können.

Dieter Korczak:
Reinhard Schydlo, ich möchte Sie beglückwünschen, dass Sie diese Energie aufgebracht haben, weil ich glaube, das sind wirklich Konzepte, die wichtig sind. Ich habe jetzt noch eine eher rein medizinische Frage: Es gibt eine Reihe von Krankheitsbildern – Reinhard Werth hat die auch schon angesprochen – Epilepsie, Parkinson, Alzheimer, die durch die Gehirnforschung besser behandelbar sein müssten. Was mich an diesen Behandlungen, z. B. auch bei Angststörungen, in denen dann Neuroleptika gegeben werden, immer irritiert hat ist, dass, wenn es auf der einen Seite möglich ist, Störungen über die Gehirnforschung im Gehirn so zu lokalisieren, wieso es dann auf der anderen Seite nicht möglich ist, Medikamente zu entwickeln oder zu geben, die dann wirklich diese Störung genau ansprechen. Soweit ich weiß, sind Neuroleptika sehr gut funktionierende Medikamente, aber oft mit der Nebenwirkung der extrapyramidalen Störung. Wie gehen Sie damit in Ihrer Praxis um?

Reinhard Schydlo:
Ganz generell ist zu sagen, dass wir bei den Kindern kaum Neuroleptika verordnen, ausgenommen bei schwersten Formen

von beginnenden Psychosen oder schweren affektiven Erkrankungen wie Depressionen. Hierbei kann man die Patienten anfangs auch schlecht psychotherapeutisch erreichen, so dass wir die Medikamente zunächst als eine Art Hilfestellung für die im Vordergrund stehende Psychotherapie nehmen und mögliche Nebenwirkungen dabei natürlich auch sehr intensiv abwägen müssen.

Wir niedergelassenen Kinder- und Jugendpsychiater nehmen die medikamentöse Hilfe hauptsächlich bei einem Krankheitsbild in Anspruch, und das ist „Ritalin" bei dem bereits erwähnten „Hyperkinetischen Syndrom". Dieses Hyperkinetische Syndrom wird in erster Linie durch Aufmerksamkeitsstörungen definiert, zweitens durch Hyperaktivität und drittens durch Impulsivität: Die Kinder können sich nicht steuern, ihnen gehen bei kleinsten Frustrationen die Sicherungen durch. Innerhalb von wenigen Minuten kann ein schwer hyperaktives Kind z. B. ein Sprechzimmer von unten nach oben drehen und in ein Tohuwabohu verwandeln. Die armen Mütter und Lehrer und die Kinder selbst, die überall anecken, sind wirklich zu bedauern. Wenn zwei oder mehr hyperkinetische Kinder in einer Klasse sind, haben die Lehrer kaum eine Möglichkeit, einen einigermaßen geordneten Unterricht zu führen. Hier müssen wir in erster Linie Stimulantien, z. B. „Ritalin" – ein Amphetaminderivat – anwenden. So können – ähnlich wie bei einer Kopfschmerztablette – die Symptome dieser Störung reduziert werden.

Mit den Stimulantien, so stellt man sich das vor, hebt man die Vigilanz oder Wachheit der Kinder auf einen normalen Level, damit sie überhaupt fähig sind, sich über einen Schulvormittag hin einigermaßen ruhig zu verhalten und konzentrieren zu können. Dann können wir erst ansetzen, die wesentlichen psychotherapeutischen Methoden, nämlich verhaltenstherapeutische Methoden, wie Selbstinstruktionstraining usw., anzuwenden. Insofern ist generell zu sagen, dass jeder verantwortungsvolle Psychiater – bei Kinderpsychiatern gilt das ganz besonders – Medikamente möglichst nur als Hilfestellung nehmen sollte, um dann mit den Patienten weiter psychotherapeutisch arbeiten zu können.

Dieter Korczak:
Vielen Dank, Reinhard Schydlo, ich glaube, das war wirklich für viele sehr interessant.

Wir freuen uns, dass Alexander Boeck zu uns gekommen ist Sie sind Geschäftsführer der „Henkel Fragrance Center GmbH", die sich vornehmlich mit Parfums beschäftigt. Nun ist die Parfümindustrie seit Kleopatra eine ganz alte Industrie – ohne Gehirnforschung, vielleicht mit intuitiver Gehirnforschung. Jetzt, seitdem die Gehirnforschung da ist, und es immer einen engen Zusammenhang von Forschung und Industrie gibt ist meine Frage: Haben Sie davon profitiert?

Alexander Boeck:
Ganz einfach: Ja. Sie haben so schön gesagt, die Duft- oder Riechstoffe gab es im Altertum schon, die gab es im Mittelalter und die gibt es auch heute. Ich bin auch überzeugt, trotz Vorträgen á la Udo Pollmer und anderen Angriffen wird es Riechstoffe auch morgen und übermorgen geben. Denn eins ist klar: Warum gibt es Riechstoffe? Weil Duft letztendlich Lebensqualität ist und Wohlbefinden darstellt. Deswegen bin ich froh, dass ich in dieser Branche arbeiten darf und mache das ausgesprochen gerne, denn ich bin davon überzeugt, dass es etwas sehr Schönes

ist, so etwas entwickeln zu können und daran zu arbeiten. Wenn Sie sagen, der Titel von unserer Diskussion heute „Wie können die Erkenntnisse der Hirnforschung sinnvoll umgesetzt werden?", so ist das meiner Meinung nach eine ausgesprochen sinnvolle Umsetzung. Wir wissen, dass die Riechstoffe auf un-

ser Gehirn Einfluss nehmen, aber in keinster Weise in irgendeiner Form von Manipulation, sondern ausgesprochen positiven
Einfluss nehmen – wenn Sie die richtigen Riech- oder Duftstoffe
verwenden.

Das ist auch der Grund, warum ich jetzt hier von der Industrie oder Wirtschaft sein darf, denn es ist auch ein kommerzieller
Grund dahinter. Warum setzt Henkel Duftstoffe ein? Warum
verwendet sie Henkel in seinen Waschmitteln? Die Duftstoffe
werden ja nicht nur in Parfüms eingesetzt, sondern sie werden
sehr stark und in großen Mengen auch in Waschmitteln, Reini-
gungsmitteln und Weichspülern, Geschirrspülmitteln oder in
vielen Kosmetika eingesetzt. Warum? Denn das kostet ein Unternehmen wie Henkel jedes Jahr viel Geld. Um Ihnen mal eine
Zahl zu nennen: Was Henkel pro Jahr für Duftstoffe ausgibt, das
sind über 200 Millionen Mark. Und da können Sie sich vorstellen, dass ein Unternehmen wie Henkel so was nicht nur macht,
um die Menschen zu beglücken, sondern weil auch ein kommerzielles Interesse dahinter ist. Warum werden Waschmittel z. B.
parfümiert? Es gehen riesige Mengen von Parfümölen in
Waschmittel rein. Und um Ihnen auch mal ein Gefühl zu geben,
welche Mengen in Waschmittel allein bei Henkel reingehen:
Henkel setzt mehr als 1.000 Tonnen reinstes Parfümöl pro Jahr
in Waschmitteln ein. Jetzt ist Henkel auch eine sehr große Firma, aber wenn Sie sich ein kleines Eau de Toilette oder ein Parfum anschauen, da haben Sie 10 bis 12 Milliliter in einer Flasche drin und davon sind nur zwanzig Prozent Parfümöl und der
Rest ist Alkohol. Von diesen Parfümölmengen setzt Henkel allein in Waschmitteln weit über 1.000 Tonnen ein, und insgesamt
machen wir 8.000 Tonnen reines Parfümöl pro Jahr. Warum
also?

Eins ist klar: Wenn Sie z. B. die Waschmittel nehmen, so ist–
das muss ich leider sagen – nicht nur Persil das beste Waschmittel und Sie wissen, was Sie daran haben, sondern es gibt auch
Konkurrenz. Wenn Sie jetzt mal die liebe Konkurrenz von Proc-
ter & Gamble nehmen, das schöne Ariel, so muss ich Ihnen ehr-
lich zugestehen: Ariel wäscht auch sauber. Persil wäscht sauber.
Warum kaufen Sie dann hoffentlich alle nur Persil? Das ist der
Grund: Es gibt heute sehr wenig Unterscheidungsmerkmale. Sie
können eine schöne Verpackung machen, Sie können das eine
grün gestalten, das andere rot gestalten. Sie können auch eine
sehr schöne Werbung machen – Ariel früher mit seiner „Kle-
mentine" – Sie können Körner reingeben, Sie können Sprenkel
reingeben, farbige Sprenkel reingeben, Sie können Megaperls
machen, Sie können jetzt Tabletten machen, aber im Prinzip
haben Sie praktisch kein Unterscheidungsmerkmal außer dem
Duft.

Das ist an sich eine sehr schöne Geschichte. Und jetzt geht es
noch weiter: Wenn Sie die Hausfrauen befragen und Sie nehmen
exakt das gleiche Waschmittel, aber Sie nehmen zwei oder drei
unterschiedliche Düfte, erhalten Sie gravierende Unterschiede,
wenn Sie danach fragen: Wie ist das Waschergebnis? Wie fühlt
sich die Wäsche an? Ist sie weich? Wie ist die Haltbarkeit der
Wäsche? Obwohl es exakt das gleiche Waschmittel ist, bekommen Sie gravierende Unterschiede, je nachdem, wie die Haus-
frau den Duft akzeptiert oder nicht akzeptiert.

Es ist ein bisschen so ähnlich, wie wir gestern in dem Vortrag
von Heiner Gembris gehört haben, wenn Sie den Leuten sagen,
es sind verschiedene Dirigenten, aber es ist tatsächlich genau
das gleiche Musikstück und von dem gleichen Dirigenten ge-

spielt, Sie bekommen Unterschiede, weil Sie eben suggestiv getäuscht werden.

Aber in diesem Fall kann der Duft bei Ihnen tatsächlich etwas bewirken. Z. B. bei einem Waschmittel nehmen Sie einen Duft, der Waschkraft signalisiert. Sie nehmen bei einem Waschmittel, das für Wolle gebraucht wird lieber einen Duft, der nicht so viel Waschkraft signalisiert, sondern mehr Pflege signalisiert, also mehr einen kosmetischen Duft. Sie nehmen die Düfte auch, um das Konzept des Produktes zu unterstützen.

Wenn noch ich eins zum Abschluss sagen darf: Nehmen Sie mal ein Produkt wie Seife oder Shampoo ohne Parfum – es ist grauenhaft in der Anwendung. Es ist wirklich viel schöner, wenn Sie ein Produkt nehmen, das parfümiert ist, was Ihnen natürlich gefallen muss. Es darf nicht zu aufdringlich sein, es muss ein natürlicher Duft sein, es muss ein lieblicher Duft sein und keineswegs so brutal, wie Sie es manchmal bei der Konkurrenz finden.

Dieter Korczak:

Es stimmt, dass ich tatsächlich auch bevorzugt mit Persil wasche, weil die Wäsche besser riecht. Jetzt ist aber die Frage: Die Konkurrenz von Ihnen weiß das ja auch, die arbeiten ja mit den gleichen Duftfeldern. Wie machen Sie das dann? Sie sagen, ein Duft, der Waschkraft signalisiert – befragen Sie dann 100 Hausfrauen und die sagen alle, das wäscht weißer?

Alexander Boeck:

In meinem Unternehmen haben wir eine ganze Gruppe von sehr guten internationalen Parfümeuren, Chemikern, die zusammen mit Ingenieuren, Technikern und Marketingleuten die neuen Duftnoten entwickeln. Es ist wirklich eine Kreation, die echten Parfümeure vergleichen sich immer sehr gerne mit Künstlern und wenn Sie die fragen, was sie verdienen, dann sagen die, sie bekommen kein Gehalt, sondern eine Gage. Es ist schon eine spezielle Sorte von Leuten. Es gibt auch nicht sehr viele, 300 bis 400 weltweit. Es ist schon eine spezielle Art von Leuten, die sich aber sehr gerne vergleichen mit Künstlern, Malern oder auch großen Musikern, was sie aber weiß Gott nicht sind.

Was ist unsere Aufgabe? Immer einen noch schöneren, noch besseren, noch gefälligeren, aber wenn es geht, natürlich auch möglichst preiswerteren Duft – wenn ich Ihnen die Zahl von 200 Millionen Mark pro Jahr sagte, können Sie auch viel Geld einsparen, wenn Sie das intelligent machen. Wie testen wir diese Düfte? Wenn wir für Persil oder für eine Seife oder für Fa-Duschbäder einen neuen Duft entwickeln, dann muss der vorher natürlich ganz groß abgetestet werden, nicht nur hinsichtlich seiner Stabilitätseigenschaften – denn Sie würden ja nicht ein Persil kaufen, was sich braun verfärbt durch die Duftstoffe, denn das sind letztendlich auch Chemikalien – sondern Sie müssen das in breiten Haushaltstests auf Akzeptanz testen. In diesen Haushaltstests haben Sie natürlich auch immer die liebe Konkurrenz dabei und betesten das dagegen, besser, schlechter, gleich gut, wobei die Testdurchführung ein Kapitel für sich ist, wo Sie sich stundenlang unterhalten können, denn jeder von Ihnen hier – da mache ich mit Ihnen jede Wette – empfindet den Duft unterschiedlich. Was der eine als phantastisch empfindet, empfindet der andere als grauenhaft. Es gibt Riechstoffe, die empfindet der eine als blumig und der andere als urinös. Bei diesen beiden Urteilen erhalten Sie nie eine Übereinstimmung, wenn Sie nach der Akzeptanz des Duftes fragen.

Es gibt auch Riechstoffe, die der eine überhaupt nicht wahrnimmt, eine Art Anosmie, und der andere nimmt ihn sehr stark wahr. Wenn Sie z. B. an die berühmten Moschusriechstoffe denken, da gab es auch solche Moschusparfums auf Markt, und in Moschus sind schwere, süßliche Düfte – alles andere als schön – aber sie waren auf dem Markt. Und wenn einer dieses Parfum benutzt, der Moschus selber nicht riecht – das ist ja nie isoliert drin, da sind ein ganzer Haufen andere Riechstoffe drin, die dieses Ganze blumig abrunden – wenn einer so einen Duftstoff verwendet und es selber nicht riecht, dann schüttet der sich Mengen auf seine Backen oder irgendwo hin, und wenn der dann in die Straßenbahn kommt, dann ist der fürchterlich für die anderen Leute zu riechen. Man muss sehr aufpassen, es gibt da große Unterschiede in der Wahrnehmung.

Dieter Korczak:

Ich habe gelesen, dass die Pariser Metro auch beduftet werden soll, um dort den Aggressionspegel usw. zu senken. Ist das nur ein Werbegag oder ist das tatsächlich möglich?

Alexander Boeck:

Ich habe mit großem Interesse gestern den Vortrag von Heiner Gembris gehört, der auch ausführte, dass kurz nach dem Kriege in den Kaufhäusern diese Hintergrundmusikbeschallung kam, um Leute zu irgend welchen Aktionen zu bewegen. Im Prinzip haben Sie genau das gleiche auch bei den Duftstoffen. Es gibt viele Versuche in Kaufhäusern, da wurden durch die Klimaanlagen irgend welche frischen Duftnoten eingegeben,

und natürlich diejenigen, die das propagiert hatten und die diese
Parfümöle dafür verkaufen wollten, haben alle möglichen Effekte davon versprochen. Aber ich bin der gleichen Meinung, wie
es letzten Endes gestern auch rauskam in dem Vortrag, dass das
alles mehr oder weniger sehr nett und sehr schön ist, aber eben
keine große Wirkung hat. Ich bin auch überzeugt, wenn das in
der U-Bahn gemacht wird, dann kann es nur den einen Effekt
haben, irgendwelche Eigengerüche der U-Bahn, diese etwas
muffigen und stählernen Gerüche, die da unten drin sind, zu
überdecken.

Das ist ja auch ein Grund, warum wir gerne die Haushaltsprodukte parfümieren, das sind ja Chemikalien, Waschmittel
und Reinigungsmittel sind Chemikalien, Tenside, die einen Eigengeruch haben, um das ein bisschen zu kaschieren und angenehmer im Geruch erscheinen zu lassen. Das würde ich als einzigen Grund sehen, aber ich würde nicht einen Grund hinein
interpretieren, dass die U-Bahn parfümiert wird, damit die Leute
pfeifenderweise oder lustiger da rauskommen. Das ist genau das
gleiche wie mit Hintergrundmusik in Kaufhäusern. Ich bin auch
nicht der Meinung, dass das Kaufverhalten durch Düfte in den
Kaufhäusern angestachelt ist. Ich muss Ihnen auch persönlich
dazu sagen, ich bin sehr froh darüber, denn das wäre schlimm,
wenn man auf diese Weise den einen kaputt machen kann, den
Konkurrenten, weil man die bessere Duftnote getroffen hat. Aber es kann ein bisschen stimulieren.

Dieter Korczak:

Alexander Boeck, vielen Dank. Sie haben mir den Übergang
zu Eva Ohlow sehr erleichtert. Die Parfümeure sind Künstler
oder verstehen sich selbst als Künstler, und wir haben jetzt eine

mit Preisen ausgezeichnete Künstlerin aus Köln hier, Eva Ohlow, mit der ich mich jetzt noch kurz über das, was möglicherweise Gehirnforschung mit Kunst zu tun haben kann, unterhalten werde. Ich gehe von einem naiven Kunstverständnis aus,
dass der Künstler sozusagen die Intuition hat, das assoziative
Denken. Du hast in Deinem Abstract geschrieben, Picasso habe
einmal gesagt, der künstlerische Gedanke sei – sinngemäß – wie
ein reißender Fluss, der dann alles wegspüle und zum Ende
komme dann das Kunstprodukt heraus. Ist das tatsächlich immer
so oder gehört da nicht auch sehr viel neuronale Vorarbeit dazu,
dass man sehr genau das Kunstwerk anlegt, recherchiert usw.?

Eva Ohlow:

In diesem Zitat hat Picasso sagen wollen, dass in seiner
künstlerischen Idee, die er vom Geist steuert und das Gefühl
zulässt, also den Bauch, dass er sich als ein reißender Fluss bezeichnet, in dem alles enthalten ist, also er reißt die Ufer mit
sich, die Bäume, aber auch die Kühe am Rande, aber auch die
Maden, die in ihnen enthalten sind. D. h. es gibt in dieser Welt
sehr viel Schreckliches, was sich auch lohnt darzustellen. D. h.
wenn er schreckliche Bilder vom Krieg gemacht hat, sind die
ebenso, auch wenn sie in dem landläufigen Sinne keine schönen
Bilder sind, berechtigt und als wahres Kunstwerk zu bezeichnen.
Das war der eigentliche Sinn dieses Zitates, zu sagen, dass es
auch das Furchtbare gibt und das Furchtbare hat eben auch sein
Recht.

Dieter Korczak:

Wie empfindet man denn als Künstler, wenn man das Schöne
und das Furchtbare in sich selbst spürt und dem einen künstle-

rischen Ausdruck geben will? Was passiert da in einem selbst innen drin?

Eva Ohlow:

Ich kann in diesem Fall von mir sagen, dass ich eine Möglichkeit gefunden habe, meine Kunst auszudrücken und das war eigentlich ein Zufall. Ich gehe furchtbar gerne in Fabriken, weil ich das urige Tun in Fabriken interessant finde. Ich gehe in Eisenfabriken, in große Siebdruckereien, und in einer dieser Druckereien habe ich eine PVC-Eingangstüre gesehen, wo zig Jahre lang Gabelstapler und Lastwagenfahrer gegen gefahren sind, und diese PVC-Haut – und ich bezeichne das ganz bewusst als „Haut" – hatte so viel erlebt und dieses Erlebte bildete sich so interessant von zwei Seiten auf dieser Haut ab, dass ich ganz spontan gedacht habe: Das ist das Material, das ich in den nächsten Jahren für meine Versuche, etwas darzustellen, nehmen werde.

Ich habe von daher dieses Material, das in sehr vielen Schlachthöfen oder in Lackieranstalten verwendet wird, benutzt, um das gelebte Leben oder das, was man damit ausdrücken will, was passiert auf Haut – äußerlich die Haut, aber auch die Haut der Seele – was passiert damit und wie kann ich das darstellen. Ich war überrascht und erfreut, dieses Material durch Zufall gefunden zu haben. Das hat mich die vergangenen zwanzig Jahre begleitet, d. h. ich verwende auch Kautschuk, wo Continental mir das Material geliefert hat und Bayer, Rohkautschuk, den ich färbe und vulkanisiere, bei 200 Atü und 160 Grad schweiße ich die Häute aufeinander. Ich glaube, dass jeder Künstler seinen wahren Weg findet, indem er das, was er ausdrücken möchte, darstellen kann. Und ich bin sehr froh, dass ich dieses Material eigentlich durch Zufall entdeckt habe.

Dieter Korczak:

Wie würdest Du Dir denn erklären, dass Tausende von Leuten an diesen Türen vorbei gegangen sind und in diesen Türen nichts gesehen haben und Du diese Tür siehst und dann bei Dir ein künstlerischer Prozess eingeleitet wurde?

Eva Ohlow:

Erstens hat Kunst oder Kunst machen auch mit einem Zustand zu tun, der dem vorgelagert ist, d. h. man muss sehen können. Das kennen Sie sicher auch von bestimmten Reisen, es gibt Menschen, das sind Touristen, die gehen an vielem vorüber, und es gibt Reisende. Und das Sehen würde ich eher dem Reisenden zugestehen, der auf all seinen Wegen etwas sieht, was anderen verborgen bleibt. Ich finde, das ist auch ein ganz großer Bereich, der sich in der Kunst zeigt, dass man „sehen" kann. Sehen hat natürlich auch was mit Fühlen zu tun.

Dieter Korczak:

Glaubst Du, dass diese besondere Form des Sehens oder diese besondere Form des Fühlens dadurch zustande kommt, dass Dein Gehirn völlig unabhängig von Dir diese Dinge kreiert, also Dein Gehirn eigentlich für Dich dieses Sehen vornimmt, oder empfindet Du selbst, dass das auch ein bewusster, gewachsener Prozess in Dir ist?

Eva Ohlow:
Ich glaube, dass man das Sehen auch schulen kann. Das wäre ein sehr interessanter Bereich auch im Schulsystem, das Sehen und das Fühlen zu fördern. Ich bin sehr viel gereist, ich bin nebenberuflich eine Zigeunerin, und ich muss sagen, dass das Sehen auch mit den Umgebungen zu tun hat, in die man sich hinein begibt. Und dann begegnet einem sehr viel, was die Toleranz fördert, was jedem überlassen ist: Was will ich denn am Ende mit meiner Kunst ausdrücken? Das wären in meinem Fall Zeichen, die der Mensch empfängt durch seine Umgebung, durch seine Schulung, durch sein Kultursystem, und wie drücke ich das aus. Bei mir war es eben einfach das Finden von Zeichen – sei es, dass das Tätowierungen sind, dass das Schutzzeichen an Häusern sind, ob das in Schulen ist, sind das Kreuze oder ist das der Davidstern oder ist das das Zeichen des Islam. In den Religionen stellen sich als erstes diese Zeichen ein, die den Menschen ein besonderes Bedürfnis sind und auf meinen Reisen habe ich gerade diese Zeichen versucht zu sehen und zu finden und dann eben in diesem Hautmaterial auszudrücken als abstraktes Bild, aber mit diesem Sinn dahinter, diese Schutzzeichen auszudrücken.

Dieter Korczak:
Nicht, dass ich jetzt mit meiner Kunst oder mit meinem Latein am Ende bin, aber ich glaube einfach, dass jetzt durch dieses breite Spektrum der Referenten und Gäste hier so viele interessante Fragen bei Ihnen wahrscheinlich auch noch aufgekommen sind, dass ich mich einfach zurücknehmen möchte und jetzt das Podium frei gebe für Sie und Ihre Fragen.

Eva Ohlow:

Ich habe noch ein Zeichen zu geben an den Herrn der Düfte, und zwar wird jetzt in Köln ein Duftkanal oder ein Duftmuseum gebaut, in dem einer dieser Räume sozusagen der Urknall des Geruches ist, also wie man durch den Rauch ein Zeichen an die Götter gesetzt hat, dazu bin ich ausgewählt worden, diesen Raum zu gestalten und es ist für mich eine ganz interessante Aufgabe, weil da die Kunst, etwas herzustellen und dann dieses Imaginäre des Duftes verbunden werden sollen.

Dieter Korczak:

Vielen Dank, Eva Ohlow. Jetzt, geduldiges Publikum, liebe Teilnehmer, Mitglieder und Gäste, ich harre der Fragen.

Walter Simm:

Ich möchte gerne zu dem Vortrag von Reinhard Werth bzw. dem Dialog mit Reinhard Werth zwei Anmerkungen machen oder besser auch Fragen stellen: Sie sagten einleitend, das Bewusstsein sei an sich nicht sehr fassbar. Dann kam die Anmerkung, aber wir machen jetzt neuerdings Messungen, wir können es messen. Bei der Methode, das Bewusstsein zu messen, hatten Sie angegeben, dass ein Reiz, der schwächer oder stärker ist, irgendwann vom Bewusstsein erfasst wird. Dabei setzen Sie aber immer das Vorhandensein des Bewusstseins schon voraus, d. h. ich kann nicht das Bewusstsein damit erforschen, so sehe ich das jedenfalls, sondern den ganzen Apparat der Sinneswahrnehmung, von dem Reiz ausgehend – ob das eine Fingerspitze ist oder im Auge ist – bis zum Gehirn hin, das ist einfach eine Empfindlichkeitsmessung des Sehorgans, des Tastorgans oder ähnlich. Das Bewusstsein setze ich bei dieser Messung aber

schon als vorhanden voraus und ich kann aus diesem Messergebnis qualitativ sicher keine Angabe dazu machen. D. h., ich
würde das Messergebnis so bewerten, dass das einfach ein Maß
für die Empfindlichkeit der Sinnesorgane ist. Und zum Anderen
hatten Sie bei Ihrer Beantwortung der Fragen zum Tod, als Sie
das langsame Ausfallen der Funktionen des Gehirns als den
Schluss der möglichen Wahrnehmung angeben, und auch die
Zeit damit ausschalten, das fand ich sehr wesentlich. Es hört
also für das Wesen, das stirbt, in den Augen der Mitlebenden die
ganze Welt auf, die Zeit hört auf, die Wahrnehmung hört auf.
Sie machen dann einen Unterschied zwischen der „subjektiven
Zeit" und der „physikalischen Zeit". Die „subjektive Zeit" ist
zweifellos bestimmt durch das „Jetzt", das durch das Subjekt
eingeführt wird und davon abhängig dann Zukunft und Vergangenheit. Das „Jetzt" gibt es ja physikalisch nicht, und das ist
ohne weiteres einzusehen, und diese Zeit hört damit auf. Aber
wie ist das mit der „physikalischen Zeit"? Die kann man so absolut nicht sehen, jedenfalls so wie Newton sie damals gesehen
hatte. Sondern man hat festgestellt, dass es in der Relativitäts-
theorie eine dehnbare Zeit gibt, eine veränderbare Zeit, je nachdem, ob das System bei der Messung bewegt ist oder nicht. Und
in der Quantenphysik stößt man jetzt sogar auf das Ausfallen der
Zeit. Es gibt Zustände, die man in der Quantenphysik „nicht-
lokale Zustände" nennt. Wenn korrelierte Quantensysteme aus-
einanderfallen, sich voneinander wegbewegen, dann stellt man
fest, dass die Eigenschaften, die man an dem einen Teil misst,
gleichzeitig am anderen Teil vorhanden sein müssen. Das ließ
sich experimentell mehrfach nachweisen. Die Schlussfolgerung
daraus ist, dass die Lichtgeschwindigkeit, die bisher als obere
Grenze angegeben wird, nicht mehr die obere Grenze bildet,

sondern dass sofort die erste Änderung mit der zweiten Änderung – mag das andere Teilchen noch so weit entfernt sein –
plötzlich da ist, als ob das Ganze in einem System vorhanden
wäre, das die Teilchen immer noch weiter verbindet, aber dass
kein Signal von einem zum anderen Teilchen notwendig ist, um
das eine durch das andere zu bestimmen. Diese „physikalische
Zeit" ist sehr unsicher geworden und ich kann mir nicht vorstellen, dass man grundsätzlich noch diesen Unterschied zwischen
„physikalischer Zeit" und „subjektiver Zeit" machen kann, wenn
man die Systeme nicht einzeln betrachtet. D. h. subjektiv beur-
teilte Zeit bezieht sich immer auf Systeme oder auf Welten, die
vom Subjekt erfassbar sind, d. h. auf große Zahlen von einzelnen Elementarteilchen, während in der Quantenphysik das einzelne Teilchen beurteilt wird. Und da sieht es plötzlich ganz
anders aus. Das waren meine beiden Anmerkungen, welche die
Zeit als grundsätzlich „subjektiv" sehen, so wie sie Kant vielleicht als Anschauungsform beurteilt hat. Das andere, mit dem
Bewusstsein, ist eine quantitative Messung der Empfindlichkeit
der Sinnesorgane.

Reinhard Werth:

Ich fange mit dem Bewusstsein an. Es geht nicht darum, einfach die Empfindlichkeit zu messen, sondern es ist Folgendes:
Ich habe hier ein fiktives Beispiel genommen Ich setze dabei
erst mal gar nichts voraus, sondern würde meine Versuchsperson zunächst als physiologisches System betrachten. Ob es da
etwas über das physiologisch Messbare hinaus gibt, das lasse ich
erst einmal völlig offen. Ich stelle in den skizzierten Untersuchungen fest, dass diese Versuchsperson, an der ich die Messungen mache, selbst einen anderen Zugang hat als jeder

Mensch außer ihr, als jeder potentielle Experimentator. Das ist das, was ich „mentalistische Voraussage" genannt habe. Man würde das intuitiv so interpretieren: Wenn diese Personen einen anderen Zugang hat, dann muss sie aber noch andere Erkenntnisse haben, es muss ein besonderer Erkenntnisweg sein, den die Versuchsperson geht. Intuitiv würden wir sagen, dieser Erkenntnisweg bestehe in der subjektiven Empfindung Aber über Empfindungen reden wir noch nicht, denn von ihnen haben wir noch gar keinen exakten Begriff. Diesen wollen wir erst einmal rekonstruieren.

Empirisch stelle ich also fest, dass dieses physiologische System „Versuchsperson" etwas ganz Besonderes kann, nämlich diese mentalistischen Voraussagen machen. In welchen Bereichen solche Voraussagen möglich sind, für welche Reize, für welche Reaktionen die Versuchsperson sagen kann, wie mein Experiment ausgeht, muss experimentell ermittelt werden. Das kann man quantitativ messen. Und auf diesem Wege gelangt man zu einer exakt bestimmbaren Grenze zwischen „bewusst" und „unbewusst". Ich bewege mich zunächst nur in der physikalischen Sprache und ich sage, wenn ganz bestimmte Reize geboten werden und ich ganz bestimmte Reaktionen feststelle, dann nenne ich das z. B. „W".

Jetzt kann ich aber feststellen, dass diese Versuchsperson mentalistisch den Ausgang des Experiments voraussagen kann, nämlich feststellen kann, ob „W" zutrifft oder nicht. Und jetzt kann ich folgendes sagen: Eine Person hat die Eigenschaft „W", und sie kann diese mit „W" bezeichnete Beziehung zwischen Reiz und Reaktion mentalistisch bestimmen. Nun forme ich in einem Logikkalkül einen Ausdruck, den ich den „bewussten Zustand" nenne. Jetzt würden Sie sagen, das ist irgendwas

Künstliches – es ist nicht genau das, was wir mit den Alltags-
begriffen meinen. Das ist so wie überall in der Wissenschaft:
Wir haben eine Alltagssprache und wenn wir jetzt Wissenschaft
betreiben, merken wir, die Alltagssprache reicht hinten und vorne nicht aus, weil sie unklare Begriffe verwendet und von viel
zu groben Erfahrungen ausgeht. Wir müssen eine Sprache schaffen, die natürlich auf unseren Messungen beruht, mit der wir
beschreiben, erklären und voraussagen können, was man in der
Alltagssprache nur sehr ungenau zu beschreiben, zu erklären
und vorauszusagen versucht. Wenn ich dann von „Bewusstsein"
spreche, dann sage ich: Wenn ich das, was ich für das Sehsystem ausgeführt habe, auf andere Leistungen des Menschen über-
trage, und diese Leistungen ebenfalls als „bewusst" zu ganz bestimmten Graden auszeichne, dann nenne ich die Gesamtheit
aller dieser als bewusst ausgezeichneten Leistungen, die innerhalb eines bestimmten Zeitintervalls auftreten, das „Bewusstsein
dieser Person innerhalb des betreffenden Zeitintervalls".

Das heißt jetzt nicht, dass niemand einen anderen Begriff des
Bewusstseins haben darf. Aber dann muss man den Begriff entsprechend naturwissenschaftlich festlegen und das tun die Leute
einfach nicht. Ich habe mich früher, als ich noch in der Wissenschaftstheorie tätig war, lange mit Philosophen darüber gestrit-
ten und das Problem war immer, dass ich die Leute gebeten habe, zu sagen, was sie meinen, wenn sie vom „Bewusstsein" reden, ihre Begriffe festzulegen. Erst dann können wir über das
Bewusstsein sprechen. Aber diese alternativen Vorschläge zur
Rekonstruktion von Bewusstseinsbegriffen blieben bis heute
aus.

Heiner Gembris:

Ich würde gerne, wenn ich darf, drei kurze Fragen stellen. Die erste Frage an Reinhard Werth: Wie kommt es, dass bei diesen Nahtoderlebnissen die Leute, die dann hinterher wieder aufgewacht sind, von sinnvollen Vorstellungen berichten, dass die Nerven nicht völlig chaotisch gefeuert haben in diesem doch irgendwie schon lädierten Zustand. Die Frage ist: Warum sind die Vorstellungen sinnvoll, subjektiv, sinnhaft und zusammenhängend? Die zweite Frage an Bernd Otto: Sie sagten, es gibt unterschiedliche Begabungen, manche lernen etwas, andere werden es nicht lernen, Training spielt eine wichtige Rolle – Sie haben das Beispiel vom Tennis genannt. Meine Frage ist: Welche Möglichkeiten der Diagnose von Begabungen gibt es? Die dritte Frage geht an Reinhard Schydlo im Zusammenhang mit der Tomatis-Therapie, und zwar, wenn ich das richtig verstanden habe, wird versucht, durch nachträgliches Vorspielen von Geräuschen oder Musik, wie es mutmaßlich im Mutterleib gewesen ist, Therapieerfolge zu erzielen. Ist es grundsätzlich möglich, dass man dann im Nachhinein durch so eine Therapie Phasen in der Entwicklung, die ja schon vorbei sind, in irgend einer Weise reparieren kann?

Reinhard Werth:

Zunächst mal ist es nicht so, dass das Hirn bei jeder Schädigung gleich vollkommen chaotisch reagiert. Die Patienten, die ich habe, haben oftmals sehr schwere Hirnschädigungen erlitten, aber die Hirnfunktion ist deshalb nicht völlig chaotisch. Es bleiben ganz bestimmte Muster neuronaler Entladung gewahrt. Manche Zellen sterben und manche Verbindungen werden abgebaut, aber viele bleiben erhalten, haben aber eine eingeschränkte Funktion, die sich später wieder normalisieren kann.

Bernd Otto:

Das ist natürlich ein heißes Eisen, Begabungsforschung und Tests, aber ich kenne mich im Sport ganz gut aus. Mein Beispiel, das ich vorhin gebracht habe, ist ja ein Test: Schafft es das Kind vom Parkplatz bis zum Tennisplatz ohne Hinfallen hat es den Test bestanden, um Tennistraining aufzunehmen. So ist es in den Sportarten überhaupt. Meister in dieser Geschichte war die DDR, die DHFK Leipzig, die hatte unheimlich Testbatterien entwickelt um alle Olympia-Sportarten – denn da wollten die DDR-Sportleute vor allem gewinnen und zeigen, was sie für ein tolles System haben – frühzeitig, schon im Vorschulalter, zu testen, ob das eine künftige Olympiasiegerin im Speerwerfen wird.

Da kenne ich ein Beispiel, die war 1,69 Meter groß und ab 1,72 Meter durfte man da mitmachen, das kann man vorher schon messen, ob man so groß wird, und die durfte nicht mitmachen und hat dann privat trainiert und ist trotzdem Olympia-Zweite geworden. Da gibt es auch Grenzfälle. Man misst die Größe, man misst das Gewicht, man prognostiziert die Entwicklung, und von daher kann man dann im Sport gewisse Aussagen machen, ob der geeignet ist für Boxen – das hat die DDR auch so gemacht, wenn einer besonders lange Hebel hatte, dann musste der rudern, obwohl der lieber gerne boxen wollte oder Basketball spielen – d. h. Test ist eine gute Möglichkeit mit Irrtum, wie immer bei Menschen.

Sie werden wahrscheinlich besser über Musik Bescheid wissen, da habe ich null Ahnung, wie man da Begabung testet. Ich

z. B. habe gar keine oder nur eine ganz geringe, aber wahrscheinlich auch eine, aber eben nicht gut genug, um überhaupt je ein Instrument erlernt zu haben, und von daher ist es mit Tests möglich, aber ich kenne mich da wirklich nur im Sportbereich aus und weiß, dass da die DDR führend war, wo wir bis heute noch davon profitieren in sportlichen Leistungen.

Reinhard Schydlo:
Die Frage an mich war, ob Entwicklungsdefizite generell aufgeholt werden können. Anhand des auditiven Trainings nach Tomatis ist eigentlich ganz eindrucksvoll zu zeigen, was da passiert. Zunächst mal ist es so, dass die Kinder, wenn sie die Mutterstimme hören, innerhalb weniger Stunden so regredieren, dass sie fast wieder in embryonale Phasen kommen, dass sie sich Höhlen bauen, dass sie auch in ihren Zeichnungen embryonale Symbole verwenden. Das ist schon phänomenal, was sich hierbei im Gehirn abspielt.

Es war ja immer auch das Prinzip der Psychoanalyse, emotionale Mangelzustände letztlich durch Regressionsförderung nachzuholen. Kindern erleichterte man es durch Spieltherapie, sich in diesem therapeutischen Raum wieder spielerisch in Situationen zu begeben, wo sie regredieren durften in eine Phase, die sie unbewusst als defizitär erlebt haben. In der Spieltherapie versucht man also, diese emotional defizitären Entwicklungsphasen wiedergutmachend auszugleichen. Ähnlich versuchen wir das bei neurologischen Entwicklungsrückständen, d. h. wir versuchen, die durch neuropsychologische Tests nachweisbaren Defizite im Wahrnehmungsbereich, im motorischen Bereich und im emotionalen Bereich nachzuholen. Da gibt es sowohl funktionelle Übungsbehandlungen, die z. B. die Wahrnehmungs-

Funktionen – die Hörwahrnehmung war nur ein Beispiel – oder die Motorik fördern können. Daneben versucht man, die Eltern in erster Linie, die ganze Familie und die Schule einzubeziehen, dass sie dem Kind einen Rahmen geben können, um auch die emotionalen Mangelzustände ausgleichend wieder gutmachen zu können.

Volker Koreny:

Ich bin Betriebspsychologe in einem Unternehmen und ich habe eine Frage, und zwar: Wie riecht gute Technik? Gerüche verbinden sich mit Assoziationen, nehme ich an, und wenn man ein neues Auto kauft, dann riecht das ganz spezifisch. Wir stellen Schaltschränke her. Können wir gute Technik riechen lassen?

Alexander Boeck:

Es gibt einen Ausdruck in der Parfümeriesprache, der heißt „stählern". Den verwenden Parfümeure auch und die Schwierigkeit ist nur, normale Menschen verstehen das nicht. Was ist „stählern"? Ist es spritzig, ist es frisch, ist eine Stahlnote dabei? Und weil Sie gerade auch sagten, neue Autos riechen – es ist ein wunderschöner Geruch, wenn Sie ein Auto kaufen, was Leder drin hat, und es gibt immer wieder Versuche, dieses Kunstleder, was man auch kaufen kann, mit schönen Ledernoten auszustatten, aber es ist sehr schwierig. Echtes Leder riecht eben nach echtem Leder und man kann natürlich Ledernoten nachmachen, es gibt Lederduftnoten, aber es ist sehr schwierig, das Original richtig zu treffen. Genauso ist es, wenn Sie zum Bäcker reinkommen am Wochenende und diesen typischen Geruch in dem Bäckerladen haben, da ist schon oft gefragt worden, kann man das nicht auch nachstellen. Man kann das nachstellen, aber Sie werden nie das Wasser im Munde zusammen laufen haben, genau so, als wenn Sie das im Echten riechen oder ein typischer Blumenladengeruch. Man kann Technikgeruch nachstellen, aber ich glaube, Sie werden immer merken, dass es doch nicht ganz so ist, wie wenn Sie die kreischenden Maschinen dahinter hören. Und seien wir auch froh, dass es da noch ein bisschen Natur gibt, die nicht unbedingt nachmachbar ist.

Dieter Korczak:
Aber habe ich Volker Koreny nicht so verstanden, dass Sie wissen wollten, wie Ihre Stahlprodukte riechen sollten, damit sie besser vertrieben werden können?

Volker Koreny:
Das habe ich nicht. Wir wollten wissen, was stählern ist, wie Technik riecht.

Alexander Boeck:
Nehmen Sie Niveacreme als Konkurrenzprodukt. Jeder weiß, wie Niveacreme riecht, und dann können Sie auf diese Weise mit viel Marketingaufwand jedem Stahlkonzern eine besondere Duftnote verleihen. Oder denken Sie an Delial. Solche typischen Sachen, die jeder weiß, wenn er im Sommer am Strand war, das können Sie machen, aber ich glaube nicht, dass Sie dadurch in diesem Bereich einen höheren Verkaufserfolg haben werden.

Henner Völkel:
Nur eine Mini-Bemerkung dazu: Ich hatte mal einen Gebrauchtwagenhändler als Patienten und der sagte mir, selbstver-

ständlich verwende ich so etwas, wenn ich ein Gebrauchtwagen verkaufe – er nannte das „Cockpit-Spray" – und das fördert den Konsum ganz gewaltig, wenn der Kunde hinein kommt, dann riecht das Auto ganz nach neu.

Alexander Boeck:

Es riecht nach neuwertiger Frische, aber es ist trotzdem nicht das, was Sie haben, wenn Sie ein neues Auto kaufen, den Geruch kann man sehr gut unterscheiden, glaube ich. Wenn Sie Zigarettenrauch im Auto haben, wenn Sie das Auto verkaufen, sollten Sie tunlichst versuchen, das zu überdecken, was sehr schwierig ist.

Gesine Thomforde:

Eine Frage an Reinhard Schydlo: Ich bin sehr dankbar, dass Sie die Tomatis-Methode erwähnt haben und freue mich auch über Ihre Untersuchungen und vor allem über Ihre Ergebnisse. Das Problem dabei ist leider, dass die Kassen diese Therapie nicht zahlen, weil die wissenschaftlichen Begleit-Untersuchungen angeblich nicht ausreichen und auch in Frankreich Tomatis leider deswegen ausgegliedert wurde aus dem etablierten ärztlichen Bereich. Sehen Sie eine Möglichkeit, das hier in Deutschland zu schaffen? Denn gerade auch in meinem Bereich, der Behindertenpädagogik, brauchen wir diese Untersuchungen. Wir brauchen unbedingt auch die Zusammenarbeit, aber es scheitert daran, dass es zu teuer ist, und die Eltern dort nicht hingehen können, weil eine Behandlung bis zu 5.000 Mark und mehr kostet. Das ist die erste Frage. Und die zweite: Wenn Sie weiterhin mit Schulen arbeiten, können Sie dann diese Kinder begleiten? Welche Rückmeldungen bekommen Sie aus Schulen?

Reinhard Schydlo:

Zur Tomatis-Therapie: Ich bin schrittweise vorgegangen, ich vertraue auch nicht blind einer neuen Therapiemethode. Ich habe also zunächst 300 betroffene Kinder nach Belgien überwiesen – von uns aus war das die nächste Behandlungsmöglichkeit – und habe dann die Eltern über die Verbesserungen bei den Kindern befragt. Und bei etwa neunzig Prozent waren es gute Erfolge. Das war für mich Grund genug, mir das genauer anzuschauen und so bin ich ein halbes Jahr regelmäßig zu Tomatis gefahren.

Die hauptsächliche Frage war: Warum wollen manche etwas hören und manche nicht? Das gilt ja vor allem für Kinder. Bei uns werden in der Praxis Kinder mit dem Vorwurf der Eltern vorgestellt: ‚Mein Kind hört einfach nicht! Was ist die Ursache? Ist es eine hirnorganisch definierbare Störung, oder ist es emotional?' Das zu definieren ist immer schwierig, aber es gelingt uns heute zunehmend, durch neuropsychologische Tests nachzuweisen, dass Kinder Defizite in der Hörwahrnehmungs-Verarbeitung oder -Speicherung haben, so dass sie gar nicht hören können – und nicht unbedingt nicht hören wollen. Nachdem wir dann selber die Tomatis-Methode angewandt haben ist es uns noch gelungen, zusammen mit der Universität Köln 75 Kinder retrospektiv zu untersuchen. Diese Studie konnte zwar bestätigen, dass sich neunzig Prozent der Kinder gebessert hatten, sie reichte aber alleine nicht aus, diese Therapiemaßnahme als Kassenleistung zu etablieren.

Zur zweiten Frage: In der Regel können wir die betroffenen Kinder mit psychischen Störungen oder neurogenen Lernstörungen während der Schulzeit begleiten, wenn Eltern und Lehrer mitziehen. Die Rückmeldungen der Schulen sind sehr gut.

Marcel Pawlowski:

Ich glaube, Obdachlose haben Probleme beim Planen oder können schwer planen. Kann man sagen, dass sie ein mangelndes Zeitbewusstsein haben? Und meine zweite Frage, ganz kurz: Haben Tiere ein Zeitbewusstsein?

Reinhard Werth:

Das Planen der eigenen Verhaltensweisen ist offenbar assoziiert mit Frontallappenfunktionen. Wir wissen von Patienten, die Läsionen in ganz bestimmten Gebieten des Frontallappens haben, dass sie massive Schwierigkeiten beim Planen von Verhaltensweisen haben. Auf der anderen Seite können Störungen des Planens auch im Rahmen von verschiedenen Psychosen auftreten. Obdachlose können an Hirnschädigungen und an Psychosen leiden. Insofern gibt es da sehr wohl neurobiologische Beziehungen.

Was die Tiere angeht, so haben diese sehr wohl eine innere Uhr, die sogar sehr genau funktioniert. Man weiß, wie genau in der Natur bestimmte Zeitpläne auch eingehalten werden. Mein Hund kommt jeden Morgen um sechs Uhr hoch und macht mich wach. Das hängt nicht einfach vom Hell-Dunkel-Rhythmus ab. Der Alltag lehrt es schon: Die Tiere haben natürlich eine ganz zuverlässig funktionierende innere Uhr, das gilt sogar für Einzeller. Es gibt z. B. Meeresalgen, die sich in ganz bestimmten Rhythmen verfärben.

Carmen Hatz-Stauffer:

Ich hätte eine Frage an die Künstlerin. Wir sprachen von den Assoziationen, die man beim Beschauen der Umwelt hat. Nun frage ich Sie: Sie finden Ihr Material gewissermaßen in der Umwelt, das Sie dann künstlerisch bearbeiten. Die Frage ist nun von mir aus. Wie weit spielen diese Hirnfunktionen, die wir aufgeführt haben in unseren Referaten, eine Rolle und wie weit die Freiheit, zu entscheiden, was ich als Material meines Schaffens wähle? Also zwischen Freiheit und Hirnfunktion. Wem geben Sie den Vorrang?

Eva Ohlow:

Ich gebe der Freiheit, sich zu entscheiden, in diesem Fall den Vorzug. Unsere Umwelt ist so vielseitig, dass es heute millionenfache Möglichkeiten gibt, sein Material zu suchen. Es wird dauernd ein neues Material erfunden, hergestellt, und dass man genau dieses Material trifft und wählt, das auf einen zugeschnitten ist oder von dem man glaubt, dass es die Fläche ist, auf der man sich ausdrücken kann, ich glaube, das ist die Freiheit der Wahl, die der Künstler hat. Ich weiß, bevor ich dieses Material gefunden habe und noch in der Zeit, als ich studierte – ich habe u. a. auch vergleichende Religionswissenschaften und Malerei studiert – ich habe mir immer in meinen Träumen und in meinen Vorstellungen gewünscht, dass ich eines Tages mal das Material finde, in dem ich die Dinge, die ich aussagen möchte, darstellen kann.

Man weiß das nie genau, wann dieser Punkt kommt, man hat zumindest so viel Selbstkritik, dass man immer noch sagen kann, das ist es noch nicht. Dann kommt plötzlich diese Sicherheit mit dem gefundenen Material und ich weiß, dass ich in einem Eisenwerk gearbeitet habe und ich verletze dieses Material auch ganz bewusst eben aus dieser Erinnerung, wie diese Türe aussah, gegen die diese Bagger gefahren waren. Eines Tages kam der Besitzer dieses Eisenwerks hoch und sah mich da kratzen und hacken und war völlig verdutzt und sagte: Sie sind so eine kleine zarte Frau, ich habe nie gedacht, wie gefährlich sie sind! Ich kann nur sagen, vielleicht habe ich sehr viel Aggression gespeichert und die arbeite mit diesem glücklicherweise gefundenen Material ab und bin dafür sehr dankbar.

Jutta Petri:

Gibt es etwas ähnliches wie Legasthenie auf mathematischem Gebiet, hat man da schon mal was festgestellt?

Reinhard Schydlo:

Ja, die sogenannte „Dyskalkulie" hatte ich ja bereits erwähnt, also isolierte Schwächen im rechnerischen Bereich. Alle Teil-Leistungsschwächen kann man durch entsprechende neuropsychologische Untersuchungen verifizieren. Wenn bei normaler Gesamtintelligenz nur diese eine oder mehrere Teilfunktionen rausfallen unter die Zwei-Sigma-Grenze, spricht man von Teilleistungsschwächen.

Dorothea Eisenberger:

Ich habe eine Frage an Alexander Boeck, und zwar geht es um die Duftstoffe. Mir stinkt es manchmal ganz gewaltig. Wenn ich irgendwo in der Öffentlichkeit bin und die Damen rauschen mit Unmengen von Düften an mir vorbei und auch die Herren, dann wird mir manchmal wirklich echt schlecht. Ich suche manchmal in den Regalen nach Deos, nach Seifen, nach

Waschmitteln, die nicht duften. Kann man das nicht herstellen oder will man das nicht herstellen oder stinken diese Materialien derartig, dass man die ohne Duftstoffe überhaupt nicht nutzen kann?

Alexander Boeck:

Ich kann Ihnen eine gute Antwort geben: Die Firma Henkel stellt Persil auch ohne Duftstoffe her, Sie können das in jedem Supermarkt kaufen, Persil ohne Parfum heißt das. Das kostet den gleichen Preis. Das ist aber nicht deswegen hergestellt worden, weil man sagt, die Parfümstoffe sind gefährlich für die Umwelt oder für den Körper, sondern weil es eine bestimmte Käuferschicht gibt, die glaubt, sie tut sich da was Gutes mit an, wenn sie solche Stoffe ohne Parfum oder ohne Zusatzstoffe kauft. Es ist klar, das habe ich vorhin auch erwähnt, man glaubt, gute Düfte würden auch waschen können, aber in Wirklichkeit waschen sie natürlich nicht. Die sind für ein Waschmittel nicht notwendig. Sie können das Waschmittel also ohne Duftstoffe kaufen.

Ich muss Ihnen dazu sagen, als es vor etwa zehn Jahren eingeführt worden ist haben wir uns nicht so sehr darüber gefreut, denn wenn Sie das mal auf alle Produkte ausdehnen, dann könnte ich arbeitslos werden. Aber wir haben trotzdem das ganze Konzept massiv mit unterstützt. Sie müssen dann natürlich hingehen und müssen die extrem wenig riechende Eigenstoffe, die in dem Waschmittel drin sind, alle prüfen, denn sonst haben Sie ein Produkt zu Hause, was möglicherweise Ihre Wäsche auch nicht so gut riechen lässt, weil Sie die eigenen Stoffe erst mal überdecken müssten mit Duftstoffen, weil Sie die da nicht einsetzen.

Das zweite ist, man hat versucht, mit dem Allergikerverband
in Deutschland Kontakt aufzunehmen, Tests durchzuführen, um
ein schlagkräftiges Argument zu haben für den Verkauf dieses
Waschmittels, indem man sagt, dass Leute, die besondere Aller-
gieprobleme oder Irritationsprobleme haben, die sollten doch
bitte dieses Waschmittel nehmen, denn dann hätten sie weniger.
Das Ergebnis dieser Versuche war wirklich wie das Hornberger
Schießen: Es wurde keine Verbesserung festgestellt. Trotzdem
gibt es einen gewissen Marktanteil, er liegt zwischen ein und
zwei Prozent gegenüber den parfümierten Produkten. So können
Sie natürlich auch Duschbäder, Seifen, das sind aber meistens
spezielle Marken, ohne Parfum kaufen, die werden aber immer
mit dem Hintergrund suggeriert, wenn du das kaufst, tust du dir
was Gutes an, was deine Haut angeht, was ich sehr in Zweifel
ziehe. Aber das gibt es natürlich auf dem Markt.

-?-:
Im „Bodyshop" gibt es duftfreie Produkte, Seife usw.

Alexander Boeck:
Sie können alle die eigenen Erfahrungen machen mit parfum-
freien Stoffen und ich bin an sich ganz ruhig, der überwiegende
Teil der Menschheit kehrt dann wieder sehr schnell zurück und
wird auch in Zukunft zurückkehren. Aber Ihre Eingangsbemer-
kung vorhin, die hat mir auch sehr gut gefallen, dass Sie sagten,
wenn Sie irgendwo hinkommen, dann riechen die Menschen
zum Teil dermaßen aufdringlich, das kann ich nur unterstrei-
chen. Ich finde, eine Parfümierung ist dann richtig, wenn sie
praktisch als zu dem Produkt oder dem Menschen gehörend
empfunden wird. Ein Beispiel: Wenn Sie einen Apfel haben,

wird sich keiner über den Apfelgeruch aufregen oder den als schlecht oder aufdringlich empfinden, und ich finde, immer dann ist eine Parfümierung besonders gut gelungen, wenn man sich mit dem Produkt identifiziert. Oder wenn Sie Ihren Stahlschrank aufmachen, wenn Sie dann einen Geruch empfinden, der praktisch dazu passt. Da kann ich Ihnen nur recht geben, es ist fast ein Drama, und Sie werden es immer in der Weihnachtszeit merken, da kommt eine Vielzahl von Neuschöpfungen auf den Markt auf dem Parfumgebiet, weil das immer die Zeit ist, wo Parfums – auch für die Herren – verschenkt werden. Ich kann Ihnen versichern, die meisten von diesen Neuschöpfungen sind nach kürzester Zeit vom Markt verschwunden, weil sie wirklich fast ein Verbrechen darstellen.

Ein Parfum kennen Sie sicher noch alle, das hieß „Poison", das war ein derart aufdringliches Parfum, was aber mit einem riesigen Werbeaufwand, und dann noch, wenn Sie Ives St. Laurant im Hintergrund haben, dann denken die Leute auch, das ist was sehr Gutes, aber in kürzester Zeit wurden in guten Restaurants Schilder aufgestellt. Es gibt ein Beispiel in New York, wo die Leute ihren Gästen gesagt haben, hier bitte nicht dieses Parfum benützen, sonst ist der Nachbartisch kontaminiert dadurch. Da gebe ich Ihnen vollkommen recht, das sind Auswüchse, die unerträglich sind. Oder stellen Sie sich vor, Sie sind abends in der Oper oder in einem Konzert, und neben Ihnen sitzt so eine Person mit so was.

Dorothea Eisenberger:

Noch mal zur Pariser Metro: Wenn ich mir vorstelle, ich müsste ein öffentliches Verkehrsmittel benutzen und es würden mir ständig und immer irgendwelche Düfte entgegen strömen die mir absolut nicht liegen, finde ich, das ist ein Einsetzen von Macht, dem ich völlig hilflos ausgeliefert bin.

Alexander Boeck:

Seien Sie versichert, ich halte das auch für absoluten Blödsinn und wir machen solche Sachen auch nicht mit. Es kam mir gestern bei der Musik auch, die Menschen stumpfen dann ab und dann wird sehr schnell auch das kommerzielle Interesse nachlassen. Das kostet ja Geld, wenn sie die Metro parfümieren wollen, und letztendlich wird sich das nicht durchsetzen, mit Sicherheit nicht.

Eva Ohlow:

Ich habe eine Frage an Alexander Boeck: Haben Sie von diesen Untersuchungen gehört, dass nach dem Fall der Mauer die Allergien in der Ex-DDR gestiegen sind und dass das wahrscheinlich mit unseren westlichen Waschmitteln und Seifen plötzlich die Allergien gestiegen sind im Gegensatz zu der Zeit vorher, wo nur ganz einfache, nicht parfümierte Mittel möglich waren?

Alexander Boeck:

Das ist richtig, dass in der Ex-DDR die Leute früher weniger Allergien hatten, wobei man da sicherlich lange diskutieren kann, woran das liegt, ob die einfach vorher robuster erzogen worden sind. Das wissen Sie ja auch, wenn man alle möglichen Impfungen gegen Kinderkrankheiten bekommt ist man später auch nicht so robust, als wenn man die alle durchgemacht hat. Das ist sicher einer der Gründe. Ich möchte noch mal ganz klar sagen zu den Waschmitteln und zu den Seifen: Wenn Sie zu

einem Hautarzt gehen, wird der Ihnen als aller erstes eine Duft-
stofftest-Mischung auf dem Rücken applizieren, weil das sozusagen das Erkennungsmerkmal ist. Wenn Sie ein Waschmittel
benutzen und Sie stellen fest, in dem Moment, wo Sie das benutzen, kriegen Sie rote Flecken im Gesicht, werden Sie das
natürlich, weil Sie das subjektiv wahrnehmen, auf das Parfum
schieben, weil Sie das dann an der Stelle merken. Ich möchte es
auch nicht verniedlichen.

Es gibt sicherlich Duftstoffe, die ein allergisches Potenzial
haben oder Irritationspotenzial haben, die dann nur in bestimmten Konzentrationen eingesetzt werden sollen oder eben elimi-
niert werden. Wenn ein Stoff in den Verdacht kommt, geht
Henkel und sicherlich auch andere seriöse Firmen dazu über,
ohne abzuwarten wie die wissenschaftliche Bewertung ist, sondern proaktiv diesen Stoff zu eliminieren. Da gibt es eine ganze
Reihe von Beispielen. Aber ich muss noch mal darauf hinweisen: Ich bin jetzt 18 Jahre in diesem Fragrance-Center tätig, ich
habe bis heute noch keinen einzig klinisch relevanten Fall erlebt,
wo man das wirklich auf den Duftstoff zurückführen kann.

Es sind dann Stäube, die eine Rolle spielen. Wenn Sie ein
Waschmittel in die Einschüttkammer einschütten, diese Stäube
inhalieren und denken aber, es ist nicht der Staub, sondern Sie
denken natürlich, dass es der Duftstoff ist, und Sie merken auch
jedes Mal diese roten Flecken in dem Moment, wenn Sie diesen
Duft riechen und führen das automatisch auf den Duft zurück.
Ich kann Ihnen ein Beispiel erzählen, welches das wirklich sehr
stark unterstreicht. Vor einigen Jahren haben wir – Sie kennen
sicher Ata-Scheuerpulver, das hat so eine zitronige Note, die
Sauberkeit signalisiert – da wurde eine neuere, noch schönere,
noch bessere Zitrone als Duftstoff appliziert. Und in dem Mo-

ment, als in der Produktion, wo das Ata abgefüllt worden ist, diese neue Duftnote eingesetzt worden ist, haben die ganzen Mitarbeiter und Mitarbeiterinnen, die dort tätig waren, extrem über Übelkeit, Rötung bis hin zum Erbrechen geklagt. Dann ist eine Firma wie Henkel – und da bin ich sehr stolz drauf, das wird dann nicht unter den Tisch gekehrt, sondern wurde vom Werksarzt bis zum Betriebsrat, bis zu allen möglichen Leuten, die da was zu sagen hatten, wurden zusammen getrommelt, und wir, als die Verursacher, wurden an die vorderste Front gestellt. Wir haben die Rezeptur auf den Tisch gelegt, wie sie vorher war und wie sie danach war, die waren sehr identisch, da waren nur andere Verhältnisse drin, und wir konnten uns das beim besten Willen nicht erklären.

Dann kam als nächstes, das ist wieder das Proaktive, es wurde sofort gestoppt, und es wurde wieder die alte Parfümierung eingesetzt, und in dem Moment, wo die alte Parfümierung eingesetzt wurde, traten die Beschwerden nicht mehr auf. Wir waren wirklich mit allen kriminalistischen Mitteln scheinbar überführt worden, die Verantwortlichen zu sein. Es wurde eine Vor-ort-Besichtigung gemacht, und dann wurde festgestellt, dass dort, wo die neue Parfümierung eingesetzt worden war, überall bei den Abfüllungen feiner weißer Staub war. Es wurde dann festgestellt, dass die neue Parfümierung erheblich niedriger dosiert war und die alte Dosierung höher dosiert war, also 0,4 Prozent, 0,8 Prozent, und diese höhere Dosierung hat dazu geführt, dass der Staub gebunden wurde und in dem Moment, wo dann die neue Parfümierung auch doppelt so hoch dosiert worden ist, waren die Stäube weg und schlagartig auch alle Beschwerden.

Sie sehen, das ist ein typisches Beispiel, wo alle Leute glauben, es kann nur an der Parfümierung liegen, denn die Beweislage war eindeutig, aber es lag an den Stäuben. Aber ich will das Thema nicht verniedlichen, es gibt sicherlich Leute, die bei bestimmten Parfums irgend welche Reizungen haben, die sollten das dann möglichst weglassen.

Marcel Pawlowski:

Eine Frage an Bernd Otto: Es wird irgend wann möglich sein, Erstklässler genetisch zu scannen. Wenn man das positiv anwendet, würde es doch den Pädagogen helfen, ein Kind nicht zu überfordern, aber es auch nicht zu unterfordern. Was denken Sie darüber?

Bernd Otto:

Da habe ich keine Ahnung von, ein Pädagoge weiß nicht alles, tut mir leid.

Dieter Korczak:

Ich habe zwar auch keine Ahnung, aber ich kann vielleicht Folgendes dazu sagen. Ich sehe die Tatsache, dass Erstklässler gescannt werden, noch in weiter Zukunft, wenn überhaupt. Amerikanische Forscher gehen davon aus , dass es nicht 80.000 bis 100.000 Gene gibt, sondern 200.000, und damit potenzieren sich natürlich auch die Interaktionen zwischen diesen Genen um ein Vielfaches und es dürfte wohl so sein, dass den Menschen zu scannen ein so aufwendiges Frankenstein-Projekt ist, dass sicherlich in dem Zeitraum, den wir überschauen können, auch Sie, Herr Pawlowski, als einer der Jüngeren hier, das bestimmt nicht erleben werden. Ich kann es mir nicht vorstellen.

Meine Damen und Herren, wir haben gesehen, dass es eine Reihe von interessanten sinnvollen Anwendungen der Gehirnforschung gibt, dass es auch noch Aufklärung gibt über das, was Gehirnforschung vermag und das, was sie nicht vermag. Ich danke Ihnen allen für Ihr intensives Interesse.

* * *

DIE AUTOREN:

Dr. phil. Hans-Ulrich Baumgarten, Privatdozent für Philosophie an der Universität Freiburg und Autor von „Handlungstheorie bei Platon. Platon auf dem Weg zum Willen" (Metzler 1998).
Sattelhof 15
D-79650 Schopfheim
eMail   A.HU.Baumgarten@t-online.de

Dr. Alexander Boeck ist Geschäftsführer der *Henkel Fragrance Center GmbH* und 1. Vorsitzender der Deutschen Gesellschaft der Parfümeure.
Henkel Fragrance Center GmbH
Hentrichstraße 17-25
D-47809 Krefeld
eMail   alexander.boeck@henkel.de

Prof. Dr. med. Christian Eggers ist Professor für Psychiatrie und Psychotherapie des Kindes- und Jugendalters und Direktor der Klinik für Kinder- und Jugendpsychiatrie an den Rheinischen Kliniken, Institut der Universität/ GH Essen. Autor u. a. von „Verlaufsweisen kindlicher und präpuberaler Schizophrenien" (Springer, 1973), „Schizophrenia and Youth. Etiology and therapeutic consequences" (Springer, 1991), „Oligophrenie und Demenzprozesse im Kindes- und Jugendalter" (Thieme, 1995), „Early onset schizophrenia: Phenomeonology, course, and outcome" (Supplement-Band des ‚European Journal for Child and

Adolescent Psychiatry', 1999), „Lehrbuch der Kinder- und Jugendpsychiatrie", 8. Aufl., (Springer, 2001).
Rheinische Kliniken Essen
Klinik für Psychiatrie und Psychotherapie des Kindes- und Jugendalters
Virchowstraße 174
D-45147 Essen-Holsterhausen
eMail   christian.eggers@uni-essen.de

Prof. Dr. Heiner Gembris ist Professor für Systematische Musikwissenschaft an der Martin Luther-Universität Halle-Wittenberg und 1. Vorsitzender der Deutschen Gesellschaft für Musikpsychologie e. V. (DGM), zahlreiche Veröffentlichungen, u. a. „Grundlagen musikalischer Begabung und Entwicklung" (Wissner, 1998).
An der Beeke 178
D-48163 Münster
eMail   gembris@musikwiss.uni-halle.de

Dr. Dieter Korczak ist Soziologe und leitet das *Institut für Grundlagen- und Programmforschung*, München/ Weiler im Allgäu.
GP-Forschungsgruppe
Alois-von-Brinz-Straße 8
D-88171 Weiler/ Allgäu
eMail   Dieter.Korczak@GP-Forschungsgruppe.de
Internet www.GP-Forschungsgruppe.de

Eva Ohlow ist Malerin Trägerin des Gabriele Münter-Preises 1997, Sonderschau auf der ART Cologne 1996 und der ART Frankfurt 1998.
Lisztstraße 14 a
D-50999 Köln
Internet www.ohlow.de

Dr. phil. Bernd Otto ist Professor für Pädagogik an der Fachhochschule Braunschweig-Wolfenbüttel, u. a. Autor von „Ist Bildung Schicksal?" (Deutscher Studienverlag, Weinheim 1995) und „Bruno Bettelheims Milieutherapie" (Weinheim, 2., ergänzte Auflage 1993). Aktueller Arbeitsschwerpunkt „Die Ergebnisse der Gehirnforschung und ihre Bedeutung für die Pädagogik".
Heidelbergstraße 5
D-38112 Braunschweig
eMail   DrBernd.Otto@t-online.de
Internet www.fh-wolfenbuettel.de

Udo Pollmer ist Lebensmittelchemiker, Wissenschaftlicher Leiter des *Europäischen Instituts für Lebensmittel- und Ernährungswissenschaften e. V. (EU.L.E.)* in Hochheim/ Hessen, Wissenschaftsjournalist sowie Autor von „Prost Mahlzeit. Krank durch gesunde Ernährung" (Köln 1994) „Liebe geht durch die Nase. Was unser Verhalten beeinflusst und lenkt" (Köln 1997) und „Vorsicht Geschmack. Was ist drin in Lebensmitteln" (Stuttgart 1997) und „Das Lexikon der populären Ernährungsirrtümer" (Frankfurt 2000).
Eppinger Straße 4
D-75050 Gemmingen

eMail   ugonder@eule.com
Internet www.eule.com

Dr. med. Reinhard Schydlo ist niedergelassener Facharzt für Kinder- und Jugendpsychiatrie und -psychotherapie, Psychotherapeutische Medizin und Kinderheilkunde in Düsseldorf. Veröffentlichungen u. a. „Zur Bedeutung auditiver Wahrnehmungsstörungen" in *Forum der Kinder- und Jugendpsychiatrie* 4/96, Aachen; mit K. Azpodien und G. Lehmkuhl „Wirksamkeit des audiovokalen integrativen Trainings (AVIT) bei auditiven Wahrnehmungsstörungen im Elternurteil", *Forum der KJPP* IV/98, Aachen.
Herzogstraße 89-91
D-40215 Düsseldorf

Dr. theol. Caspar Söling ist theologischer Referent des Bischofs von Limburg, Autor von „Das Gehirn-Seele-Problem" (Schöningh 1995), Herausgeber der Reihe „Theologie und Biologie im Dialog" (Bonifatius 1998 ff.).
Sekretariat des Bischofs von Limburg
Postfach 13 55
D-65549 Limburg
eMail   c.soeling@bistumlimburg.de

Prof. Dr. Dr. Manfred Spitzer ist Ärztlicher Direktor der Abteilung III am Universitätsklinikum Ulm, erhielt 1992 den Forschungspreis der Deutschen Gesellschaft für Psychiatrie und Nervenheilkunde und ist Autor von „Halluzinationen" (Springer 1988), „Wahn" (Springer 1989), „Geist im Netz" (Spektrum 1996) und „Die Macht innerer Bilder" (Spektrum 2000).
Universitätsklinikum Ulm
Abteilung Psychiatrie III
Leimgrubenweg 12-14
D-89075 Ulm
eMail   manfred.spitzer@medizin.uni-ulm.de

Dr. med. Dr. phil. Reinhard Werth ist Privat-Dozent für Medizinische Psychologie und Neuropsychologe am Institut für Soziale Pädiatrie und Jugendmedizin der Universität München, Autor von „Hirnwelten", Ch. Beck, München 1998, und „Bewusstsein – psychologische, neurobiologische und wissenschaftstheoretische Aspekte", Springer, Berlin, Heidelberg, New York, Tokyo 1983.
Universität München
Institut für Soziale Pädiatrie und Jugendmedizin
Heigelhofstraße 63
D-81377 München

* * *

Die
INTERDISZIPLINÄRE STUDIENGESELLSCHAFT FÜR PRAKTISCHE PSYCHOLOGIE e. V. (ISG)

Die „Interdisziplinäre Studiengesellschaft für Praktische Psychologie" (ISG) ist eine *wissenschaftliche Gesellschaft*, die sich *interdisziplinär* mit der *seelischen Gesundheit* von Mensch und Gesellschaft beschäftigt.

Das *Ziel* der Gesellschaft ist, die Anwendung und Reflexion der Erkenntnisse der Psychologie und ihrer Nachbarwissenschaften zu verbreiten, der Allgemeinheit nutzbar zu machen und auf die aktuelle gesellschaftliche Situation anzuwenden.

Was ist seelische Gesundheit? Der Begriff „seelische Gesundheit" (amerik.: „mental health") bezieht sich auf verschiedene menschliche Strebungen, die sich mit dem Denken, Fühlen, Wollen und Handeln der Menschen befassen (H. Petri). Seelische Gesundheit sichert die relative Freiheit von Angst, Bedrohung und Hassgefühlen, so dass eine positive Einstellung zur eigenen Persönlichkeit, zum Ich, zu den Anderen und zu dem eigenen Schicksal erreicht wird (E. Schomburg). Seelische Gesundheit ermöglicht die Verwirklichung von sechs zentralen Lebenszielen:

1.) die Entwicklung der Fähigkeit zur *Selbstfindung* sowohl im Selbsterlebnis als auch in der Selbsterkenntnis,

2.) das Streben nach berechtigter *Selbstbestätigung*,

3.) der *respektvolle Umgang* mit sich selbst und jedem anderen,

4.) die Reifung der *Liebesfähigkeit* dahin, dass sie nicht nur das Liebesobjekt haben will, sondern es auch bereichern kann,

5.) die Entwicklung der eigenen *Leistungsfähigkeit* entsprechend dem persönlichen Potential,

6.) eine angemessene *Urteilsfähigkeit* ohne Vermessenheit (A. Friedemann).

Die wissenschaftliche Beschäftigung mit dem Begriff der seelischen Gesundheit geht im deutschsprachigen Raum zurück auf die Arbeiten von Heinrich Meng („Die Psychohygiene", 1949), im amerikanischen auf das Engagement von C. W. Beers („Eine Seele, die sich wiederfand", 1941).

Sie hat in vielen *Bereichen* ihren Niederschlag gefunden: in der Psychologie, Psychiatrie, Sozialpsychiatrie und Psychotherapie, in der Hygiene, der Sozialhygiene, der Sozialmedizin und der psychosomatischen Medizin, in der Pädagogik, den Rechtswissenschaften und der Kriminologie, in der Soziologie und der Sozialpsychologie, in den Naturwissenschaften, der Anthropologie, Theologie und Philosophie sowie in der künstlerischen Betätigung.

Dem damit verbundenen notwendigen *Wissenstransfer* ist die ISG verpflichtet. Sie fördert ihn durch ihre *Jahrestagungen*. Seit der Gründung im September 1947 im niedersächsischen Staatsbad Bad Pyrmont hat die ISG 55 Tagungen veranstaltet. Das Spektrum der Themen ist groß und reicht von Jugendkriminalität über Glauben, Aberglauben, Wissen, Wertewandel, Zeitgeist bis hin zu Gentechnik, Familienproblemen, Zukunft der Arbeit.

Die ISG ist ein *Diskussionsforum* für kritisches und reflexives Denken. Die ISG will mit ihrer Arbeit nicht nur den Austausch zwischen den verschiedenen Wissenschaftsdisziplinen fördern, sondern sie will auch zur *öffentlichen Meinungsbildung* beitragen. Die ISG steht daher jedem Interessierten offen, für den das Anliegen und die Verbreitung seelischer Gesundheit zu den wesentlichen Kriterien einer lebenswerten Gesellschaft gehören.

Dr. Dieter Korczak

VORSTAND:

1. Vorsitzender:
Dipl.-Volkswirt Dr. rer. pol. *Dieter Korczak*, Dipl.-Soziologe
Alois-von-Brinz-Straße 8
D-88171 Weiler/ Allgäu
Telefon 0 83 87/ 92 21-0
Telefax 0 83 87/ 92 21-92
eMail   Dieter.Korczak@GP-Forschungsgruppe.de

Geschäftsführung:
Dipl.-Ing. *Joachim Hecker*, Journalist
Frankfurter Straße 12
D-58095 Hagen/Westf.
Telefon 0 23 31/ 18 32 92
Telefax 0 23 31/ 18 32 93
eMail   Joachim.Hecker@t-online.de

Kassenführung:
Ines Streu, M. A.
Friedrichstraße 19
D-63065 Offenbach
Telefon 01 73/ 6 69 43 42
eMail   istreu@aol.com

SCHRIFTENREIHE „PRAKTISCHE PSYCHOLOGIE":

1. <u>Band XXIII</u>: **„Gehirn – Geist – Gefühl".** Herausgegeben von Dieter Korczak und Joachim Hecker, ISL-Verlag, Hagen 2000, ISBN 3-933842-42-5;

2. <u>Band XXII</u>: **„Tradition erhalten – Fortschritt gestalten".** Herausgegeben von Dieter Korczak unter Mitarbeit von Joachim Hecker, ISL-Verlag, Hagen 1999, ISBN 3-933842-31-X;

3. <u>Band XXI</u>: **„Sozialhygiene – Rückblick und Ausblick. Im Spannungsfeld der Motivationen 1947-1997".** Herausgegeben von Harald Petri, ISL-Verlag, Hagen 1998, ISBN 3-933842-00-X;

4. <u>Band XX</u>: **„Zeit – Zeitgeist – Geist".** Herausgegeben von Harald Petri, Universitätsverlag Dr. Norbert Brockmeyer, Bochum 1997, ISBN 3-8196-O536-3;

5. <u>Band IXX</u>: **„... rund um die Arbeit...".** Herausgegeben von Harald Petri, Universitätsverlag Dr. Norbert Brockmeyer, Bochum 1996, ISBN 3-8196-0469-3;

6. <u>Band IIXX</u>: **„Menschen – Tiere – Pflanzen. Werden Tiere und Pflanzen als Mitgeschöpfe beachtet?".** Herausgegeben von Harald Petri und Hubert Liening, Universitätsverlag Dr. Norbert Brockmeyer, Bochum 1995, ISBN 3-8196-0380-8;

7. <u>Band XVII</u>: **„Wer oder was ist der Mensch? Die Wissenschaften und das Menschenbild"**. Herausgegeben von Harald Petri, Universitätsverlag Dr. Norbert Brockmeyer, Bochum 1994, ISBN 3-8196-0295-X;

8. <u>Band XVI</u>: **„Leben im Wertewandel unserer Zeit"**. Herausgegeben von Harald Petri, Universitätsverlag Dr. Norbert Brockmeyer, Bochum 1993, ISBN 3-8196-0172-4;

9. <u>Band XV</u>: **„Wissen – Glauben – Aberglauben"**. Herausgegeben von Harald Petri, Universitätsverlag Dr. Norbert Brockmeyer, Bochum 1992, ISBN 3-8196-0061-2;

10. <u>Band XIV</u>: **„Wo bleibe ich? Der Verlust des Subjekts in den großen Gesellschaftssystemen unserer Zeit"**. Herausgegeben von Harald Petri, Universitätsverlag Dr. Norbert Brockmeyer, Bochum 1991, ISBN 3-88339-965-5;

11. <u>Band XIII</u>: **„Wahrnehmung und Wirklichkeit"**. Herausgegeben von Harald Petri, Universitätsverlag Dr. Norbert Brockmeyer, Bochum 1990, ISBN 3-88339-829-2;

12. <u>Band XII</u>: **„Die Würde des Menschen ist unantastbar"**. Herausgegeben von Harald Petri und Walter Simm, Universitätsverlag Dr. Norbert Brockmeyer, Bochum 1988, ISBN 3-88339-683-4;

13. <u>Band XI</u>: **„Die Selbstherausforderung des Menschen durch seine Technik"**. Herausgegeben von Harald Petri und Erberhard Amelug, Universitätsverlag Dr. Norbert Brockmeyer, Bochum 1987, ISBN 3-88339-612-5;

14. Band X: „**Sprache – Sprachverfall – Sprache im Wandel. Was wird aus unserer Sprache?**" Herausgegeben von Harald Petri, Universitätsverlag Dr. Norbert Brockmeyer, Bochum 1986, ISBN 3-88339-539-0;

15. Band IX: „**Geht uns die Zeit verloren? Beiträge zum Zeitbewusstsein**". Herausgegeben von Harald Petri, Universitätsverlag Dr. Norbert Brockmeyer, Bochum 1985 (vergriffen);

16. Band VIII: „**Die seelischen Nöte unserer Zeit**". Herausgegeben von Harald Petri und Andreas Wünschmann, Universitätsverlag Dr. Norbert Brockmeyer, Bochum 1984, ISBN 3-88339-389-4;

17. Band VII: „**Soziale Verwurzelung im gesellschaftlichen Strukturwandel zwischen gestern und morgen**". Herausgegeben von Harald Petri, Universitätsverlag Dr. Norbert Brockmeyer, Bochum 1983, ISBN 3-88339-337-1;

18. Band VI: „**Hat die Familie Zukunft?**" Herausgegeben von Harald Petri und Irmgard Zepf, Universitätsverlag Dr. Norbert Brockmeyer, Bochum 1982, ISBN 3-88339-263-4;

19. Band V: „**Erziehung. Inhalte – Wege – Stile – Ziel**". Herausgegeben von Harald Petri und Hubert Liening, Universitätsverlag Dr. Norbert Brockmeyer, Bochum 1981; ISBN 3-88339-199-9;

20. Band IV: „**Wissenschaft. Notwendigkeit und Gefahr, Bedrohung und Hoffnung**". Herausgegeben von Harald Petri und Libor Schelhasse, Universitätsverlag Dr. Norbert Brockmeyer, Bochum 1980, ISBN 3-88339-132-8;

21. Band III: „**Randgruppen/ Einsamkeit**". Herausgegeben von Harald Petri und Erich Kühn, Universitätsverlag Dr. Norbert Brockmeyer, Bochum 1979; ISBN 3-88339-086-0;

22. Band II: „**Der ‚festgestellte' Mensch und seine Zukunft**". Herausgegeben von Harald Petri und Manfred Blank, Universitätsverlag Dr. Norbert Brockmeyer, Bochum 1978, ISBN 3-88339-027-5;

23. Band I: „**Kriminalität heute – Ursachen und Bekämpfung**". Herausgegeben von Harald Petri und Hans-Dieter Schwind, Universitätsverlag Dr. Norbert Brockmeyer, Bochum 1977, ISBN 3-921543-85-1.

* * *